JN084942

若者の曖昧な進路選択とキャリア形成

—— とりあえず志向の実証的探究 ——

中嶌 剛

[著]

Ambiguous Career Path Choices
and
Career Development among
the Youth

晃洋書房

はじめに

　近年，非正規労働者の長期・高年齢化は，社会人としてのキャリア形成を問い直す契機になっている．一般的に，就業が難しい若者は明確な就業意識や将来ビジョンを持っていないことが多い．現在のような先行きが不透明な社会であるほど個人は主観的判断に頼らざるを得なくなる場合も多く，若者の進路選択を不安で困難にしている．

　ところが，日本のキャリア教育現場では，就業について，「やりたいか」「やりたくないか」が重要視されてきた．「その仕事をやってみたいかどうか」という個人それぞれの内部の模索となる結果，曖昧な選択を導くことが広く指摘されている（苅谷，2001）．日本の新卒一括採用方式の労働市場では，最終学校の卒業を目前にしてキャリアについての迷いが生じる際に「とりあえず」という発想が起こりやすい．

　筆者は，若手公務員，若年就業者，フリーター，若年無業者らのキャリア意識の切り口の１つとして，若者の「とりあえず志向」について，約15年以上，実証研究を続けている．また，フリーター・若年無業者約1000人を対象に実施した，「とりあえず」や「なんとなく」といった曖昧な就業意識に関する独自調査（2016年）によると，「"とりあえず"で就業しない層（定職につかない層）」とは働く意欲を失っている者という概念だけでは捉え切れない．彼らの内的な洞察も必ずしも浅薄でないことが徐々に判明している．

　確かに，「やりたいこと」がみつからず，採用場面でも「やりたいこと」を表現できないことが，未就業者を就業から遠ざけてきた面がある．就職活動やインターンシップに積極的に参加しないことが就業を制約することもあるだろう．

　しかし，助けを求めて行動を起こす者しか支援しようとしない，現在の就労支援機関の体制と傾向には限界がある点も看過してはなるまい．本当は，支援を必要としているにもかかわらず，受けられない層へいかにして働きかけるかが今後の鍵になる．

　さて，筆者は2013年に本書の原点にあたる研究である「とりあえず志向と初期キャリア形成——地方公務員への入職行動の分析」『日本労研究雑誌』第632

号を発表し,「次のステップになる」という意識からの「とりあえず」就業しようという志向性が,人生の道筋やビジョンを明るくする効果を確認した.つまり,「やりたいこと」がなかなか見い出せないことを理由に「とりあえず」の行動さえ起こさない方が,より深刻な問題を引き起こす可能性が高いことを示したわけであるが,「とりあえず」の取り扱いが一次元の概念把握に留まり,限定的な研究であった.

　本書では,多次元概念として「とりあえず」そのものに照射し,「とりあえず」に基づく行動が,自覚的に人生を生き抜くための1つの手がかりになること,あるいは,一見,曖昧かつ不明確な志向性の中に自己回顧の機会を提供し,行動実践を誘発する可能性を高めるという示唆が見出せることを,本書における議論を通して展開していきたい.そして,本書を構成する研究全体を通じて,就職を控える若者の正確な心的状況の把握にとどまらず,キャリア・就職に関する支援者側にとっての有益な示唆を得たいと考える.

中嶌　　剛

目　　次

表　目　次

図　目　次

第1章
「とりあえず志向」研究の意義と目的

1.1 問題の所在

　日本における新卒一括採用の慣行は，「最終学校卒業＝就職」という形で一斉に進路選択を求めるものであり，こうした制度は通常，新規学卒者にとって有利なシステムとされてきた（濱口，2013）．ところが，いざ卒業を目前にして就職難の厳しい労働市場に直面する世代が受けるキャリア形成への影響（世代効果；太田・玄田・近藤，2007）は小さくなく，新規学卒時におけるキャリア選択は人生の重要な決定である．

　一方，初職選びという重要な意思決定局面において，選択肢や情報を十分に吟味せずに，「とりあえず」という意識で正規の就職先を決める若者の存在が確認されている．新規学卒者の曖昧な就業意識に関する調査研究では，「大学を卒業するときには，何が何でも正社員として就職したいと考える大学4年生は約8割」（労働政策研究・研修機構，2006），「大学卒業時にとりあえず定職には就いておきたい学生は78％[1]」，あるいは，「新規学卒時に，とりあえず正社員になりたいと思ったと回顧する若手正社員は8割以上[2]」（中嶌，2020b）が明かされている．

　ところが，上記の既存研究では，日本の若者における正社員に対する強い執着が捉えられてきたものの，「とりあえず」「何が何でも」という不鮮明な意識要素の具体的な背景については詳述されてこなかった．一口に「とりあえず正社員」と言っても，「とりあえず」という曖昧さは多次元構造（Phillips and Strohmer, 1982；Furnham, 1994）を有することが考えられ，こうしたキャリア意識の未熟さが進路変更や早期離職に直接結び付くものであるかは，入社後のキャリア成熟度とも関わるため明らかではない．

　少なくとも，「とりあえず正社員になりたい」「とりあえず公務員になっておけば安心」「とりあえずフリーターでいい」「とりあえず働かない」等々，下位

次元の異なる意識を整理して質的な差異を捉えていく作業は，就職を控える若者の正確な状況把握にとどまらず，キャリア・就職の支援者側にとっても適切な対処を行うための有益な手がかりが得られる点で意義深い面があるだろう．

加えて，進路・目的意識が不明確であるという理由から就労支援の対象から外れがちであった層を射程に入れる本書の分析視座は，キャリア選択の問題と社会との接続の在り方を議論するための手がかりを提示することに繋がり，このことは就職困難な状況を個人の問題としてのみならず，社会的問題として具体的な対応策を考える契機をもたらすだろう．

1.2 従来のキャリア理論と曖昧性研究の限界 —— 研究意義

キャリアに対する関心の高まりの背景には，個人のキャリア形成への関与度の増大が挙げられる．1990年代以降，人事制度や働き方が見直され，日本的雇用慣行が揺らぐ中で，組織主導の従来型のキャリア形成よりも個人の意思決定に基づく方法が求められるようになってきた．坂爪（2008）の指摘を踏まえれば，自分の意向がキャリアに反映しやすくなる代わりに自ら責任を負うという「自律的キャリア」の考え方が台頭してきたことになる．

とはいえ，長期雇用を前提とした内部労働市場を重視した人材育成システムが存在する日本では，「とりあえず正社員（定職）」であっても，働く者にとって一定の合理性があった．キャリア教育を行う各種学校現場においても，「自分らしさ」「やりたいかやりたくないか」を追求する米国型のキャリア論に基づく指導が行われ，その仕事をやってみたいかどうかという個人の内部における模索となる結果，曖昧な選択を導くことが広く指摘されてきた（苅谷，2001）．新卒一括採用方式の労働市場下では，最終学校の卒業を目前にして職業キャリアについての迷いが生じる際に「とりあえず」という発想が起こりやすくなる（中嶌，2017b）．

しかし，従来の先行研究においては，「とりあえず」の意識で正社員を目指す曖昧な姿勢や態度の実証的検討が不十分であり，新規学卒時点の正規就業に対して，“漠然としたまま受け入れられる”という次元と“正社員であるから最低条件を満たしている”という先行要因とが混同されてきたという問題点が指摘できよう．

その背景には，若者の就業行動を曖昧性研究の分析軸で捉える際，以下のよ

うな特殊事情があったことが考えられる.

①就職段階にある新規学卒者にとって, 初めて経験する就職活動では新奇
性からくる曖昧さ (Budner, 1962) を生じやすい.

②曖昧さには,「どのようにも"とれない"」というどっちつかずの状態が
含まれる. 北山 (1988) によれば, 曖昧な部分のいかがわしさを割り
切って排除することで, 初めて「複数以上の意味に"とれる"多義性」
という解釈が可能になるという.

③曖昧さをめぐる用語について, 定まった定義が存在しない.³⁾ つまり, 曖
昧さを1つに限定することは, 曖昧さの「1つ」を発見することには役
立つが, 曖昧さそのものの発見や確認として十分ではないという反駁が
伴う.

④就職内定は労使間の交渉条件的な不確実事象であり, 選択可能な範囲は
曖昧さの外部要因とみなされる. そのため, 分析レベルで適切な構造化
やカテゴリー化が困難な面がある (西村, 2007).

そこで, 本書の目的は, 先行き不透明感が高まる中でいかにして自覚的に
キャリアを形成できるのかという問題意識から, 若者の多様化・曖昧化に伴
う, キャリア選択における「とりあえず志向」の概念化を, 多義的曖昧性の見
地から定量的に探究することにある.

「とりあえず志向」の研究意義として, 以下の3点を挙げる. 第一の意義
は,「とりあえず志向」というキャリア選択における曖昧性の意義を, 労働経
済学のみならず, 心理学・言語学・哲学・社会学・行動経済学等の先行研究を
通して体系的に明確化し,「とりあえず＝定職 (安定)」という経済合理性の範
疇にとどまらず,「とりあえずフリーター」「とりあえずニート」という非合理
的・限定合理的な意思決定過程を射程に入れた把握を試みることで, 非合理の
中の合理性という視点からキャリア形成のあり方を重層的に捉えられる点で
ある.

第二に, 現実的な職業志向性の概念として,「とりあえず志向」の多次元性
に着目し, 姿勢・態度の背後にある多くの変数の相関関係を少数の潜在変数で
説明することを試みることにより, 多義的曖昧性への接近が可能になる. 具体
的には, 実証分析パートでは,「とりあえず公務員 (第3章)」「とりあえず地元
(第3章補論)」「とりあえず正社員 (第4章)」「とりあえずフリーター (第6章)」

「とりあえずニート（第7章）」の5つのカテゴリーごとにアプローチする．一般に，キャリア選択が困難になる者は，明確な就業意識やビジョンを持たないことが指摘されてきた．本書のように，カテゴリー別に「とりあえず志向」の視点を導入し，曖昧さに関する認知の個人差に配慮しながらキャリア形成の在り方を分析するアプローチは，不透明な曖昧状況を通して自らを認識したり，過去の回顧機会を提供し得るという点から，キャリアの自覚に通じる部分を見出せる可能性が高い．

　第三の意義は，曖昧さの特性要因が初期キャリア形成に及ぼす影響について，心理面の発達的変化を検証することにより，キャリア形成の成熟度に関する知見を導き出せる可能性がある．曖昧なキャリア選択に関する合理性判断の是非については，キャリア選択過程を縦断的に捉える視点が不可欠である．既存研究では，非合理な意思決定の在り方がキャリア成熟に寄与するという論説（Xu and Tracey, 2015）は存在するが，非合理性の範囲は限定的であった．そのため，本書では，学校から職業への移行研究（SWT）で用いられる「適応」概念に限定せず，変幻自在なキャリア形成の範囲を曖昧な形の意思決定にまで拡大し，縦断的視点から照射する．こうしたアプローチは，中長期的なキャリア展望に立った場合，自己キャリアをより柔軟に身近なものとして認識することを通して，豊かな人生を模索する足掛かりに繋げられるという意味において，キャリアモデルの改良に寄与する面があると考える．

　上記の研究意義を踏まえながら，本書の大きな3つの目的・着眼点を確認しておく．まず，キャリア選択の行動主体は自分自身に他ならず，キャリア選択場面における「曖昧」概念の反対概念は「自覚」と捉えられる．したがって，曖昧性の解明に基づく「自覚的なキャリア」への接近が第一の目的である（表1-1の目的1）．

　第二の目的は，キャリア形成そのものを曖昧事象と捉えた上で，その中から曖昧性概念の多次元性を抽出することである．本書の実証パートや4.2では，「とりあえず正社員になりたい」という姿勢・態度の背後にある多くの変数の相関関係を少数の潜在変数によって説明を行う．つまり，曖昧で不確かなものを複数の意味に割り切って捉え直す試みでもある．

　第三の目的は，第二目的で明らかとなった曖昧さの特性要因が主観的なキャリア意識やキャリア開発意識とどう関連するかについて，縦断的アプローチから明らかにすることである．将来に向かったキャリア形成は，決して曖昧さと

表1-1　本研究の着眼点

	検討事項	着想	意義
目的1	キャリア選択の中に「とりあえず」という曖昧性の概念を導入する意義	・自覚的なキャリア ・曖昧な職業志向性に含まれる多様性	・ミスマッチ解消 ・就業状態の二極化の緩和 ・中長期的な将来展望の明確化
目的2	「とりあえず公務員」「とりあえず正社員」「とりあえず地元」「とりあえずフリーター」「とりあえずニート」等，属性ごとの多次元構造の分析	・「とりあえず」の多次元性 ・曖昧心理の両義性 ・経済合理性による説明困難性	・非合理の中の合理性という視点から曖昧性を重層的に把握 ・属性横断的に曖昧心理の下位構造が比較可能 ・効果的なキャリア介入の提案
目的3	(上記目的2における)特徴的な曖昧要素(共通因子)と主観的キャリア形成との関連の検討	・自己キャリアの実感を高める要因 ・曖昧さの普遍的要素	・自己回顧の機会の増加 ・行動実践への誘発 ・自覚的なキャリア形成を通じた生活充実度や就業満足度の向上

出所：筆者作成.

無関係ではあるまい[4].　しかしながら，長い人生に限らず，普段の日常生活で曖昧な事柄・事象を完全に排除することは不可能である．むしろ，曖昧さに含まれる特徴的要素をキャリアモデルの中に取り込む試みは，キャリアをより身近な存在(自分事)として捉え直すことにも繋がる．曖昧さの対処の仕方は個々の主観によるものであっても，それらの中に含まれる共通因子を認識しておくことが他者のキャリアへの理解を深め，ひいては，自己キャリアに対する自覚を高める契機になり得ると考える．

1.3　本書の構成

　本書は，「理論研究」と「実証研究」の2つの部で構成される．なお，中核をなす実証研究パートは6つの章で構成(第3章〜第8章)される(図1-2)．第1章では，「とりあえず志向」研究の意義と目的について説明する．続く，第2章は国内外の先行研究レビューを通じて理論的考察を行う．国内研究では，言語学的アプローチ(2.1)，心理学的アプローチ(2.2)，哲学的アプローチ(2.3)，社会学的アプローチ(2.4)で構成される．海外研究は，キャリア理論を内容理論(content theory)と過程理論(process theory)にカテゴライズできるが，本書では，問題関心の焦点を絞り込むために，「とりあえず志向」を用い

学術的観点に基づく研究課題	キャリア教育の観点に基づく問題課題
キャリア選択モデルに曖昧性概念を導入し、「とりあえず志向」の多次元構造の解明を通して、キャリア形成における曖昧性の意義を体系的に明らかにする.	職業選択における個人内部での曖昧な模索状況を多面的に捉え、米国型のキャリア論に基づく指導方法の見直しを提案する.
「学校から職業への移行研究（SWT）」で用いられている適応概念に限定せず、曖昧意識の個人差を考慮しながら、縦断的視点からキャリアの自覚を高める要因を検証する.	「とりあえず志向」に関する属性ごとの下位概念を明確化し、若者支援者に対して、当事者目線に立った効果的なキャリア介入を提案する.
	自己回顧の機会を提供し、行動・実践を誘発する可能性を高めるという観点から、キャリアに対する自覚度の向上や曖昧さへの対処法について提示する.

図1-1　本研究における研究課題の整理

出所：筆者作成.

た Flyer モデルの拡張（補論）を中心に行う.

　漠然とした不確定要素を背景に据え置く中で、若者の曖昧な進路選択に関する仮説モデルを導出し、実証的アプローチにより検証を行う. その上で、本書に関するリサーチクエスチョンを3つ設定した. 第一に、初期キャリアにおける曖昧要因の日本的特徴として、「とりあえず志向」概念を構築・検討する. 第二に、「とりあえず志向」の発生因を対象カテゴリーごとに検証する. 第三のリサーチクエスチョンは、キャリア形成上の曖昧さの特徴的要因が初期キャリア形成とどのように関連するかを検証することである.

　上記の各リサーチクエスチョンに基づいた実証研究を5つの分析視座から実施した. 先行研究から導き出された仮説モデルは、第3章（安定志向・地元志向）、第4章（正社員志向）、第5章（とりあえず進学）、第6章（非正社員志向）、第7章（無業志向）、および第8章（正社員志向の国際比較）にカテゴライズして論じる. それらの各モデルの実証結果は第3章から第8章で述べる.

　第3章では、キャリア選択における曖昧性への選好が安定職種（公務員）で高まるかを検討した. 一般行政事務職員に対する量的調査の分析から、「次のステップになる」という意味合いで「とりあえず」就職する場合、人生の道筋やビジョンを鮮明にする効果が認められた.

　第4章では、新規学卒後の勤務先企業を「とりあえず正社員」意識で入社し

た若者に対して，50項目の多義的尺度から5つの共通因子を抽出することにより多次元の心理的な構造概念を明らかにした．さらに，労働需給の両面から分析した結果，養育的なキャリア開発支援などの組織特性や雇用管理の在り方がキャリア意識の成熟に有効であることが明らかとなった．

第5章では，大学在学中にキャリア教育を4年間継続して受講した大学生を対象に，入学から卒業1年後までの4時点（5年間）の縦断的考察を行い，「とりあえず」志向の発達的変化を検討した．とりわけ，モラトリアム志向で入学した学生が自己と対峙する機会を持ち，キャリア・ビジョンの明確化を図りながら職業を決定する経験を経ることを通してキャリア成熟が図られる可能性が高いことを確認した．

第6章では，「とりあえずフリーター」という「やりたいこと」をうまく表明できない層という新たな視座から照射し，肯定・否定の両義的側面から把捉可能である点を確認するとともに，「自信喪失」「夢追求」「モラトリアム」「曖昧納得」という4つの個人要因と働くことへの消極性の関連の高さを見出した．

第7章では，15〜34歳の若年無業者（N＝508）を対象に，無業三類型からの分析より，「とりあえずニート」「とりあえず正社員」意識が低く，「なんとなく」で無業状態にある者ほど非希望型になりやすい傾向がみられ，内的準備状態との関連が薄い曖昧心理は就業断念を強めることを確認した．

第8章では，日米韓の大卒正社員データを用いた分析を通して，曖昧な不安心理として，生存面（能力発揮の曖昧不安）・関係面（安定キャリアの曖昧不安）・成長面（キャリア自律の曖昧不安）の3側面で捉えられる共通性を見出した．また，日本において，「とりあえず正社員」と関連の強い「将来に対する漠然とした不安」がキャリアの自覚性・計画性に負効果を及ぼすことも判明した．安定志向と行動実践の関連について，他国を通して日本のキャリア教育現場に還元可能な一定の教訓が得られた．

第9章は，本書の結論である．第2章から第8章までの総合考察を行い，本研究の学術的意義と実践的意義を考察する．さらには，臨床場面での「とりあえず志向」の応用可能性に関する議論を行う．最後に，本研究の限界および発展的な研究課題について論及する．

図1-2　本書の構成

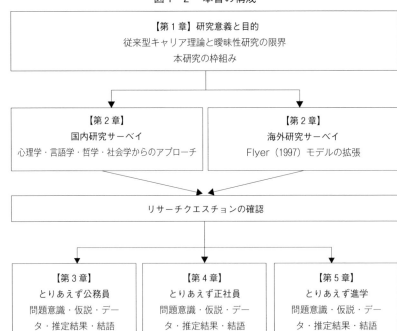

【第1章】研究意義と目的
従来型キャリア理論と曖昧性研究の限界
本研究の枠組み

| 【第2章】
国内研究サーベイ
心理学・言語学・哲学・社会学からのアプローチ | 【第2章】
海外研究サーベイ
Flyer（1997）モデルの拡張 |

リサーチクエスチョンの確認

| 【第3章】
とりあえず公務員
問題意識・仮説・データ・推定結果・結語
調査①②（行政職員調査） | 【第4章】
とりあえず正社員
問題意識・仮説・データ・推定結果・結語
調査④⑦⑧（正社員調査） | 【第5章】
とりあえず進学
問題意識・仮説・データ・推定結果・結語
（学生縦断調査） |

| 【第6章】
とりあえずフリーター
問題意識・仮説・データ・推定結果・結語
調査③（フリーター・ニート調査） | 【第7章】
とりあえずニート
問題意識・仮説・データ・推定結果・結語
調査③（フリーター・ニート調査） | 【第8章】
国際比較
問題意識・仮説・データ・推定結果・結語
調査④・⑤・⑥（日・米・韓調査） |

実証研究のインプリケーション

【第9章】
全体的結論と今後の課題
本書における実証結果の総合考察
「とりあえず志向」研究の含意と発展的な研究課題

注

1）　筆者らが2016年6〜7月に全国15の大学・高等専門学校の学生に行った「大学生等のブラックバイトについての実態調査」では，2〜3年生1418人のうち1105人が「強く思う」「少し思う」のいずれかを回答している．

2）　筆者が20・30代の若手正社員1000人を対象に実施した「若手社員の雇用管理とキャリア開発に関する意識調査」（2018）では，「卒業後はとりあえず正社員になりたい」という質問（5件法）を行ったところ，「かなりあった（631件）」「少しあった（215件）」であり，合計割合は84.6％であった．ただし，本調査項目のように，多義的な「とりあえず」が項目にそのまま含まれるような設定では，被験者の主観により回答が導かれてしまう可能性があるという重要な問題があった．そこで，4.2では上記問題を改良した形の設定で検証を行った．

3）　曖昧性を不確実性の下位概念に位置づけたSmithson（1989）によると，「ambiguity（曖昧性）」は特別な不確実性，「ignorance（無知性）」は無知，「uncertainty（不確実性）」は情報の不完全性，「risk（リスク）」は不確実性や無知性からなる損失の見込み，「vagueness（不定性）」は特別な種類の不確実性と定義する．本研究では，確率が1つに定まって明確な場合を「リスク性」，確率が複数あったり，情報欠如により明確でない場合を「曖昧性」，確率が全くわからない場合を「無知性」と区別する．

4）　曖昧さは豊かなものであり，例えば人間を対象としたときには，曖昧であることが事態を上手く運ばせるために，不可欠どころか，エレガントですらある（河合・中沢，2003）．

第2章

先行研究サーベイ

2.1 とりあえず志向の言語学的アプローチ

2.1.1 とりあえず志向の定義

「とりあえず」の研究は，主に時間的概念として言語学や哲学の分野で若干の研究蓄積がある．まず，「とりあえず志向（For the Time Being Orientation；FTBO）」を定義づける前に，「とりあえず性」について**表2-1**のように定める．つまり，もともとの語源は「取るものも取り敢えず」に由来しており，取るべきものもとれないほどに，時間的な暇がなく，急いでいる様子を表す．広辞苑によれば，「たちまちに，たちどころに」(immediately)と「さしあたって，まず一応」(for the present)の2つの語義がある．**表2-1**より，第一の語義は「取るべきものも取りきれず」からくる不安からの解放や時間に追われるという「瞬間性・性急さ」を表す「時間選好的性」である．具体的には，少しでも早く安定した職業に就くことで安心を得たいという心理状況が該当する．

次に，現代的用法として「持続性・リラックス感」というニュアンスが含まれ，ある行為の先に行うという意図があり，更に重要なことが後に控えているという点から，「時間的順序の選択的性」が第二義となる[1]．例えば，将来的な変化や追加（例：離転職）の可能性を残しながらも，新卒時点で就業可能な就職先に一時的に身を置こうという心理状況である．

いずれの概念も時間的逼迫が含まれており，この逼迫感をある対象・出来事からの時間的な距離として捉えると，時間的に遠いほど高次（低次）の解釈の比重が高まり（薄れ），時間的に近いほど高次（低次）の解釈の比重が薄れる（高まる）という Trope and Liberman (2000) の理論に沿って重層的に展開可能である．すなわち，将来における不確実性を前提とするならば，将来の希望進路をより早く明確に示せることを良かれとする現代社会に生きる若者の潜在する意識を実践的な切り口からアプローチすることは意義深い．

表2-1　とりあえず性の定義づけ

		意味合い	広辞苑	時間的要素	背景要因例
と り あ え ず 性	I	瞬間性 （性急さ）	たちまち たちどころに	時間選好的 要素	学習や生活での 挫折経験
	II	まったりとした持続性 （リラックス感）	さしあたって まず一応	時間順序の 選択的要素	暫定的な中間 目標に到達

出所：中嶌（2008）125頁.

表2-2　「とりあえず」の使い分け一覧

表 現 例	とりあえず	一応	ひとまず	差し当たり
A　これで──生活に困らない	○	○	○	
B　──ここでお開きにします	○	○	◎	
C　──御礼まで	○		△	
D　──筋の通った話ではある		○		
E　──よい考えはない	△			○

注：◎は「最適」，○は「適当」，△は「可能」という3段階レベルを表す.
出所：松井編（2008）365頁.

　しかし，とりあえずと類語関係にあたる言葉は少なからず存在し，それぞれの語義には若干の相違がみられる（表2-2）.「一応（just in case; after a fashion）」とは，十分ではない行為にそれなりの意義を認める意識が働く場合，もしくは，不十分なものに暫定的な評価や判断を下す場合に用いる（森田, 1989）.「一応」に続く事柄が状態的，もしくは動作的かによってニュアンスが多少変わってくる. 例えば，「いちおう調べてみました」は不十分であるがとにかく事を起こす様子を表しており，それが役に立つかどうかは別として，とにかく物事を実行するという気持ちが込められる. こうした「一応」は，「ひとまず」「差し当たり」に極めて近い概念とされる（磯貝・室山, 1989）. 十分ではないものの最低限を満たすという意味では「とりあえず」と同義と言える. 理想と現実が対で頻繁に使用されることからも，「一応」は，物事をより現実視した低次レベルの性質と考えることができる. しかし，この「一応」は次の行動や状態に移るための一手段として何かが行われることを表しており，時間的制約が少ない点で時間的な逼迫感が強い「とりあえず」とは異なる（表2-3）.
　また，「ひとまず」の「まず」は，他のことは一切考慮の外におき，最も必

表2-3　「とりあえず」の類語関係の整理

	変化・追加の可能性（大）	変化・追加の可能性（小）
時間的制約（強）	とりあえず	ひとまず 差し当たり（さしずめ）
時間的制約（弱）	一応	とにかく ともかく

出所：中嶌（2009a）30頁.

　要とされるものを第一に取り立てる気持ちを表すことが多いのに対して，「ひとまず」は次の行動や状態へ移るための1つの手続きとして何かをする場合に使われる（磯貝・室山, 1989）.

　一方，「差し当たり」については「現在この場に当たって」が原義である．あくまでも目下の問題や応急の対応策を考えるような切羽詰まった意識であり，さらに先の未来のことは考慮外とされる（森田, 1989）. 少なくとも，**表2-3**の類語関係の中で「とりあえず」は最も汎用性が広く，そのことと若者における多様かつ頻回な使用とが無関係でないことが推察できる.

　また，「とりあえず」は女性や若者世代で多用されるだけでなく，その文脈も広がっているとする長塚（2000）の指摘を踏まえると，類語関係の使用境界線が厳密ではなくなるほど，物事の考え方が言葉に規定されにくくなる分，若者の複雑な心理状態が反映されやすくなると考えられる. 行動経済学の見地に立てば，時間的な遠近によって，対象や出来事の解釈レベルが異なるという時間的非整合として理解することが可能である．Neapolitan（1992）が効果測定をしているように，インターンシップ（就業体験）への参加学生の一例を挙げると，最初はかなり先の出来事であると期待に胸を膨らませていたものの，就業体験の初日が近づくにつれて億劫になったり，恐怖を感じる学生が現れることは著書のキャリア指導経験上においても珍しくない.

　加えて，長塚（2000）は言語学の見地から，聞けば耳に残るような第3番目の類義語として「もう1つのトリアエズ」を紹介する. それは，**図2-1**のような人間の意図的行為のみに用いられてきた「とりあえず」「一応」とは異なり，人間の意図的行為以外の文脈で用いられる場合がある. 用途例は，「（ⅰ）とりあえず暑くて参ったよ」「（ⅱ）とりあえず人はいないよなぁ」「（ⅲ）とり

> To「ria」ezu [とりあえず・取り敢えず]
> 副　アクセントは to「riaezu もある．主体が当該行為についてその「時間的順序を選択する」こ
> とを表す．「人間の意図的行為」について用いられ，一連の行為が想定される状況で，ある行為を
> 「比較的行いやすい」と捉えて「先に行う」ことを表す．その行為は後に想定される行為と比べて
> 「比重が軽い」といえる．
> 用例：「──焼鳥三人前とビール三本にしておこう」「──すぐさま [小泉] 八雲の世界に入りこん
> でいくというわけにはもちろんいかなかった．次第次第に後まわしになったがそのあいだにも──
> 眼についたものだけは何冊か手に入れておいた」（野口富士夫『散るを別れど』河出書房新社，
> P.63)「──御礼まで」「──御報告まで」

図2-1　「とりあえず」の語義

出所：國廣編（1982）・ごい（1981）．

あえず混んでるよね」になる．これらのトリアエズは「とにかく（ともかく）」
に近い意味になり，「いろいろとあるが，ともかく仮に事を起こす」という点
では「とりあえず・一応」と共通の性質を持つものの，この共通性質が他の意
味要素に転じて，「今現時点で言えることは（at the present ; for now）」という第
三義が生まれる．つまり，（ⅱ）や（ⅲ）のように「人はいない」「混んでい
る」は，あくまでも現時点の状況を示しており，将来的な変化は保留の状態で
ある．このような不確かな将来を度外視して，利用できる気楽さが「とりあえ
ず」の無意識的な利用と関係している．

2.1.2　「とりあえず」正社員──とりあえず「正社員」の弁別

　従来の先行研究では，「とりあえず」と「正社員」の合成語である「とりあ
えず正社員」という志向性をひと纏まりの心理的概念として捉えることで，当
該志向性の強度が厳密に把握しづらいという問題・課題が残されていた．つま
り，新規学卒時点の正規就業に対して，"漠然としたまま受け入れられる"と
いう次元と"正社員であるから最低条件を満たしている"という次元とが混同
されてきたという問題点が指摘できる．すなわち，「とりあえず正社員」を厳
密に捉えるためには，（ⅰ）「とりあえず」正社員，もしくは，（ⅱ）とりあえ
ず「正社員」に分けて考えなければならない．
　（ⅰ）については，「とりあえず」は，正社員に対する思い入れ具合について
詳しく説明する修飾語の役目を果たし，正社員は「とりあえず」によって説明
される被修飾語の関係となる．つまり，入不二（2002a）の"全体と局所"とい
う考え方に基づけば，この場合，「とりあえず」の時制的な観点（局所）を通じ

てリミット・有限時間という色彩が強まることが，切羽詰まった逼迫状況下で
「就職先」「内定先」の決定を優先することに繋がると考えられる．つまり，
「就職すること」が最重要事項となり，その分，勤務形態（正社員・非正社員）の
問題の重要度が相対的に低くなる．

　ところが，「正社員」がフォーカスされる（ⅱ）では，修飾―被修飾の関係
性は（ⅰ）よりも弱まり，無時制的な観点（全体）が強調されることになる．
この場合は，むしろ“とりあえず”が後ろに退く代わりに，「正社員になるこ
と」自体に対して「何が何でも・絶対に・どうしても」という強い意識度が付
加されることになる．したがって，「とりあえず正社員」と「とりあえず就
職」との間の一致性について，両者を比較した場合，以下のような相違が考え
られる．時制的（局所的）なキャリアの捉え方が強調される（ⅰ）の場合，許
容される勤務体系の範囲が比較的大きいことがわかる．一方，無時制的な観点
（全体）が強調される（ⅱ）では，勤務体系に関する自由度が小さく，正社員へ
の固執が企業名・職種・地域等の条件面の許容幅を広げるという点で違いがみ
られる．

（ⅰ）「とりあえず」正社員の場合：
　　　「とりあえず就職」＝「とりあえず正社員」＋「とりあえず定職」＋「とり
　　　　　　あえず公務員」＋「とりあえず任期付正社員」＋
　　　　　　「とりあえずパート」＋「とりあえずアルバイト」
　　　　　　＋「とりあえず派遣」＋「とりあえず無業以外」＋
　　　　　　……

（ⅱ）とりあえず「正社員」の場合：
　　　「とりあえず就職」＝「とりあえず正社員」＋「何が何でも 正社員」＋
　　　　　（定職）「絶対正社員」＋「どうしても正社員」＋「どのよう
　　　　　　な企業であっても正社員」＋「どのような仕事で
　　　　　　あっても正社員」＋「どのような地域であっても
　　　　　　正社員」＋……

2.1.3　とりあえず志向の善悪（日韓若者の語り）

　では，日常的に「とりあえず」を使用する若者たちの実際はどうであろう
か．本節では，筆者が実施した２つのアンケート調査（「若手社員の就業に関する

表2-4　頻出語リスト：上位30語（日本）

抽出語	頻度	抽出語	頻度	抽出語	頻度
1 言葉	586	11 多い	111	21 便利	68
2 使う	509	12 就職	109	22 行く	68
3 自分	504	13 今	107	23 失敗	60
4 志向	279	14 物事	94	24 必要	59
5 良い	254	15 悪い	89	25 始める	55
6 行動	229	16 持つ	86	26 イメージ	54
7 人	208	17 場合	82	27 結果	54
8 意味	147	18 目標	79	28 出る	54
9 言う	146	19 大学	78	29 生活	50
10 考え	122	20 決める	73	30 選択	48

注：総抽出語数21,777，異なり語数2,518
出所：中嶌（2019）.

心理行動調査──日本調査」(2017) および「若手社員の就業に関する心理行動調査
──韓国調査」(2018)）の自由記述回答データを用いて，若手社員における
「とりあえず」の用途，すなわち，使用上の善悪（肯定的使用・否定的使用）とい
う観点に着目する．具体的には，「とりあえず」という考え方に対する自由回
答データを用いて，テキスト型データを統計的に分析するソフトウェアである
KH Coder（樋口，2014）によるテキストマイニング分析を行う．

（a）分析手順

　得られた自由記述回答データは，日本が495人（文：2499，行数495），韓国が543
人（文701，行数543）である．本分析における流れは，以下の通りである．ま
ず，自由記述回答データのExcelファイルをCSV形式のテキストファイルに
変換する．次に，機種依存文字等を削除したテキストデータについてKH Coder
を用いて前処理の実行を行う．その際，あらかじめコーディングルール編集[2]を
行った．

（b）頻出語の分析

　表2-4・2-5は，全文単位での「とりあえず（일단은）」に関する自由記述
に使用された名詞等に属する変換後主要語の使用頻度が高かった上位30位を表
示している．日本では最も高い頻度を示したものが「言葉」「使う」であり，
使用言語という認識が強いことが分かる．一方，韓国では「就職」といった具
体的行為を伴った目的対象物という捉え方をしており，大きな相違がある．た

表2-5　頻出語リスト：上位30語（韓国）

	抽出語	頻度		抽出語	頻度		抽出語	頻度
1	就職	89	11	考え	32	21	生きる	24
2	良い	83	12	悪い	31	22	離職	23
3	姿勢	47	13	今	31	23	心	22
4	不安	42	14	現実	30	24	人生	22
5	会社	41	15	キャリア	27	25	積む	22
6	職場	41	16	確実	26	26	合う	21
7	未来	40	17	気持ち	26	27	自分	21
8	重要	39	18	必要	26	28	経験	19
9	状況	35	19	持つ	24	29	他	19
10	現在	32	20	一旦	22	30	準備	17

注：総抽出語数10,530，異なり語数2,213
出所：中嶌（2019）.

表2-6　コーディングルールを用いたクロス集計表（日本）

	大学生活	自分自身	その場しのぎ	とりあえず	計画性	行動力	ケース数
賛成	2(1.57%)	58(45.67%)	3(2.36%)	124(97.64%)	2(1.57%)	4(3.15%)	127
中間	7(2.86%)	134(54.69%)	4(1.63%)	158(64.49%)	4(1.63%)	1(0.41%)	245
反対	1(0.82%)	70(57.38%)	5(4.10%)	118(96.72%)	4(3.28%)	1(0.82%)	122
合計	10(2.02%)	262(53.04%)	12(2.43%)	400(80.97%)	10(2.02%)	6(1.21%)	494
χ²値	1.879	3.96	2.092*	85.732**	1.287	5.45*	

注：**は5%，*は10%水準で統計学的に有意であることを示す.
資料出所：「若手社員の就業に関する心理行動調査（日本版）」2018年.

　だし，「とりあえず」の是非については，両国共に「良い」が「悪い」を大き
く上回る点では共通する.

　加えて，表2-6は筆者による独自調査（2018年）の日本データを用いて，
コーディングルールにより「とりあえず」という姿勢に対する意見別（賛成・
中間・反対の3群）にクロス集計した結果である.「行動力」を重視する賛成
群，「その場しのぎ」「計画性」を推す反対群に明確に区分できた. また，「大
学生活」は中間群が最も顕著であり，就職先や進路選び等の生活場面ごとに賛
否両論あることが示されている. 下記は自由記述の典型的な「良い」「悪い」
の具体例を示す（数値は対象No.を表す）.

〈「良い」の例示〉

日本25「何事にも挑戦していくときの"とりあえず"は積極的に何かをして
　　　いくので私は良いと考える」

日本189「とても便利で使いやすい言葉ですが，言ってしまうと必ずやる
　　　ことになる言葉だと思います．つまり，言質に近いかもしれませ
　　　ん．ですので，"とりあえず"を使い，言ったことを必ず実現し
　　　ていくなら良いと思います」

日本413「選択肢を絞るためにあるものだと思う．道筋を明確にするため
　　　に必要なもののように感じる」

韓国45「確実なことはないので目の前の選択をすることも大丈夫だ」

韓国47「将来が不確かな時は，とりあえずという態度は良いと思う．今の
　　　時代に必ず１つのことを持続して行くよりはいろいろの仕事が融
　　　合されることによって，新しいことが派生して生じる場合が多
　　　い．つまり，人生やキャリアのために何でもしようとするエネル
　　　ギーを持つならば良いと思う」

〈「悪い」の例示〉

日本280「後先考えずに行動しているように思えてしまうため，悪い意味
　　　として受け取ってしまうことが多い」

日本322「とりあえず志向は場合によっては悪い結果や失敗を生み出すこ
　　　ともある」

韓国176「初めての一度はそのような姿勢が容認されるといっても，ずっ
　　　とそのような姿勢を維持するのは良くない」

韓国376「無条件的な"とりあえず"という考えは，絶対やってはいけな
　　　い．そのような考えを持っていると，後でいつかはそのような状
　　　況に安住するだろうし，欲がなくなる」

韓国581「"とりあえず"という姿勢は良くない．ひたすら試してから選択
　　　することが重要な方法だ」

　表2-7は，就職内定から入社前までの間の就業意識について，日韓の若者
で比較したものである．両国とも「b」の割合が30〜35％と最も高く，「c」と
合わせるとどちらも過半数が「とりあえず」という曖昧な心理を入社前に抱い
ている．「b」・「c」の度数の高さより，入社時の曖昧心理を短期的に対処しよ

表2-7　内定企業に対する入社前の意識 (日韓比較)

項　目	日本 N=2216	韓国 N=543
a. この会社で定年まで働き続けたい	355(15.1)	92(16.9)
b. とりあえず安心できるのでこの会社で働く**	799(35.9)	166(30.6)
c. とりあえず次のステップになるのでこの会社で働く**	388(17.5)	133(24.5)
d. 状況次第で別の会社に転職する	428(19.3)	109(20.1)
e. その他	41 (1.8)	6 (1.1)
f. わからない	222 (10)	37 (6.8)

注：括弧内は比率 (%).
出所：中嶌 (2019).

うとするだけでなく，少なからず中長期的なビジョンを持ちつつ，自己のキャリア形成と向き合う手がかりにしようとする姿勢を両国において垣間見ることができる.

2.2　とりあえず志向の心理学的アプローチ

2.2.1　とりあえず志向の多次元尺度に関する定義

　心理学分野では，曖昧な心理状態は曖昧さ耐性 (Tolerance of Ambiguity；以下，TA) という概念で説明されてきた (Frenkel-Brunswik, 1949). TA とは，外部事象から受ける刺激に対する反応の曖昧さを個人差とみなす概念であり，従来，TA の低さは否定的態度とみなされ，曖昧な状況に耐えられるか否かという観点から一次元的に論じられできた. しかし，曖昧さに対する反応態度について，Budner (1962) は「脅威の源」と「曖昧な刺激 (発奮材料)」に枝分かれする適応構造を提示しており，西村 (2007) では，前者に関わる「不安」「統制」「排除」，後者に関連する「享受」「受容」という多次元性を確認する. また，植村 (2001) は集団心理の範疇で TA の影響を分析し，TA の高さと拒絶傾向の低さの関係を見出したものの，積極的受容との関連性は弱く，必ずしも結果は安定的ではない.

　曖昧さへの対処に関する確固たる知見は得られていない現状にある中で，近年，曖昧さへの反応態度を時間経過による発達的変化として捉える研究が進展している. 例えば，Xu (2017) の「相互依存縦断的モデル」では，TA への選好以外の個人差を表す要因 (「レディネス」「選択・委任の心配」「個人内の葛藤」) に

着目し，キャリアカウンセリング等のキャリア介入による不安の緩和・曖昧さの回避が，意思決定過程における個人的直感の手助けとなり，職業進路の選択という積極的な適応に結び付くことを示した.

予備調査

「とりあえず正社員志向」に含まれる多義性を定義するための前準備として，「とりあえず正社員」という志向性，ならびに，行動パターンに関するさまざまな反応を収集することを目的とした予備調査を行った.　まず，筆者が担当するA大学の大学1年生向け「キャリアデザイン」授業（2011～2018年度）の受講生495名（男性411名，女性84名，文：2499，行数：495）を対象に実施した.　授業内の個人ワークとして記述させた，『「とりあえず」に関する自分の考えを自由に作文しなさい』（自由記述350～400字程度，20分間，以下，「とりあえず作文」）により，「とりあえず」に関する多様な反応を収集した.　なお，調査者が用意する評価枠を与えず，ありのままの心証を表出させることを意図して，作業前の記述に関する具体的説明は極力避け，「とりあえず正社員」のみを刺激語として例示した.　これに対する反応語群について検討することとした.

加えて，就職活動開始前の大学3年生の「とりあえず正社員」意識も反映させるために，著書が受け持つ専門ゼミナールの学生（2014～2019年度生，76人：男性56人，女性20人）を対象とした聞き取り調査の結果も補足的に用いる.

まず，「とりあえず正社員」に対する反応について，1文1反応とし，曖昧な心理状況を職業関連で捉えたGati *et al.* (2010) と坂柳・竹内 (1986) を踏まえ，キャリアへの自律度（「自分事」「行動力」）・計画度（「プランニング」「その場しのぎ」）・関心度（「大学生活」）という基準で筆者が評価した結果，総反応のうち24.6%は「とりあえず」を頑なに使用しないという否定的な立場であり，10%は「とりあえず」の具体的な使用例を示すものであったため尺度項目作成の際には除外した.　表2-8は，予備調査の結果を踏まえ，Gati *et al.* (2010) のキャリア意思決定プロフィール（CDMP）の11次元を，キャリア成熟の構成概念により，個人要因と社会環境要因から定義し直したものである.

次に，予備調査で収集した反応に基づいて，尺度項目を作成した.　各項目には，「とりあえず」という文言そのものを使用せず，"就業への曖昧な反応態度"という文章構造が成立するようにした（例：正社員になっておけば安心である）.

表 2-8　とりあえず正社員志向尺度の構成

	個人要因	社会環境要因
キャリアの自律性 Career Autonomy	希望職への切望（AI） 統制の所在（LC） 先送り・先延ばし（PR）	他者依存（DO）
	〈Table2〉の項目番号 1，2，3，4，5，6，10，11，12，13，14，15	〈Table2〉の項目番号 49，50
キャリアの計画性 Career Planning	合理的判断 vs 直感的判断（IP） 意思決定スピード（SP）	情報の収集（IG）
	〈Table2〉の項目番号 16，17，18，19，20，21，22，23，24， 25，26，27，28，29，30，31，	〈Table2〉の項目番号 40，41，42，43，44
キャリアの関心性 Career Concern	妥協的な満足（WC） のめり込み vs 気楽さ（EI）	利他的な欲求（DP） 内気さ・他力本願（CO）
	〈Table2〉の項目番号 7，8，9，45，46，47	〈Table2〉の項目番号 32，33，34，35，36，37，38，39，48

出所：Gati *et al.*（2010）・坂柳・竹内（1986）を参考にして，筆者作成．

　その際，刺激語にあたる曖昧さは，Norton（1975）・Gati *et al.*（2010）の使用例を参考にした．というのも，本研究の目的が，既存研究のような全般的な曖昧さへの反応傾向を測定することではなく，新規学卒時のキャリア選択という特定場面における曖昧な志向性の多次元性や先行要因に関心を置くものだからである．

　なお，作成した項目については，実際に就職活動を行う筆者が受け持つ専門ゼミナール生（2018-2019年度生）の間でミニマムディベート（論題：「とりあえず正社員になることは得策である．是か非か．」第5章補論を参照）による検討により，大学4年間という有限期間内で漠然と抱える認知的・情緒的な評価・知覚・意識的な志向性という観点から，内容妥当性を確認している．最終的に，計50項目からなるインディケータ（質問項目）を作成した（表2-9）．

本調査1

　本調査のデータは，著書がWeb調査会社を通じて実施したアンケート調査「仕事と暮らしの充実感に関する調査（Ⅰ）（以下，調査1）」により収集した．本調査は，2020年4月24日-29日において新規学卒者（2021年春入社組）を対象

表 2 - 9　とりあえず正社員態度の尺度作成のための質問項目

	Types	CDMP's dimension
1.	絶対に正社員になりたい	AI－1
2.	特定企業（第1志望の企業）に就職したい	AI－2
3.	特定業界（第1志望の業界・業種）に就職したい	AI－3
4.	特定職種（第1志望の職種）に就職したい	AI－4
5.	どのような仕事でもよいから大手企業（有名企業）に就職したい	AI－5
6.	どのような地域でもよいから大手企業（有名企業）に就職したい	AI－6
7.	どのような企業でもよいから正社員になりたい	WC－1
8.	どのような仕事でもよいから正社員になりたい	WC－2
9.	どのような地域でもよいから正社員になりたい	WC－3
10.	どのような企業でも正社員になっておけば別のやりたいこと（夢・目標）の実現に近づける	PR－1
11.	どのような仕事でも正社員になっておけば別のやりたいこと（夢・目標）の実現に近づける	PR－2
12.	どのような企業でも正社員になっておけば別のやりたいこと（夢・目標）の選択肢が広がる	PR－3
13.	どのような仕事でも正社員になっておけば別のやりたいこと（夢・目標）の選択肢が広がる	PR－4
14.	就職活動は比較的順調で，充実感を得ることがあった	LC－1
15.	自分はやればできるタイプだからきっと大丈夫である	LC－2
16.	どのような企業でもよいから安定した職業に就きたい	IP－1
17.	どのような仕事でもよいから安定した職業に就きたい	IP－2
18.	どのような地域でもよいから安定した職業に就きたい	IP－3
19.	どのような企業でもよいから給料・福利厚生の良いところに就職したい	IP－4
20.	どのような仕事でもよいから給料・福利厚生の良いところに就職したい	IP－5
21.	どのような地域でもよいから給料・福利厚生の良いところに就職したい	IP－6
22.	どのような企業でもよいから実家から通える範囲で働きたい	IP－7
23.	どのような仕事でもよいから実家から通える範囲で働きたい	IP－8
24.	どのような企業でもよいから親／家族等の世話をしながら働きたい	IP－9
25.	どのような仕事でもよいから親／家族等の世話をしながら働きたい	IP－10
26.	正社員になっておけば安心である	SP－1
27.	就職活動はできるだけ早く終わらせたいという思いがあった	SP－3
28.	どのような企業でもよいがブラックじゃない企業に入りたい	SP－4
29.	どのような仕事でもよいからブラックじゃない企業に入りたい	SP－5
30.	どのような地域でもよいからブラックじゃない企業に入りたい	SP－6
31.	正社員になっておけば世間体がよい	SP－7
32.	どのような企業でもよいから地元で働きたい	DP－1
33.	どのような仕事でもよいから地元で働きたい	DP－2
34.	どのような企業でもよいから人の役に立てる仕事につきたい	DP－3
35.	どのような地域でもよいから人の役に立てる仕事につきたい	DP－4
36.	どのような企業でもよいから地元（地域住民）に貢献できる仕事をしたい	DP－5
37.	どのような仕事でもよいが地元（地域住民）に貢献できる仕事をしたい	DP－6
38.	正社員になっておけば周囲（親・家族等）を安心させられる	DP－7
39.	自分の希望通りにならないくらいなら正社員じゃなくても構わない	DP－8
40.	どのような企業でも正社員になっておけば別のやりたいこと（夢・目標）が見つけやすい	IG－1
41.	どのような仕事でも正社員になっておけば別のやりたいこと（夢・目標）が見つけやすい	IG－2
42.	正社員になっておけば昇進・昇格が見込める	IG－3
43.	正社員になっておけば結婚がしやすい	IG－4
44.	正社員になっておけばローン・融資審査が通りやすい	IG－5
45.	就職活動中，まず最初に1社から内定が出て安心した	EI－1
46.	就職活動中，精神的に参ってしまうことがあった	EI－2
47.	なんとなく	EI－3
48.	就職活動中，何とも言いようのない不安があった	CO
49.	ロールモデル（憧れの存在）に近づきたい	DO－1
50.	他の就活生から取り残されさえしなければきっと大丈夫だ	DO－2

注：11個の各次元の略語については，AI（Aspiration for an ideal occupation），WC（Willingness to compromise），PR（Procrastination），LC（Locus of control），IP（Information processing），SP（Speed of making the final decision），DP（Desire to please others），IG（Information gathering），EI（Effort invested），CO（Consulting with others），DO（Dependence on others）を表す.
出所：Gati, *et al.*（2010）を参考にして筆者作成.

に実施し，回収数551，有効回答数500（男性179名，女性321名，平均年齢21.59歳），有効回答率90.9％であった．

　質問項目は，中嶌（2012；2013b；2014；2017a）に基づき，基本属性，生活意識等の個人要因，および，新卒労働市場や就職活動状況等の社会環境要因に関するものを大問で20問尋ねた．具体的には，「日頃の生活における充実感」「正社員になることへの意識」の他に，「とりあえず正社員」の多次元性に大きな関心を置く本調査では，「とりあえず志向」の多義性を考慮して，「とりあえず」という文言自体を質問文中には使用せず，その意味合いを表す漠然とした正規職への就業意識（43項目），ならびに，キャリア不安意識（7項目）を設定した．なお，本調査の質問項目では，基本的に5段階リッカート尺度の選択肢（「5．かなりあった」「4．少しあった」「3．どちらでもない」「2．ほとんどない」「1．まったくない」）を設定した．

本調査2

　前回と同様のWeb調査会社を通じて，約6カ月経過後の2020年10月29日－11月30日において，追跡調査「仕事と暮らしの充実感に関する調査（Ⅱ）（以下，調査2）」を実施した．本調査データは，調査1と同一の対象者に実施して得たパネルデータであり，回収数188，有効回答数184（男性71名，女性113名），有効回答率97.8％であった．

2.2.2　キャリア意思決定プロフィール（CDMP）の11尺度

　第4章で行う「とりあえず正社員志向尺度」の探索的因子分析に先立ち，下位尺度ごとに"まったくない"を1点，"かなりあった"を5点として合計得点を算出した．得点が高いほど各因子の傾向が強いことを示しており，表2-10より，キャリア意思決定プロフィール（CDMP）の11尺度について，下位尺度得点の平均値と標準偏差，Cronbachのα係数による内的整合性を算出した結果を確認した．

　まず，平均は尺度間で相違がみられ，標準偏差もおおよそ平均項目間分散であることが示されている．また，α係数を算出する際，比較的安定的な数値が得られたため，「先送り・先延ばし（PR）」等，逆転項目の処理は行わなかった．Test scaleα＝.863（平均項目間分散：.066）となり，表2-9の50個の項目から取捨選択された11尺度27項目のCronbackのα係数は十分に信頼できる値が

表 2-10　キャリア意思決定プロフィール（CDMP）11次元の内
　　　　的整合性

(N＝500)

次元	尺度	Mean	S.D.	Cα
1	希望職への切望（AI）	3.36	.93	.71
2	妥協的な満足（WC）	3.18	1.08	.80
3	先送り・先延ばし（PR）	3.18	1.21	.71
4	統制の所在（LC）	3.17	1.22	.64
5	合理的判断 vs 直感的判断（IP）	3.31	1.05	.72
6	意思決定スピード（SP）	3.78	1.07	.70
7	利他的な欲求（DP）	2.86	.95	.71
8	情報の収集（IG）	3.24	1.06	.73
9	のめり込み vs 気楽さ（EI）	3.93	1.16	.77
10	内気さ・他力本願（CO）	3.59	1.37	.70
11	他者依存（DO）	3.32	1.30	.72

注：反応スケールは1〜5である.
資料出所：「仕事と暮らしの充実感に関する調査（I）」2020年.

示された. **表2-10**より,「統制の所在（LC）」を除く10個の尺度で.70以上の α
係数（中央値：.71）が得られ, 分析に耐えうる内的整合性を有していると判断
した.

　加えて, 11尺度の独立性の程度を調べるために, 11尺度スコアの尺度間相関
を調べた（**表2-11**）. 第1四分位範囲は.51〜.81であり, 最も相関性が高かっ
たのは, IG（情報の収集）と PR（先送り・先延ばし）であった（.81）. ただし, 物
事の重要な決定を先送りし, 情報収集のために猶予期間を設けようとするの
か, あるいは, やりたいこと（夢・目標）が探し当てられるまで情報収集を続
けるのかについては, 情報探索過程の分析を通じて明らかにできるものであ
り, さらなる詳細な分析が必要となる.

　さらに, 11次元の平均スコアに関する性差について, mixed-design ANOVA
を調べたところ, 重要な性別効果（F[1, 500] = .89, ns）は認められず, 11尺度の
各平均値が男女間で等しいという帰無仮説は, 棄却されないこと（p 値＝.16＜
0.05）を確認した.

表 2-11　キャリア意思決定プロフィール（CDMP）11次元の相互相関係数

(N=500)

	AI	WC	PR	LC	IP	SP	DP	IG	EI	CO	DO
AI	－										
WC	.44**	－									
PR	.49**	.53**	－								
LC	.39**	.23**	.34**	－							
IP	.51**	.78**	.52**	.28**	－						
SP	.46**	.35**	.38**	.29**	.35**	－					
DP	.48**	.63**	.53**	.31**	.80**	.24**	－				
IG	.58**	.52**	.81**	.47**	.53**	.53**	.54**	－			
EI	.30**	.37**	.34**	.16*	.33**	.38**	.32**	.36**	－		
CO	.31**	.26**	.26**	.01	.23**	.43**	.23**	.27**	.51**	－	
DO	.37**	.14	.35**	.43**	.18**	.23**	.27**	.39**	.12	.09	－

注：.Pearson の相関係数．　**：1％水準，*：5％で統計的に有意．
資料出所：「仕事と暮らしの充実感に関する調査（Ⅰ）」2020年．

2.3　とりあえず志向の哲学的アプローチ

2.3.1　時間の非実在性

　Mctaggart (1908) の形而上学的考察を通じて分析を行った入不二 (2002a：2002b：2003) は，「とりあえずの本質が時間の問題である」と指摘する．すなわち，過去と未来の時間順序は現在の思考経験の中で行われるものであり，過去も未来も現在の内側に介在するひと繋がりの時間の表象（時間的概念）として把えられる (大森, 1996)．一例として，ナラティブ心理学分野における自己物語法（自己理解の一手法）では，過去とは「想起」という記憶機能による現在経験であり，未来は「期待」「意志」という仕方で現在経験という前提で行われる．図2-2に示す通り，過去も未来も現在の心の働きの中において存在するという解釈になる[3]．

　一方，時間の限界については，アリストテレスの論理に従えば，「瞬間」という観点から時間の存在を麻痺させることで説明可能となる．通常，「とりあえず物事を始める」という場合，開始の瞬間は幅のない「今」を指すことになる（図2-3）．しかし，入不二 (2002a) によれば，第二義的な意味での「今」は，過去である部分と未来である部分の両方が含まれることになる（幅のある「今」）．

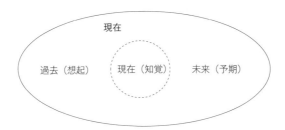

図 2-2　過去 (想起)－現在 (知覚)－未来 (予期) の概念図

出所：入不二（2002a）44頁.

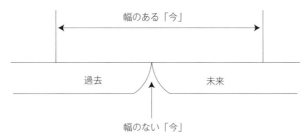

図 2-3　時間の限界としての「瞬間」

出所：入不二（2002a）21頁.

　例示すると，大学 3 年の夏から就職活動の準備を始めるという学生の場合，就職活動を開始した夏 (夏季休暇期間) という幅がある限り，就職活動を継続していく中で，否応なく既に過ぎ去ってしまった部分 (過去) とこれからやってくる部分 (未来) が取り込まれてしまうことになる．就活 (準備) の開始時点とは，幅のある「今」のことを指す場合が多い．要するに，過去と未来を隔てる境界こそが，本来的な意味での「今」（＝幅のない「今」）となり，本来的な「今」は時間の部分ではなく，過去と未来を分割するだけの長さの幅もない点という解釈になる．

2.3.2　時間論による非実在性の証明

　前項の検討より，最も基本的な時間観念である「今」がジレンマに陥ることから，時間の存在が根本の部分で挫折する可能性を捉えた．少なくとも，**図 2－3**より，時間軸上では過去と未来の境界としての「今」を捉えることができた．

　Mctaggart（1908）の時間論では，「現在」という視点に依存する時間（＝ A

系列の時間)，および，依存しない客観的な時間（＝B系列な時間）に峻別される．例えば，キャリア教育現場で用いられる自己物語法（人生双六法）の双六を用いたワークでは，「スタート（誕生）」「現在」「ゴール（死）」の３つを必須のマスとし，「スタート（誕生）」⇒……⇒「現在」⇒……⇒「ゴール（死）」の時間順序で約30マスを使ってセルフストーリー（自己物語）を完成させていく（「現在」の位置は自由）．このワークでは，過去に思い出深い出来事や人生のハイライトが多いほど，「現在」の位置が後方に布置される傾向がみられる．「現在」の移動により，どの時点までが過去でどの時点からが未来かという時間的パースペクティブが変化する点は，まさに「A系列の時間」の典型例である．この過去─現在─未来という３つの特性（A特性）は互いに両立不可能であり，両立可能でもある（入不二，2010）．つまり，「現在」という"時"が個人の主観（心の働き）に依存しており，心の働きから独立にその"時"自体が存在するものでなければ，時間は実在しないという主張を認めることとなり，「時間は実在しないこと」の証明になり得る（Mctaggart，1908）．

　一方，アリストテレスは，時間を前と後に関する運動の数で捉えようとした．数とは連続的な運動により与えられる分節・区切りのことであり，「今」により与えられる．すなわち，前の「今」と後の「今」とが区別されることによって，運動（動き・変化）に同じものの反復が導入されて初めて，数としてカウントが可能になる．この前提を置くことにより，数える者の心（霊魂）と時間の関係をクローズアップすることができる．仮に，数える者が存在しないならば，時間の存在も不可能になるという逆説的な解釈が導かれることになる．

2.3.3　実在と「永遠の現在」について

　入不二（2002a）によれば，時の経過とは過ぎ去って消えいくものであり，決して留まることはなく，過去は認識した時点で存在しなくなり，未来はまだ存在しないので当然認識できないという「時間のパラドックス」を含む．この解釈では，過去も未来も「ない」時を意味しており，「時が過ぎゆく」ことだけが否定されるだけでなく，時制の三区分すら安定的に成立し得ないことになる．

　仮に，キリスト教的な考え方により，「永遠」こそが実在の姿であるとしても，我々は時間を日々刻々と経過していくものと考えるため，（存在し得ないはずの）過去や未来の存在を疑うことはしない．ここでのアウグスティヌス的な

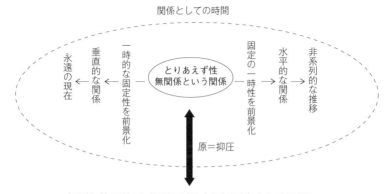

図2-4　とりあえず性の概念図

出所：入不二（2002a）277頁.

「時間の非実在性」は，時の経過は我々の心（魂）においてのみ主観的に存在するものであることを示唆する.

　一方，形而上学的な立場より，「実在（神）」の永遠と人間の時間をつなぐ接点として，「現在」という時間を見出せる.「現在」が指し示す永遠とは，**図2-4**で示される通り，非時間的な在り方（瞬間における永遠）のことであり，過去―現在―未来という水平的な線状関係ではなく，神と「現在」が垂直的な関係にあると捉えられる（＝永遠の現在・永遠の今・神の永遠性[4]）. こうした考えに基づき，水平方向と垂直方向が交差するところに「今」「現在」が位置すると考える. つまり，無時制的な観点によって時制的な観点を包み込むことはと・り・あ・え・ず・可能とされる. しかし，そこでは「とりあえず性」が隠蔽され，無時制的な観点が固定化されることで「今」が留まることになり兼ねない. 実際，神ではない我々は神の無時間的な永遠性[5]を真に理解することは困難であり，観念的に「今」を「とりあえずの無時制性」の極限として把捉しているに過ぎないのである.

2.3.4　「とりあえず性」の概念化

　前項の「時間のパラドックス」より，「とりあえず性」を完全に消し去ることは論理的に不可能である.「かつて未来にとりあえずやろうと思っていたことが，今はやっていること（現在）であり，これからはやったこと（過去）」へ

と推移する変化がその都度繰り返される．この用例は，あくまでも「とりあえ
ず性」がないものとしてとりあえず無視することで初めて成立する[6]．Mctaggart
(1908) を踏まえると，ある出来事が過ぎ去った後で，もう一度始まる前の過去
の時点に遡ることで，初めて成立する思考といえる[7]．

　図2-4のコア部分にある「とりあえず性」の「無関係という関係」は，未
来の関与が棚上げされている点は見逃せない．むしろ，未来との関係を断つこ
とによって，「無関係という関係」を保持してしまう未来と読み換えることが
可能となる．このことを入不二 (2003) は，切り離すことが繋ぐことになるよ
うな「無関係な関係」と表現する．

　ここで，「とりあえず性」概念を就職活動中の学生で例示してみよう．「とり
あえず内定！」と就職活動中の学生が考える場合，1社から内々定を得ること
でひとまず固定が導入される．しかし，その固定（1社からの内々定）が，次に
どのように解除され，どのような変化に晒されるかは未定である．同時進行で
最終選考過程にある他企業の採用通知結果を待ってその固定が取り消される予
感，あるいは，欲が芽生えて，より志望度の高い企業へ挑戦する心構えは，固
定自身の中に漠然と保存されていると考えられる．つまり，「内々定を獲得し
た企業にとりあえず承諾書を出しておこう」という行為では，固定（確定）す
ることなく，宙づりにした状態であり，解れて緩んだ感じを呼び込む余地を残
すのである．そこでは，即断即決しなければならないという性急さ（瞬間性）
は背後に退き，「最終的な決定ではないけれども，特に急ぐ必要もないためそ
のままにしておく」というリラックス感（≒まったりとした持続性）のニュアンス
が前景化してくるのである（一時的な固定性の前景化）[8]．

　図2-4における「関係としての時間」（＝時制的な水平的な関係と無時制的な垂直
的な関係）[9]の両極限である流動的な「推移」と無時間的な「永遠」は，「とりあ
えず性」の抑圧（意識されないまま保存されている状態）を拡張することで出現す
るものと考える．つまり，「とりあえず性」を無意識のまま維持する状態と
は，「無」ですらない未来の無関係（＝無関係という関係にさえならない関係）と表
現できる．ただし，理論上は，「とりあえず性」の抑圧とは，片方の構成要素
のみに純化することであるが，実際問題として双方を厳密に切り離すことは不
可能である[10]．つまり，どんなに強い意志や責任感を基づく行為であっても，予
期せぬ形で反故になる可能性を完全に捨て切ることはできないという点で，
「とりあえず」という在り方を否定することもまた「とりあえず」でしかない

方法で棄却され，「とりあえず性」に回帰することになる．

　本節における形而上学的な解釈からも，「とりあえず」は日々の暮らしや就労における曖昧さや不完全さの一部分を包摂しながら，常に我々の日常生活や人間関係を含むキャリア形成と常に不可分の関係にあることが認識できる．

2.4　とりあえず性の社会学的アプローチ

2.4.1　とりあえず志向の流布

　「とりあえず」は日本人の専売特許ではなく，他の一部の国々でも使用例が認められるものの，日本ほど多用されている国は他にない（リース，1987）[11]．「とりあえず謝る」「とりあえず許しを乞う」に代表されるような日本人に特有の行動様式の影響が考えられる（佐藤，2011）．リース（1987）は，日本人の生活の中に溶け込んでいる季節感と「とりあえず」の考え方には，大局を見誤らないで自然のうちに答えを出していくという共通性があり，柔軟かつ合理的な側面を指摘する．確かに，白か黒かの決断をすることは大きなエネルギーを要する上，責任が関わると心理的負荷がかかることを勘案すれば，礼儀や規律を重んじ，自己主張に対して消極的と言われる日本の国民性を踏まえた説得的な論考である．

2.4.2　とりあえず主義者と完璧主義者

　なだ（2002）によれば，世間の大概の人が「とりあえず主義」であり，「とりあえず行動するという生活の姿勢」くらいの潔い割り切り方が，人生において重要になることもあると指摘する．極端な例示をすれば，生きるか死ぬかの究極の選択を迫られた場合，「死ぬ」という選択肢は一度に限って最後の局面で選ぶことが許されるものであるため，我々はとりあえず生きることを選択するより他ない．また，人生を一度にまとめて生きることも不可能であるため，今日という一日を生きることのみしか選択することができず，この世に生を受けて「今」を生きている限り，その究極の選択すら既に済んでいるという解釈ができる．

　確かに，キャリア教育の現場において，「自分が何に向いているのか分からない」「自分のやりたいことすら分からない」という学生の声を聞く機会が多い．「たった一度しかない人生を，とりあえずの生き方で過ごすのは良くな

い！」と少なくとも筆者は学生時代に教えられてきた．しかし，天職はそう簡単に見つかるものではなく，一生見つからない場合も珍しくないため，「繰り返し悩んでいても1cmも前に進まないのが自然の摂理」とする高戸 (2001) の解釈を踏まえれば，やってみなければ分からないことを「とりあえず」実践し，行動した後に是非の判断をすれば良いわけである．そもそもとりあえずの姿勢であるのだから，行動したきり別に是非の判断をしなくても良いという意見もあり得るだろう．

2.4.3　とりあえず志向の4類型

　本項では，「とりあえず志向」の程度 (強弱) の違いに着目し，雇用形態別 (公務員・正社員・無業) に類型化を行い，概念的な特徴づけを行う．図2-5は，「とりあえず意識」に関する時間的要素に「安定志向性」と「やむを得ず意識」という新たな基軸を設けて，それらの強弱に応じて4つの象限で分割したものである．

　第1象限（Ⅰ）は，安定志向性 (強) とやむを得ず意識 (強) を組み合わせたフィールドチェンジ型であり，自分がここに存在している理由に自分で確信が持てる状況を指す (存在論的安心)．第2象限（Ⅱ）は，安定志向性 (弱) とやむを得ず意識 (強) を組み合わせたステージアップ型であり，自分が目標を達成すべく活動していることに確信が持てる状況に対応する (目的論的安心)．第3象限（Ⅲ）は，安定志向性 (弱) とやむを得ず意識 (弱) を組み合わせたなんとなく型であり，自己の存在意義に対して確信が持てない不安のことである (存在論的不安)．第4象限（Ⅳ）は，安定志向性 (強) とやむを得ず意識 (弱) を組み合わせたモラトリアム型であり，実社会の本当のところが分からず目的が見えていない状況に対応する (目的論的不安)．Ⅰは実現可能性が高次レベル，自己実現が低次レベルという性質を持つが，Ⅱは自己実現が高次レベルである反面，実現可能性が低くなると特徴付けられる (図2-5)．

　次に，図2-6は「とりあえず公務員」モデルで用いた視座を応用して正社員 (正規就業) に応用したものである．ただし，「とりあえず公務員」モデルの第3軸であった「狭義の安定性」については，安定志向で正規職を目指す者ばかりではないことを考慮して，使用しない．代わりに，新卒一括採用制度下にある日本の労働市場において正規ルートから外れることに対する若者の心的不安の大きさを勘案して，Budner (1962) の曖昧さ概念に基づき，最も顕著な特

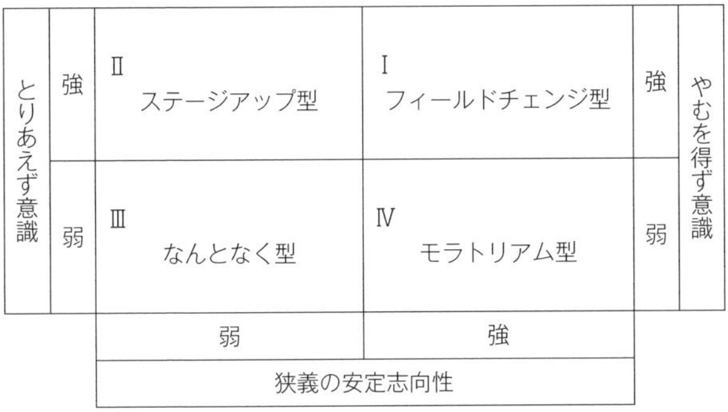

とりあえず意識	強	II ステージアップ型	I フィールドチェンジ型	強	やむを得ず意識
	弱	III なんとなく型	IV モラトリアム型	弱	
		弱	強		
		狭義の安定志向性			

図2-5　「とりあえず公務員」タイプの4類型

注1：狭義の安定志向性とは「定年まで継続就業しやすい」という広義の安定志向性ではなく，「早く就職できる」「安心したい」というような一時的な安定を重要視する性向を指す．

注2：「なんとなく型」はモラトリアム型の一種とされる（日本労働研究機構，2001a）．

出所：中嶌（2008）126頁．

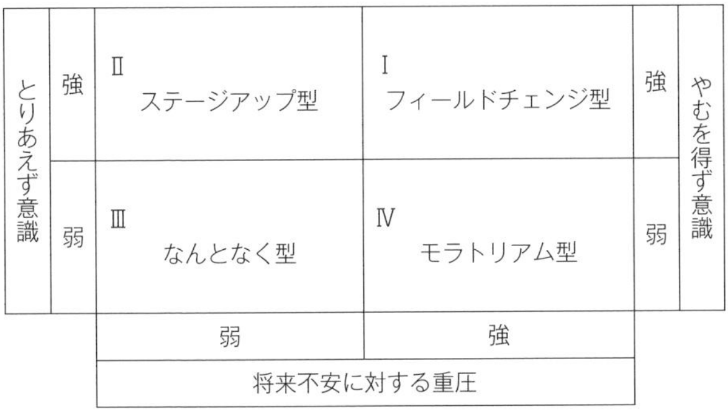

とりあえず意識	強	II ステージアップ型	I フィールドチェンジ型	強	やむを得ず意識
	弱	III なんとなく型	IV モラトリアム型	弱	
		弱	強		
		将来不安に対する重圧			

図2-6　「とりあえず正社員」タイプの4類型

注：「将来不安に対する重圧」の大きさは曖昧さ耐性の低さを表す．

出所：筆者作成．

徴を示す「将来不安に対する重圧」を第3軸に採用する（図2-6）．これは，曖昧さ耐性（TA）と類似的な指標である．「とりあえず意識」「やむを得ず意識」「将来不安に対する重圧」の3つの要素の組合せから4つの象限に分類したもの「とりあえず正社員」モデルを提示する（図2-6）．

　一方，「とりあえず正社員」の対極に位置づけられる立場として，「とりあえず無業」が考えられる．図2-7は，新規学卒後，フリーター状態を続ける被

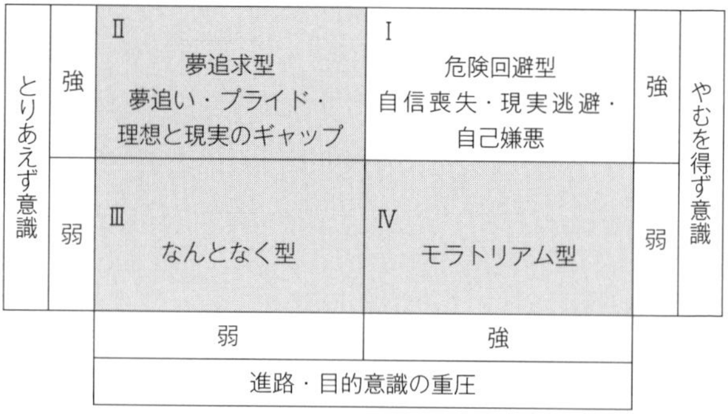

とりあえず意識	強	II 夢追求型 夢追い・プライド・理想と現実のギャップ	I 危険回避型 自信喪失・現実逃避・自己嫌悪	強	やむを得ず意識
	弱	III なんとなく型	IV モラトリアム型	弱	
		弱	強		
		進路・目的意識の重圧			

図2-7 「とりあえず無業」タイプの4類型

注：網掛けは危険中立的な立場であることを表す．
出所：筆者作成．

験者に対するオーラルヒストリー（2年半）を基にして構築した「とりあえず無業」モデルであり，第3軸には「進路・目的意識の重圧」を用いる．雇用保障を第一義的な目的とすることから生じる「将来不安に対する重圧」が「とりあえず正社員」にとって大きな鍵になるのに対して，「とりあえず無業」の場合，もっと根源的である曖昧状況と心理的不快の関連に焦点化した「進路意識・目的意識の重圧」が重大な要素になると考えられた（図2-7）．そして，これら3軸の強弱関係から，「とりあえず無業」は「I．危険回避型」「II．夢追求型」「III．なんとなく型」「IV．モラトリアム型」の4つの類型に区分でき，その中で，トリプル"強"の「I．危険回避型」以外については危険中立的な立場は厳密な区分けが困難であることが判明し，そのことを図2-7の網掛け箇所で表現した．

　ここでは，「とりあえず正社員」モデルと「とりあえず無業」モデルの対比より，共通軸である「とりあえず意識」と「やむを得ず意識」の2軸の比較についても，「とりあえず無業」の方が意識を識別する指標としての厳密性を持たないことが分かった．

　さらに，図2-6および図2-7の4つの各象限どうしを比較する．第1象限である「I．フィールドチェンジ型」（図2-6）と「I．危険回避型」（図2-7）は共に時間選好性の概念として捉えられ，第2象限である「II．ステージアップ型」（図2-6）と「II．夢追求型」（図2-7）は共に時間順序の選択性の概念として共通性が認められた．

　しかしながら，両図に共通する「Ⅲ．なんとなく型」と「Ⅳ．モラトリアム型」は，概念上は同類型にカテゴライズされるものの，その内実は大きく異なる点に注意しなければならない．前者（図2-6）には縦断的視点からの目的論的の不安（例：中長期的な人生目的や到達目標）が，後者（図2-7）には進路・目的意識の重圧（プレッシャー，重荷）のような存在論的な負荷のかかり方の次元が大きくなると推考した．換言すれば，低次元と捉えられる「とりあえず無業」では，網掛け部分の要素が複合的に複雑に絡んでいることから，課題解決に時間を要する可能性，ならびに，類型分けが不鮮明である分，移行支援への活用の困難さが大きい点を指摘できる．

～補　論～

とりあえず志向と Flyerモデル (1997) の拡張

　個人の意思決定は一般にさまざまな容認が複雑に絡み合った結果である．個人のキャリア選択についても，経済学における意思決定問題では，経済主体である消費者・生産者は，合理的な行動をするという仮定を置き，金銭的価値 (報酬) や心理的充足 (効用) を基準にする (規範的アプローチ)．確かに，経済の仕組みを理解する枠組みを提供してくれるものの，非合理的な行動の分析が困難な場合がある．一方，心理学・マーケティングにおける意思決定問題では，行動主体 (ヒト) は一定のバイアス (偏り) の影響を受けやすい機械的なものと想定し，心理学の視点 (例：偏見・先入観・思い込み) を取り込むことで，より現実的な人間行動の描写が可能になる (記述的アプローチ)．近年，こうした行動的意思決定 (行動経済学，行動ファイナンス，行動的ゲーム理論) という研究領域は，ヒトの行動を扱う経済学等の既存概念の見直しや新たな学際的研究領域の構築に大きな影響を与えている．反面，既存の経済モデルとの関係が不明確という面を併せ持つ．

　本補論では，新規学卒時点での「とりあえず」という曖昧性を伴うキャリア選択行動を静的に扱い，Flyer モデル (Flyer, 1997) に基づき理論的考察を行う．個人のキャリア選択行動について，時間を通じた選択問題として適用するために，ランダム効用関数 U_{ijt} を用いて，生涯における効用最大化問題として定式化する．個人 i は有限の L 年間生存するとし，新卒時点で企業を選ぶ一企業キャリア (企業 j，転職なし) を想定する．

1．基本モデル

$$Max\ U_{ijt} = \alpha E_t(Y_{jt} \mid X_{it}) + Z_i\beta_j + \varepsilon_{ijt} \tag{1}$$

i	＝	個人
j	＝	企業
t	＝	就業時点
E	＝	所得
Y	＝	業績・パフォーマンス
X	＝	人的資本
Z	＝	職業志向性
α, β	＝	パラメーター
ε	＝	個人における仕事特有の撹乱

　(1)式の第一項の期待値オペレーターは，金銭的報酬を表す．つまり，労働時間（期間 t）を通じて獲得できる所得 E_t は，性別や年齢，育ち等の人的資本 X_{it} を通じた業績・パフォーマンス Y_{jt} に依存する．第二項は，非金銭的価値である．例えば，就職先選びにおいては，創造性を発揮できる仕事や他者に奉仕できる仕事等，個人内の拘り（職業志向性）の影響が考えられるため，ベクトル Z_i で表す．また，社会労働環境の変化に対応した偶然（Krumboltz and Levin, 2004）や積極的不確実性（Gelatt, 1989）等のキャリア理論が想定してきた将来の不確実性に照らして，予期できない確率的な要因（ε_{ijt}）を考慮する．つまり，実際の従属変数の観測値と特定関係による予測値の違いを含めた撹乱項：$|\varepsilon_{ijt}| Z_i, X_{it}|$ を認識の不確実性として設定する．パラメーター α，β は一定とする．

　つまり，(1)式は生涯獲得賃金と非金銭的満足の合理的期待モデルであり，生涯における割引後の報酬と効用の和を目的関数とし，これを最大化するものとする．したがって，生涯における効用全体に影響を与える要因としては，金銭的報酬を通じて働く要因と非金銭的価値を通じて働く要因に分解して考えることができる．選択の結果は，効用 $U_{ijt} \geq U_{int}$ であるならば，j 企業を選択することが望ましい判断となり，別の企業 n（n≠j）が選ばれることはない．

2．拡張モデル

　次に，新規学卒時のキャリア選択における曖昧性を考慮した，生涯における効用最大化問題としてモデルの拡張を行う．不確実性下における意思決定モデルでは，期待効用理論を修正したプロスペクト理論（Kahneman and Tversky, 1979）が知られている[12]．

　ここでは，曖昧心理の代理変数として，「とりあえず志向（for the Time Being Orientation：FTBO）」（T_i）を導入する．T_i は職種・業種に対する拘りでもある職業志向性（Z_i）をその分だけ減じるものと考えることができる．したがって，T_i は自分が置かれた状況の曖昧さに対する不耐性（A_i）に依存するものと想定し，次のように書き換える．

$$Max\ U_{ijt} = \alpha E_t(Y_{jt} \mid X_{it}) + |Z_i - T_i(A_i)| \beta_j + \varepsilon_{ijt} \qquad (2)$$

　　T　=とりあえず志向（FTBO）

　　A　=曖昧さ不耐性（ambiguity intolerance）

なお，表2−1の時間的要素の概念に従えば，(2)式を偏微分した$\delta T_i / \delta A_i \geqq 0$の場合，職種・業種に対する拘りが弱く職業志向性$Z_i$は下がる．つまり，曖昧性に対する不耐性と「とりあえず志向」との正の相関は，いち早く不安からの解放を求める時間選好性に類似する．逆に，$\delta T_i / \delta A_i < 0$ならば，特定職種への拘りが強く，「とりあえず」の状況下でも曖昧性への不耐性を低く保てることから，段階的なキャリアアップを目指す「とりあえず志向」の時間順序の選択性と近似できる．

さらに，McFadden (1974) の多項ロジットモデルを用いると，

$$\frac{P_{i1t}}{P_{i2t}} = e^{\alpha[E_t(Y_{1t}|X_{it}) - E_t(Y_{2t}|X_{it})] + Z[\beta_1 - \beta_2]} \tag{3}$$

というオッズ比の形で表すことができ，複数企業（企業1・2）のどちらを選ぶかの解釈が容易になる．αが正であるならば，その特定企業で働くことにより金銭的報酬を増やせることを意味する．ただし，実際の多項ロジットモデルを使った実証研究では，$E_t(Y_{jt} | X_{it})$の代理変数として，①入社時の給与水準，②入社10年目の給与水準，③初職選択時点での割引生涯賃金，④個人の不確実要因や他の転職オプションの価値を割引いた生涯価値について代替予測を行う．

まず，不確実性下における就業に関する金銭的報酬モデルについて，単純化のために，転職なし（一企業キャリア）を想定すると，新規学卒者iが企業jに就職することで得られる割引かれた期待生涯賃金は(4)式で表される．ただし，領域jであげられる生産性のランク（つまり，生涯の金銭的報酬のランク）であるmは，四分位数より最高1〜最低4の4ランクとする．

$$S_{ij} = \sum_{m=1}^{kij} (\Pi_{ijm} L_{jm}) \tag{4}$$

Π_{ijm}＝企業jにおいて生産性mをあげられる職務に就ける確率

L_{jm}＝新規学卒時点における期待報酬の割引現在価値

k_{ij}＝企業jの同期の中での生産性ランク

しかし，企業jで生産性mをあげる仕事に就ける確率は，個人iと職務とのマッチング度（M）の影響を受けるものと考える．Mは性急さ$\tau(\tau \neq 0)$の程度と逆相関（逆数に依存する）と仮定し，M$(1/\tau)$の形で導入する．

$$S_{ij} = \sum_{m=1}^{kij} (M(1/\tau) \cdot \Pi_{ijm} L_{jm}) \tag{5}$$

つまり，「いち早く定職に就いて安心を得たい」という急ぐ決断がミスマッチに直結し，生産性 m を生む確率 Π_{ijm} を引き下げるというモデルを表す（現実には，そうとは限らない）．したがって，この強い仮定下での時間制約に関する逼迫感と生涯における経済的報酬との関係性は，慌てて盲目的にキャリア選択するのではなく，自覚的に職業キャリアを築いていくことの意義を示唆する．したがって，理論上，将来の選択可能性集合を拡大できるほど，職業キャリア全体を通じた労働需給のミスマッチが減り，生涯賃金を高められると考えることができる．

　上記は，転職という選択肢を割愛したモデルであるが，昨今，転職経験を持つ人の方が一般的である．そこで，初職 j から企業 b に転職を1回行った場合を考える．(6)式は，生涯所得が最大となるような企業 j からの転職先（企業 b）における期待報酬の現在価値を表す．第一項は，企業 j で働いた期間で得た報酬であり，第二項は2社目の企業 b に移った以降の純粋価値である．また，転職時期は外生的に与えるため，動学的モデルの問題は極端に単純化される．ただし，スキルの蓄積に伴う生産性の向上の扱いについてである．2社目の企業 b においては，スキルの蓄積を考慮して潜在的な生産性 m を k_{ij+1} 以上とし，少なくとも初職より1ランク以上は上昇するものと操作的に定義する（1 $<m\leqq4$）．なお，新規学卒時に想定していた「とりあえず」のキャリア選択の影響は，2社目以降では生じないものとする．

$$V_{ij}=\sum_{m=1}^{kij}((1/\tau)\Pi_{ijm}L_{jm})+[V_{ib}(\cdot\,|\,j)-C_{ijb}]\sum_{m=kij+1}^{4}(\Pi_{ijm}) \qquad (6)$$

where $L_{jm}\geqq V_{ib}-C_{ijb}$

$V_{ib}(\cdot\,|\,j)=$ 初職 j を所与とし生涯所得が最大となる転職先 b で得られる期待報酬

$C_{ijb}=$ 転職コスト

　さらに，企業 b から企業 z へと2回目の転職をした場合の期待生涯報酬が(7)式である．第一項は，企業 j で働いた期間で得た報酬であり，第二項は2社目以降（企業 b・企業 z）で得られる純粋価値を表す．ただし，Π_{izm} は企業 j・b で得られた収入の影響を受けず，職業情報の直交性を仮定する．

$$V_{ij}=\sum_{m=1}^{kij}((1/\tau)\Pi_{ijm}L_{jm}+[\{\sum_{m=1}^{kib}(\Pi_{ibm}L_{bm})\}-C_{ijb}$$
$$+[\sum_{m=1}^{4}(\Pi_{izm}L_{zm})-C_{ibz}]\sum_{m=kib+1}^{4}(\Pi_{ibm})]\times\sum_{m=kij+1}^{4}(\Pi_{ijm}) \qquad (7)$$

$\sum_{m=1}^{4}(\Pi_{izm}L_{zm})=$ 1社目 j，2社目 b を所与とし，生涯所得が最大となる転職先 z で

得られる期待報酬, $V_{iz}(\cdot\mid j\cdot b)$

実際には，生涯報酬に関する(5)式・(7)式は，新規学卒者の職務適性に関する不確実性，各会社の給与体系，あるいは，社内の社員層の厚さに依存する．

労働生産性を考慮した新規学卒者の賃金構造の方程式は，

$$\ln(w_{ijt}) = X_{it}\delta_{jt} + \sigma_{jt}e_{ijt}\,(j=1,...,M) \tag{8}$$

と与えることができる．w_{ijt} は賃金，δ_{jt} は職務 j の係数ベクトルである．

また，Miller (1984) モデルに基づき，e_{ijt} は $N(0,1)$ の標準正規分布に従い，$E_t\{e_{ijt}\mid X_{it},Z_t\} = 0$ という条件下での新規学卒者の条件付確率分布関数は，

$$p(\ln(w_{ijt}\mid X_{it},\delta_{jt},\sigma_{jt}) \propto \exp\{-\frac{1}{2}\sigma_{jt}(\ln(w_{ijt}) - X_{it}\delta_{jt})^2\} \tag{9}$$

となる．ここでは，個人 i の人的資本 X_{it} の蓄積は外生的に与えられ，前職の勤務経験や自分の適性について利用可能な情報を効率的に使うものとする．

しかし，生涯における期待報酬に関する推定を考える場合，人的資本形成 (学習プロセス) を考慮に入れる必要がある．人的資本投資は入社から10年以内に集中的に行われることが多いことから，入社時の賃金よりも生産能力に応じた処遇差が生じる入社10年目の賃金の方が正確といわれる．Lee (1983) の二段階推定モデルを参照した，効用関数の特定型Ⅰを用いれば，(10)・(11)式を満たす解（企業 j）が一意に決まる（I = j）．

$$\alpha E_t(Y_{jt}\mid X_{it}) + Z_i\beta_j > \varepsilon_{ijt}^* \tag{10}$$
$$\text{where}\ \varepsilon_{ijt}^* \equiv \max U_{ist} - \varepsilon_{ijt}s = 1,...,M, s \neq j \tag{11}$$

正規分布関数 $\Phi(\cdot)$ を与え，$T_{jt} = \Phi^{-1}F_{ij}$ は単調増加関数とすると，ε_{ijt}^* の累積分布関数は，

$$F_{jt}(\varepsilon_{ijt}^*) = \frac{\exp(\varepsilon_{ijt}^*)}{\exp(\varepsilon_{ijt}^*) + \sum_{j=1,s\neq j}^{M}\exp(\alpha E_t(Y_{jt}\mid X_{it}) + Z_i\beta_j)} \tag{12}$$

と書くことができる．つまり，条件(10)は，

$$I = j\ \ s.t.\ T_{jt}(\alpha E_t(Y_{jt}\mid X_{it}) + Z_i\beta_j) > T_{jt}(\varepsilon_{ijt}^*) \tag{13}$$

と表せる．また，e_{ijt} と $T_{jt}(\varepsilon_{ijt}^{*})$ は平均 0，分散 1 の二項正規分布に従い，相関係数を ρ_{jt} とする．こうした $T_{jt}(\varepsilon_{ijt}^{*})$ に関する条件下で，$\sigma_{jt}e_{ijt}$ が平均 $\sigma_{jt}e_{ijt}\,T_{jt}(\varepsilon_{ijt}^{*})$ の正規分布に従うとする．もし，職業 j が選択されるなら，$T_{jt}(\varepsilon_{ijt}^{*})$ の分布は，次の切断正規分布で表される．

$$E\{\sigma_{jt}e_{ijt}\,|\,I=j\}=\sigma_{jt}\rho_{jt}E\{T_{jt}(\varepsilon_{ijt}^{*})\mid T_{jt}(\varepsilon_{ijt}^{*})<T_{jt}(\alpha E_{t}(Y_{jt}\,|\,X_{it})+Z_{j}\beta_{j})\} \quad (14)$$

式(14)は，以下の打ち切り賃金回帰が導かれる．

$$\ln(W_{ijt})=X_{it}\delta_{jt}+b_{jt}[-\phi(\Phi^{-1}[P_{ijt}])P_{ijt}^{-1}]+\eta_{ijt},\ (j=1,\cdots\cdots,M) \quad (15)$$

ただし，$b_{jt}=\sigma_{jt}e_{ijt}\phi$ は標準正規分布の確率密度関数であり，$P_{ijt}=F_{jt}(\alpha E_{t}(Y_{jt}\,|\,X_{it})+Z_{j}\beta_{j})$ は特性ベクトル $[X_{it},Z]$ をもったランダム個人が時点 t で職業 j に参入する確率である．

付記

　本章は中嶌（2008；2009a；2013a；2018；2019；2021b）の研究成果に基づき，大幅に加筆・修正したものである．

注

1 ）　トリアージ（triage）は，フランス語由来の言葉であり，緊急時の「行動順位決定」に用いられる考え方である．例えば，緊急治療の現場では，少ない資源を有効に活用するために，被害者の怪我の状況に応じて治療の順番を決定する（重症度判定検査）．同様に，人生という有限時間の中で，与えられた環境を有意義に過ごすことは，人生をその時々に応じて精一杯生き切るという姿勢にも通じるだろう．
2 ）　無意味な語の抽出を回避するために，前処理の段階で「思う」「考える」「分かる」「感じる」は［語の取捨選択］より抽出しない．また，「自分」「自身」は「自分」とし，「就職」「仕事」は「就職」，「良い」「悪くない」は「良い」に統一した．さらに，「したいこと」は文字列として強制抽出した．
3 ）　「現在」のみが 2 カ所に現れるのは特別な役割を担っている証拠といえる．それは時間の一部としてではなく，3 つの対比を成立させるための全体的な場として，限界（リミット）である本来的な「今」の分が加わるためであるという解釈ができる（入不二，2002a）（図 2 - 2 中の太字で示す「現在」）．
4 ）　「（過去から現在を経て未来へ向かう）時間の絶え間ない変化」が水平性のことであり，「（無から時間を創造する）永遠なる神に向けての超越」を垂直性と捉えている（入不二，2002a，242頁）．
5 ）　入不二（2002a）によれば，極限とは，限りなくそこに近づけるが，実際にそこに行き着いてしまうことはない地点とされる．

6） 入不二（2003；2010）では，変化を棚上げしつつ，変化を保存している固定性が「とりあえず性」であり，変化から身をかわしつつ，変化に身を晒す在り方としている．つまり，「とりあえず性」を消し去ることが不可能であるからこそ抑圧せざるを得なくなり，そのことで時の流れが何とか確保されるのである．

7） こうした Mctaggart（1908）による"過去化した未来"の考え方に対しては，"未来はまだ存在しない無である"との批判がある．

8） 入不二（2010）によれば，一時的な固定性は「流れを押し留めること」であり，「固定の一時性」は流れに身を任せることであるという．この逆向きの2つの要因が「とりあえず性」において重なっているという解釈ができる．

9） 過去─現在─未来が思考作用（主観）により設定される区別であるならば，（主観的な働きを取り払った後の）時間の実在的な姿とは，流動体のようなものになる（入不二，2002a）．

10） 一時性（変化の可能性）を捨て固定性のみに純化する無時制的な観点の方を徹底していくならば「永遠の現在」という極限を指し示す．また，固定性を捨て一時性（変化の可能性）の方に純化していくならば「非系列的な推移」という極限が見えてくる（入不二，2003）．

11） 使用言語としてだけでなく志向性としての活用も著しい．中嶌（2013a）による全国の地方公務員（一般行政事務職員）4015人を対象とした調査では，全体の34.6%（1390人），つまり，3人に1人がとりあえず志向で入職しており，中高年（40歳代以上），高卒公務員，転職あり（民間から公務員）ほど傾向が強くなる．

12） 利得量や損失量を価値に変換する価値変数，確率を決定荷重値に変換する決定荷重関数からなる．なお，利得・損失の両方の領域において，量の増加にともない，価値の変化が小さくなると想定する．

第3章

とりあえず公務員

　前章までの先行研究分析を通じて，若者が抱く「とりあえず志向」について，時間的要素，不安心理，曖昧さ耐性（TA）等の相違の観点から，分類可能であることが明かされた．しかし，そうした「とりあえず」概念を通じた個人属性がその後の職業キャリア意識に与える影響を厳密に把握するために，雇用形態別の詳細な検討が求められる．以下，第3章〜第8章にかけて，公務員，正社員，フリーター，ニート（若年無業者）のカテゴリーごとに実証分析を行う．

3.1 問題意識

　若年労働市場を取り巻く環境は依然として厳しい状況にある．文部科学省「平成23年度学校基本調査（確定値）」によれば，2011年度の大学生の就職率は61.6%であった．こうした景気低迷による将来に対する雇用不安の拡がりから，日本では若年層における安定志向の高揚や就業意識の多様化がたびたび指摘されてきた（日本放送協会放送世論調査所編，1979；日本労働研究機構，2001a；鈴木，2007；労働政策研究・研修機構，2008）．

　一方，苅谷・本田（2010）は「1997年の就職協定廃止による大卒就職の自由化は上位層の大学群のみで就職活動の早期化や活動量の増加をもたらした」と指摘し，学校間格差を危惧する．こうした現状は，苅谷（2001）・寺澤（2012）らが指摘する同一学校種内の階層化からも，複眼的な視点で若年就業を捉えることの重要性を示唆している．例えば，日本経済新聞社（2009b）が報告する「中位層以下を中心として，就職活動期間の長期化により内定先の確保を優先する余り，"不安定な雇用（precarious employment）"をとりあえず選択するという事態」は若者の今日的就業の特徴を示唆する．いわば消極的な就業意識とされる「とりあえず」に目を向けることは，多くの不安や困難を抱える昨今の若者の就業状況を現実に即してアプローチすることになるだろう．なぜなら，

「とりあえず」の頻回な使用は，若者の日常生活の中に無意識のうちに深く浸透していることを表しており，活用場面の汎用性は，生活全般への影響度の大きさと考えられるからである．にもかかわらず，その実態が明確でないことから，自らの職業や進路を選択する場面における「とりあえず定職に就く」という一見，曖昧で中途半端に思われる就業意識に注目する．本章では，このような若者の生活実態を顧みる検討を通して，とりあえず志向がもたらす自律的なキャリア形成への糸口を見出すことに繋げたい．

3.2 先行研究から導かれる仮説

とりあえず志向に焦点化した実証的研究は管見の限りこれまで見られないため，本章では関連のある言語学・哲学・労働経済学等の既存研究を紐解きつつ，若者の実態に即した視点から職業志向性の特徴にアプローチする．

3.2.1 曖昧さ・優柔不断・モラトリアム

通常，人が人生の分岐点において自ら職業や進路を選択する場合，タイムリミットが存在することが多い．例えば，上西 (2002) はフリーターからの脱却を困難にする要因として，「とりあえず」「いつか」という移行経路における目標の曖昧さを挙げる．これは，日本労働研究機構 (2000) が指摘するモラトリアム型のフリーターと類似しており，こうした暫定的な進路選択や最終的な意思決定の先送りのことを，入不二 (2002b) は「変化から身をかわしつつ，変化に身を晒すあり方」と哲学分野から説明する．一方，言語学分野の Lauwereyns (2002) は，日本語表現の曖昧さ (hedge in Japanese) の典型例として，「とりあえず (for the time being)」を取り上げ，若年世代による多用化・多義化の傾向を指摘する．これらの研究から次の第1の仮説が導かれる．

　　仮説① 　とりあえず志向層ほど逼迫度は低い

3.2.2 進路選択 (能動的選択 vs 受動的選択)

次いで，リクルート (2000) は，フリーターへの移行過程におけるとりあえず志向に注目し，夢を追うこともなく，就職を目指すわけでもない「とりあえずフリーター」の存在が高卒者に顕著であると述べる．なかでも，自分の自由

時間の確保を優先するために積極的にフリーターを選択したタイプと，「やりたいことが見つからない (暗中模索型)」「何から始めればよいか分からない (足踏み型)」「就職や進学に失敗した (結果フリーター型)」等，仕方なくフリーターになったタイプに二分されるという．日本労働研究機構 (2000) のフリーターの三類型に従えば，前者が夢追求型 (能動的選択タイプ)，後者がやむを得ず型 (受動的選択タイプ) に該当する．とりわけ，Derr (1980 ; 1986) は安定志向 (getting secure) をキャリア形成における重要な志向性として論じているが，日本経済新聞社 (2009b) では「超売り手市場といわれた2009年度新卒採用時から就職難への様変わりが，明確な目標が持てない若者の間で喪失感や焦燥感を生み“とりあえず安定的な職業につきたい”という若者を増大させている」と受動的選択の背景要因に注目している．すなわち，社会経済状況等の外的要因が若者の職業志向性に与える影響は少なくないと考えられる．よって，これらの類型化と背景要因に基づき，次の仮説を提示する．

仮説②　特定職種への就業意識が強いほどとりあえず志向は高まる

仮説③　本意の就業ではない場合もとりあえず志向は高まる

仮説④　とりあえず志向者ほど志望動機は「安定しているから」という理由が強くなる

　仮説②は能動的選択，仮説③④は受動的選択に準じた仮説である．仮に，とりあえず志向者が公務員志望の場合，「とりあえず公務員になりたい」となる[1]．この解釈には，「何が何でも公務員になりたい」という能動的な職業選択の場合もあれば，「不本意ながらも (安定的という理由で) 公務員になる」という受動的選択の場合もある．但し，いくら前者のような能動的選択であっても，「入職後の職務は問わないが」という条件が付随するなら就業意識は決して高いものとは言えまい．逆に，後者のように入職時は不本意であったとしても定期異動等で自己の適性を見出し天職だと思うことができれば，結果的に不本意就業とは言えなくなろう[2]．このように多様な解釈が可能であることから，同一自己を時間軸上の異時点間に置いて捉える時間的要素の視点が「とりあえず」の解釈には重要であろう．

3.2.3　時間的要素 (時間選好性 vs 時間順序の選択性)

「とりあえず」そのものを語源から捉えた研究は，既述の言語学分野や哲学

分野に存在し，言葉の意味付けや多義性が注目されてきた．例えば，言語学分野では，長塚 (2000) や葉 (2004) が，時間副詞として「とりあえず・たちまち」を捉える．とりあえずは，語源である「取るものも取り敢えず」に由来し，元来「瞬間性・性急さ (=時間選好性)」の意があり，現代的用法では「持続性・リラックス感 (=時間順序の選択性)」というニュアンスが含まれるという．具体的には，前者には少しでも早く安定した職業に就きたいという不安からの解放の意味合いが強く，後者では将来の変化 (離転職) の可能性を残しながらも一時的に就業可能な職業に身を置くという意味合いになる．こうした大きく解釈が異なるとりあえず志向のもたらす影響へのアプローチは，時代に適合した若者の就業実態へ接近し，正しい支援の在り方を考える契機になり得る点で意義深い．

また，入不二 (2000；2002b；2003) は「とりあえずの本質が時間の問題である」とする．過去と未来の時間順序は現在の思考経験の中で行われるものであり，過去も未来も現在の内側に介在するひと繋がりの時間の表象と解し，時間的概念と捉えている．すなわち，第2章の図2-4に示されるように，「とりあえず性」を完全に消し去ることは論理的に不可能とされ，無時間的な「永遠」と流動的な「推移」という両限界は「とりあえず性」の抑圧を徹底することで初めて出現するものとされる．こうした形而上学的な解釈からも，「とりあえず」は日々の暮らしや就労における曖昧さや不完全さの一部分を包摂しながら，常に我々の日常生活と不可分の関係にあると認識できる．

その他，欧米研究では，就労の不完全さについて，早期離職問題の議論を巡って「つなぎ労働 (Bridge Work)」として研究蓄積がある．なかでも，Heindel, Adams and Lepisto (1999) は，民間部門において，つなぎ労働の経験が所得満足の低下や勤続年数の短縮を招くとし，国公立大学教員を分析対象としたKim and Feldman (2000) は，退職時点における稼得率の低下要因としてつなぎ労働を捉える．しかし，キャリア形成への影響まで具体的に言及されておらず，また，日本人を対象とした研究も十分とは言えない．

以上の関連研究の含意は，過去と現在における雇用環境の状況と将来見通しへの影響であろう．ここから次のような仮説が導かれる．

　仮説⑤　(就職難等による) 雇用不安が大きいほどとりあえず志向は高まる
　仮説⑥　将来への期待が大きいほどとりあえず志向は高まる

　仮説⑤は長塚 (2000) や入不二 (2003) が指摘する語源に近い用法である「時間選好性」，仮説⑥は長塚 (2000) における現代的用法である「時間順序の選択性」を応用した仮説である．

3.2.4　不安定な安定化 (無意識的 vs 意図的)

　日本経済新聞社 (2009a) は，非正規雇用者の増大に伴い，雇用形態の違いによる身分保障に関するさまざまな問題が若者の将来不安を煽る状況を報告する．一方，人生における不安定な過渡期 (トランジション) こそが重要であると提唱する Schlossberg (1981) は逆説的であるが注目に値する．それは，本研究の関心に照らし合わせると，過度の「安定」志向が「安心」志向になることが，自己と深く対峙する機会や転機に恵まれなくなる状況へと導くからである．また，長塚 (2000) の「とりあえずは心理に支配される副詞 (話し手の心理が使い分けの基準をもたらす副詞)」という指摘は，雇用形態による安定・不安定の枠を超えて，本人のキャリア意識に基づいた不安定な安定化として「とりあえず就業 (定職に就く)」という行為を捉えることができよう．但し，この不安定な安定化にも，無意識な場合と意図的な場合があることに注意を要する．例えば，長嶋 (1982) が指摘する「とりあえずはある最低限の基準を満たしている」という意味合いが強い場合，すなわち，大きな拘りもなく雇用形態が安定的という理由だけで定職に就く場合は前者の無意識的な不安定な安定化になろう．一方，森田 (1989) や入不二 (2003) が指摘する「十分でない行為にそれなりの意義を認め，後で再び行う予定 (意志的行為)」の状況，すなわち，将来を見越して離転職を繰り返すような，計画的・戦略的に定職に就く場合は後者の意図的な不安定な安定化になると把捉できる．

　ここでの既存研究の視点の相違より，次の2仮説を導き出すことができる．

　　仮説⑦　入職時における「何となく公務員」という意識が強いほどとりあ
　　　　　　えず志向は高まる
　　仮説⑧　入職時の満足度が低くても将来につながる場合にはとりあえず志
　　　　　　向は高まる

　仮説⑦は無意識的な不安定な安定化，仮説⑧は意図的な不安定な安定化を応用した仮説である．

3.3 使用データ

3.3.1 調査概要

　本章で使用するデータは，筆者が独自に実施した『若手公務員の就業意識調査（個人調査）』により収集した．本調査は，2011年5〜8月に全国43都道府県（一部，東日本大震災被災地域を除く）の市役所区役所等（236ヵ所）の入職15年目までの若手職員を対象に郵送法（スノーボールサンプリング法）および電子メール法により実施した．サンプル数は，配布数6181，有効回答数4015（有効回答率64.9%）であった．質問項目は，公務員就職内定前後の意識が中心であり，内定前の意識が50問，内定後の意識が7問，現在および将来の就業意識が7問である．なかでも，「公務員になろうと思った理由（志望動機）」については，実務教育出版が2003〜2005年に公務員受験講座の受講生を対象に実施したものと同一の選択肢を援用することで比較検討を可能とした．

　本章の分析対象は一般行政事務職を中心とした地方公務員である（全体の約80%）．その理由として，中央省庁と地方行政での労働市場をめぐる事情が大きく異なるため，国家公務員は対象外としたことと，地方公務員の中でも資格免許職や公安職（消防官）のように職務内容が明確な職種ではないほうが，無意識的かつ潜在的な意識に着眼する本章の分析対象として適すると考えたからである．全サンプルのうち，「とりあえず公務員になりたいという意識はあったか」という設問（5件法）において，「5．かなりあった」「4．少しあった」のいずれかを回答した1390人を「とりあえず志向層」として抽出した（全体の34.6%）．本章では主にこのデータを用いるが，コーホート別比較のために，「1．全くなかった」「2．ほとんどなかった」「3．どちらでもない」のいずれかを回答した「非とりあえず志向層（2579人）」（無回答46人を除く）のデータも補完的に使用した．本分析で用いる変数の基本統計量は表3−1の通りである．

3.3.2 分析枠組みと推定モデル

a．分析枠組み

　本章の目的を達成するためには，とりあえず志向が高かった若手公務員を抽出し，彼らに共通する特徴や職業志向性を明らかにする必要がある．しかし，

表3-1　とりあえず志向層と非とりあえず志向層

項目		とりあえず志向層 (n=1,390)		非とりあえず志向層 (n=2,579)	
		平均(%)	S.D.	平均(%)	S.D.
年齢（歳）		29.3	4.91	30.1	4.80
勤続年数（年）		5.1	4.31	5.6	4.33
男性割合		66.9	47.1	63.8	48.1
親との同居率		52.3	50.0	50.3	54.1
出生順位（第1番目）		47.5	50.0	50.9	50.0
学歴区分	大学卒	66.5	47.2	65.0	47.7
	短大卒	8.2	27.4	8.6	28.0
	高校卒	19.5	45.7	19.0	39.2
職種	一般行政事務職	81.8	38.8	77.8	41.5
	技術職	7.0	25.8	8.9	34.2
	資格免許職	7.9	26.9	10.1	30.1
	公安職（消防士）	4.0	19.3	3.9	19.4
内定志望順位	第1志望	70.8	45.5	76.1	42.7
	第2志望	17.6	38.1	15.4	36.1
	第3志望	7.9	26.9	4.4	20.5
	第4志望以下	3.7	13.3	4.0	14.0
勤務地	地元就職型	24.7	43.1	25.5	43.6
	Uターン型	41.0	49.2	42.8	49.5
	他出型	3.0	17.2	3.6	18.7
	Jターン型	20.1	40.1	16.9	37.5
	Iターン型	11.2	31.6	11.1	31.5
転職経験	なし	67.7	46.8	66.1	47.3
	あり（公務員→公務員）	5.1	22.1	4.6	20.9
	あり（民間→公務員）	27.3	44.6	29.4	45.6
民間就職経験	なし	52.9	49.9	49.1	50.0
	あり（在学中）	35.1	47.7	38.4	48.6
	あり（卒業後）	13.8	34.5	14.1	34.8
スクーリング	なし（独学）	56.1	49.8	61.8	52.8
	通学（予備校等）	18.9	39.1	15.8	36.5
	Wスクール	9.8	29.7	8.6	28.1
	学内講座	15.2	36.0	13.9	34.6

出所：中嶌（2013a）.

職業や進路の選択にはさまざまな要因が複合的に絡み合って作用することが考えられる．よって，公務員進路選択に関する変数に関して，影響度の大きい変数に絞り込む操作を行ったうえで，とりあえず志向の規定要因を推定する．まず，進路選択に関する説明変数については，主成分分析を行って抽出する．本

調査では，日本型ニートに着目する小杉 (2004) の分析枠組みを援用して「就労面」「家庭面」「学校面」「環境面」の４つの次元から計43個の進路選択に関する質問を設定しており，この43項目の回答データを用いる．

　次いで，3.2の先行研究に基づいた仮説①〜⑧の検証を行い，とりあえず志向層の特性として有意な要因のみを説明変数に追加投入する．被説明変数には，本調査の「とりあえず公務員になりたいという意識はありましたか」という質問に対する順序尺度５段階の回答を用いるため，推定方法には順序プロビットモデルを採用する．

　このように，とりあえず志向層の顕著な特性を明らかにした上で，当該志向と職業キャリア形成の関連を探るために，AIC 基準に基づくステップワイズ法により絞り込んだ説明変数を用いて，職業キャリア意識に関する推定式をプロビット推定する．

b.　推定モデル

　まず，とりあえず志向層のデータ (n＝1390) を用いて，43個の公務員進路の選択要因（５段階尺度）について，主成分分析をしたところ，固有値が2.5以上の解は４つ得られ，４因子構造であることがわかった．それらに対応する固有ベクトルを回転させた回転後のベクトルは表３-２の通りである．主成分ごとに該当する項目の数をカウントする（例えば，第２主成分であれば「勤務を継続しやすい」「安定している」「待遇が良い」「福利厚生面が良い」「いち早く安心したい」のうち，過半数の項目に該当する場合を「１」，半分以下の項目しか該当しない場合を「０」としてポイントを与える）ことにより，４つの進路選択要因を表すダミー変数を導入する．すなわち，「社会貢献志向（第１主成分）」「安定志向（第２主成分）」「安楽志向（第３主成分）」「家族志向（第４主成分）」である．

　次に，本調査における上記以外の設問を利用してとりあえず志向固有の要因に基づく説明変数化を試みるために，仮説①から仮説⑧を具体的に検証する．

　仮説①　とりあえず志向層ほど逼迫度は低い

　公務員採用試験には受験年齢上限（通常，大卒区分の事務系職種で30歳前後）が存在するため，公務員志望者の多くが準備期間中，時間的制約による焦りや不安感に直面する状況が容易に想像できる．時間的猶予は志望動機の成熟と無関係ではなかろう．そこで，「公務員になることに対する逼迫度」に関する設問よ

表3-2　公務員進路の選択理由

設問： 項　目	第1 主成分	第2 主成分	第3 主成分	第4 主成分
人の役に立てる仕事ができる	**0.581**	−0.302	0.047	0.180
地域や地元を良くしたい	**0.679**	−0.418	0.078	−0.292
地元に恩返しができる	**0.597**	−0.278	−0.094	−0.022
町づくりや産業振興に関心	**0.468**	−0.151	−0.093	0.106
勤務を継続しやすい	**0.407**	**0.540**	−0.342	0.025
安定している	0.272	**0.639**	0.097	−0.016
待遇が良い	0.325	**0.574**	−0.083	−0.108
福利厚生面が良い	0.367	**0.506**	−0.382	−0.029
いち早く安心したい	0.184	**0.401**	**0.466**	−0.037
仕事が楽そうである	0.008	0.303	**0.451**	−0.250
いち早く競争社会から抜け出したかった	0.122	0.259	**0.411**	−0.201
後を継ぐ必要性	0.161	0.037	0.227	**0.454**
親・家族を養う必要性	0.207	0.134	0.237	**0.442**
親・家族の世話をしながら働ける	0.273	0.076	0.227	**0.426**
親・家族からの強い勧め	0.131	0.124	0.066	**0.424**
固有値	6.48	5.05	2.76	2.69

注1：因子抽出法：主成分分析回転法：Kaiserの正規化に伴うプロマックス法（6回の反復で回転が収束）.
注2：因子負荷0.40以上を太字.
注3：サンプル数は1390.
出所：中嶋（2013a）.

り，「なれれば良い（なれるに越したことはない）」で，とりあえず志向層の2人に1人と回答が集中する一方，非とりあえず志向層では3人に1人であった（表3-3）．Levene検定およびt検定の結果，「試験に受かればいく」以外のすべてで両グループに有意差（1％水準）が認められたことからも，入職前の公務員就業に対する逼迫度は非とりあえず志向層の方が高く，仮説①のとりあえず志向の高さと「なれれば良い（なれるに越したことはない）」という志望動機の曖昧さとの関連が認められた．故に，「なれれば良い」という回答を「1」，それ以外の回答を「0」としたダミー変数化を行い「希望的観測」変数として推定モデルに投入する．

　　仮説②　特定職種への就業意識が強いほどとりあえず志向は高まる
　　仮説⑦　入職時における「何となく公務員」という意識が強いほどとりあえず志向は高まる

表3-3　公務員になることに対する逼迫度

(%)

逼迫度	とりあえず志向層(n=1,390)	非とりあえず志向層(n=2,579)
絶対になるしかない** (それ以外の選択の余地なし)	10.8	16.5
何が何でもなりたい**	19.9	24.1
なれれば良い** (なれるに越したことはない)	48.5	33.3
採用試験に受かればいく	16.7	17.3
採用試験に受かればいくかどう かを考える**	3.5	6.9
わからない**	0.6	1.8

注：**：p<.01，*：p<.05
出所：中嶌（2013a）.

　希望職種の有無は入職時の就業意欲に当然ながら関わると考えられる．その意味で，特定の公務員職種への願望の強さ（仮説②）と「何となく公務員」という無執着な意識（仮説⑦）は相反するものと捉えられる．まず，仮説②については，「入職後の仕事内容は問わないがどうしても公務員になりたかった」という5段階で選択する設問では，とりあえず志向層（3.03）と非とりあえず志向層（2.48）の間で+0.55の微差が見られた．一方，仮説⑦の「なんとなく公務員が良さそうだったから（5段階尺度）」という設問では，とりあえず志向層（2.97）と非とりあえず志向層（2.01）との差が+0.97へと開き，有意差が見られた（5％水準）．故に，後者（仮説⑦）の効果の大きさを考慮し，後者のみを選択した場合を「1」，前者のみまたは両方の場合を「0」とダミー変数化し，「希望職種の不鮮明度」変数として投入する．

　　仮説③　本意の就業ではない場合もとりあえず志向は高まる

　日本経済新聞社（2011）より，内定志望順位，職種および勤務地（地域）等が内定公務員の本命度に関わることが分かる．しかし，仮説③については，「必ずしも本意ではないが安定的であるという理由で入職しよう（5段階尺度）」という設問でとりあえず志向層（2.30）が非とりあえず志向層（1.93）を+0.37上回るものの，両群とも平均値そのものが低く，統計的な有意差も認められなかった．故に，この仮説③に基づく変数化はしない．

表3-4　公務員になろうと思った理由（コーホート別）

(%)

	とりあえず志向層 (n=1,390)		非とりあえず志向層 (n=2,579)	
	第1理由	第2理由	第1理由	第2理由
①堅実で安定している	41.8	19.7	21.9	17.3
②公共のための仕事ができる	8.9	10.3	16.1	12.6
③自分の性格や能力に合っている	7.7	10.6	9.9	11.7
④仕事内容に興味がある	6.1	8.2	11.4	10.7
⑤自分の専攻が生かせる	3.1	4.0	6.9	5.5
⑥昇進などに将来性がある	0	0.8	0	0.4
⑦民間よりも時間に余裕がある	6.3	13.0	4.3	7.8
⑧給与などの勤務条件がよい	2.7	7.6	1.7	5.1
⑨地元で働きたい	19.9	20.2	21.2	19.9
⑩その他	2.8	1.7	4.5	18.6

出所：中嶌（2013a）.

　仮説④　とりあえず志向者ほど志望動機は「安定しているから」という理由が強くなる

　公務員志望者の多くは安定志向であるという通説がある（日本労働研究機構,2001a；山本, 2009；大原, 2011）．**表3-4**より，とりあえず志向層で「①堅実で安定している」が61.5％（第1理由と第2理由の合算）と突出する．そこで，両群をBonferroni法による多重比較により調べたところ，とりあえず志向層の「①堅実で安定している」は非とりあえず志向層の「②公共のための仕事ができる」，「④仕事内容に興味がある」，「⑤自分の専攻が生かせる」との間でそれぞれ有意差（5％水準）が確認された．よって，この通説はとりあえず志向の若者の間でより顕著であることが考えられた．しかしながら，前述の「安定志向（第2主成分）」との多重共線性の問題を考慮して，仮説④に基づいた変数の投入は行わない．

　仮説⑤　（就職難等による）雇用不安が大きいほどとりあえず志向は高まる

　本調査の「公務員となり，いち早く安心したかった」という5段階の設問からは，とりあえず志向層（3.47）と非とりあえず志向層（3.57）で差異はなかった．しかし，類似の設問である「公務員試験を突破し，いち早く競争社会から

抜け出したかった（5段階尺度）」では，とりあえず志向層（2.44）に対し非とりあえず志向層（1.93）と有意差（＋0.51）が見られた．しかし，ここでは前述の「安楽志向（第3主成分）」と共通の設問を用いているため多重共線性の問題を生じる可能性がある．

　また，第3主成分の成分内には「仕事が楽そうである」が含まれており，既出の「希望的観測ダミー」と無関係でないことが考えられる．故に，有意であった後者の設問の時間選好性としての重要性を考慮し，本設問で「5．かなりあった」「4．少しあった」のいずれかを選択した場合を「1」，それ以外の場合を「0」としたダミー変数（＝「時間選好性」変数）として投入する．代わりに，「安楽志向（第3主成分）」は説明変数から除去する．

　　仮説⑥　将来への期待が大きいほどとりあえず志向は高まる
　　仮説⑧　入職時の満足度が低くても将来につながる場合にはとりあえず志向は高まる

　仮説⑥については，「必ずしも本意ではないが次のステップになるので入職しよう（5段階尺度）」の設問で，とりあえず志向層（2.34）と非とりあえず志向層（1.85）に有意差が見られた（＋0.49）．しかし，仮説⑧の「公務員になって公務員になることとは別の夢実現に近づきたかった（5段階尺度）」では，とりあえず志向層（2.45）と非とりあえず志向層（2.35）との間で平均値に差はほとんどなかった．この2仮説の平均差の違いは将来の夢の有無によるところが大きいと考えられるが，少なくとも前者からは公務員就職が将来に向かって何らかのステップになるという前向きな意識の差を生じることが予測された．故に，前者の5段階の選択肢のうち「5．かなりあった」「4．少しあった」のいずれかを選択した場合を「1」，それ以外の場合を「0」としたダミー変数（＝「時間順序の選択性」変数）として投入する．

　以上における仮説検証の結果より，「希望的観測ダミー（仮説①）」「希望職種の不鮮明度ダミー（仮説⑦）」「時間選好性ダミー（仮説⑤）」「時間順序の選択性ダミー（仮説⑥）」の4変数をとりあえず志向の発生要因としてモデルに追加投入する．

　さらに，「出生順位1位ダミー」「一般行政事務職ダミー」「内定志望順位1位ダミー」「民間就職活動経験ありダミー」をコントロール変数として投入したモデルを順序プロビット推定する．

3.4　推　定　結　果

3.4.1　とりあえず志向の規定要因

　入職時のとりあえず志向を規定する要因について推定した結果が表3-5である．以下，投入したカテゴリーごとに主要な推定結果を見ていくこととする．

　基本属性では，「出生順位1位ダミー」のみが有意となっており，符号が負であることから，第2子以下の者ほどとりあえず志向が高まると解釈できる．地方公務員就職が地元就職の有力な手段であるとする鈴木 (2007)・三浦 (2010) らの指摘を踏まえると，一般的に第1子よりも地元に留まる理由が少ない第2子以下では，地方公務員就職が契機となり，とりあえず地元への回帰を考えるという特徴が明らかになった．反面，職種や内定志望順位の違いや民間就職活動経験の有無は，統計上，とりあえず志向を生じる直接的な要因としては認められなかった．

　次に，とりあえずの発生要因のカテゴリーでは，「希望的観測ダミー」「希望職種の不鮮明度ダミー」「時間選好性ダミー」の3つでいずれも有意な負の結果が得られた．これらの結果は，3.2の先行研究分析から多義的に捉えられた「とりあえず」の発生原因が，公務員という安定的就業においては明確に検出されたことを表している．すなわち，「なれれば良い (なれるに越したことはない)」という希望的観測や「何となく公務員になりたい」という中途半端で曖昧な意識からとりあえず志向が生じるのではないということである．本章の鍵要因の1つである「公務員試験をいち早く突破したい」という時間選好性ダミーが負であったことからも，むしろ狭き門である公務員受験という人生の大きな岐路においてしっかりと対峙する真摯な姿勢を汲み取ることができる．つまり，受験準備期間中，思考や努力を重ねて明確になった希望職種に向けて習熟度を徐々に高めていく中でとりあえず合格したい (定職に就きたい) という志向性が芽生えることが推考された．

　さらに，進路選択要因のカテゴリーでは，「安定志向 (第2主成分)」で正，「家族志向 (第4主成分)」で負の有意な結果が得られた．前者では，日本労働研究機構 (2001a) が大学教育と不対応な職業を選択する大きな理由として指摘する「安定性の高さ (37.7％)」を勘案すれば，十分な職業観や職種イメージを持

表 3-5　とりあえず公務員の規定要因

説明変数		係数推定値
基本属性	出生順位1位ダミー	−0.188**(−7.00)
	一般行政事務ダミー	−0.011(−0.45)
	内定志望順位1位ダミー	0.027(1.14)
	民間就職活動経験ありダミー	−0.020(−0.93)
発生要因	希望的観測ダミー	−0.346***(−13.44)
	希望職種の不鮮明度ダミー	−0.117**(−4.97)
	時間選好性ダミー	−0.235**(−8.47)
	時間順序の選択性ダミー	−0.029(−1.21)
進路選択要因	【第1主成分】社会貢献志向	0.022(0.90)
	【第2主成分】安定志向	0.063*(2.80)
	【第4主成分】家族志向	−0.072**(−3.06)
定数項		0.685***(9.63)
サンプルサイズ		3969
疑似決定係数		0.104
Log likelihood		−3363.48

注1：順序プロビットモデル（Ordered Probit Model）を推定．カッコ内はt値．
注2：***は1％，**は5％，*は10％水準で統計的に有意であることを表す．
出所：中嶌（2013a）.

ち得ない場合に「公務員＝安定→なりたい職業」というイメージ先行の意識が働きやすくなることが考えられる．後者からは，「親・家族の介護や世話」等のプライベート・トラブルが存在しない場合にとりあえず志向が生じやすくなることが示されており，明確な就業目的の有無がとりあえず志向にとって重要であることを表している．

3.4.2　職業キャリアに関する意識

　本章の主題であるとりあえず志向が職業キャリア意識に与える影響を検証する際，用いる被説明変数によって効果測定の方法が大きく変わるため慎重さを要する．そこで，表3-6では両群における就業状況と将来のキャリアに対する意識の差を調べた．具体的には，調査時点でのやりがいや就業満足度（仕事内容面・待遇面・職場環境面），および，将来ビジョンや将来見通しに関して平均値の比率差を推定した．

　表3-6上段の就業意識から，仕事内容とやりがいにおいて，とりあえず志向層は非とりあえず志向層より有意に低いことが示された．これは仮説④にお

表3-6　就業満足度・職業キャリアに対する意識

就業意識	とりあえず志向層		非とりあえず志向層		比率差
	平均	N(%)	平均	N(%)	有意確率(両側)
仕事内容満足	3.561	872(59.5%)	3.749	1688(65.5%)	.001***
待遇満足	3.203	620(44.7%)	3.290	1160(44.9%)	.862
職場環境満足	3.784	915(65.8%)	3.844	1747(67.7%)	.270
やりがい	3.765	928(66.8%)	4.000	1892(73.4%)	.000***

職業キャリア意識	とりあえず志向層		非とりあえず志向層		比率差
	平均	N(%)	平均	N(%)	有意確率(両側)
職業人生決定感	3.631	1125(80.9%)	2.823	1978(76.7%)	.003***
職位安定実感	－	1103(79.4%)	－	1921(74.5%)	.001***
将来ビジョン	3.203	701(50.5%)	3.340	1423(55.2%)	.004***
将来見通し	7.028年	902(64.9%)	8.550年	1733(67.2%)	.081

注1：上段の［就業意識］欄はいずれも「満足」「やや満足」のいずれかを回答した者の比率．
注2：「職業人生決定感」は「職業人生の50%以上が決まったと感じる」と回答した者の比率．
注3：「職位安定実感」は公務員就業による安定感（「雇用面」「収入面」「保障面」「精神面」「所属面」「将来性」「その他」）を感じると回答した者の比率．
注4：「将来ビジョン」は「十分に持っている」「持っている」のいずれかを回答した者の比率．
注5：「将来見通し」は「0−1年先までしか見通せていない」を「なし」とし，「1−3年」以降先まで見通すことができている者を「あり」とした場合の平均年数と比率．
注6：***は1%，**は5%水準で比率差が有意であることを示す．
出所：中嶌（2013a）.

ける「とりあえず安定」意識と「④仕事内容に興味がある」という志望動機との逆相関性に通じる結果である．しかし，入職前の仕事内容に対する興味や関心の低さが就業満足度を下げるとは限らない．新たな発見や気づきが満足度を高めることもあろう．それ故，職業キャリア意識に直結する入職後から現在（調査時点）までの意識を考慮する必要がある．

　そこで，表3-6下段では，職業キャリア意識として，「職業人生決定感」「職位安定実感」「将来ビジョン」「将来見通し」について両群で平均値の比率差を推定した．その結果，とりあえず志向層の方が公務員就業により職業人生決定や職位安定の意識が有意に強まることが判明した[7]．すなわち，入職前のとりあえず志向には就業後の職位安定をより強く実感させる効果があると言える．ここから，就職（公務員就業）というライフ・イベントの実現がキャリア形成への影響度を強めると捉えられる．

3.4.3 とりあえず志向と職業キャリアとの関連

　では，前述したとりあえず志向の発生に強く影響した明確な就業目的の保有や自己対峙の機会は，将来の職業キャリア形成とどのような関連があるのだろうか．とりあえず志向層（n＝1390）のデータを用いて，職業キャリア意識の形成要因を推定した**表3-7**では，とりあえず志向のキャリア意識の形成への貢献度という尺度からの推定も行った（**表3-7**の［寄与度］欄に表示）．具体的には，各説明変数が職業キャリアに対する意識（被説明変数）に与える影響の相対的な重要度（大きさ）を計測した．

　説明変数には，**表3-5**でとりあえず志向の発生要因として有意であった仮説①⑤⑥⑦の4変数，並びに安定志向と家族志向の2つの進路選択要因を採用した．さらに，現在の就業状況の影響の大きさを考慮し，「仕事内容満足ダミー」「待遇満足ダミー」「職場環境満足ダミー」「やりがいダミー」の4変数を追加投入した．また，「男性ダミー」「有配偶ダミー」「出生順位1位ダミー」はコントロール変数として用いた．

　被説明変数には，**表3-6**下段の職業キャリア意識のうち，グループ間平均で有意差がみられた3変数（「職業人生決定感」「将来ビジョン」「職位安定実感」）を用いた．モデルAが「職業人生決定感（5段階尺度）」の5ランクデータ，モデルBが「将来ビジョン（具体性の5段階尺度）」の5ランクデータ，モデルCが「公務員就業による職位安定に関する実感の有無（以下，職位安定実感）」の二値データである．したがって，推定方法はモデルA・Bが順序プロビット推定，モデルCがプロビット推定である．

　3つの推定モデルのうち，モデルA（R^2＝0.168）とモデルB（R^2＝0.154）は比較的モデルの当てはまりがよく，このことから，とりあえず志向層のキャリア形成意識の特徴として，とりあえず志向に基づく公務員就業が職業人生の道筋や将来見通しを明るくする可能性が高いと解することができる．

　以下，有意な結果の変数を見ていく．「男性ダミー」「時間順序の選択性ダミー」「安定志向ダミー」の正効果はモデルA・Bに共通しており，安定職種という理由でとりあえずの就業をした男性公務員ほど職業キャリアに関する意識を認識しやすくなる．しかしながら，配偶者の有無や希望職種の鮮明度は直接的に影響しない．但し，モデルCでは「有配偶ダミー」が有意な正であることから，家族の存在は職位安定実感への影響度が大きいと言える．

　とりわけ，モデルBの「時間順序の選択性ダミー」の正の有意性が高いこ

表3-7　職業キャリア意識の形成要因

説明変数	被説明変数（職業キャリアに関する意識）								
	[モデルA] 職業人生決定感			[モデルB] 将来ビジョン			[モデルC] 職位安定充実感		
	係数	t値	寄与度(%)	係数	t値	寄与度(%)	係数	t値	寄与度(%)
男性ダミー [女性]	0.187**	2.73	+4.68	0.145**	2.12	+3.63	0.002	0.39	
有配偶ダミー [なし]	-0.065	-0.91		-0.031	0.44		0.183**	2.58	+1.83
出生順位1位ダミー [2位以下]	-0.198***	-7.91	-4.95	-0.198***	-7.06	-4.95	0.034	0.46	
希望的観測ダミー [なし]	-0.159**	-4.05	-3.97	-0.165***	-3.87	-4.13	-0.018	-0.24	
希望職種の不鮮明度ダミー [鮮明]	-0.061	-0.87		-0.040	-0.56		0.051	0.66	
時間選好性ダミー [なし]	-0.186***	-2.99	-4.65	-0.184***	-2.96	-4.6	-0.131	-1.75	
時間順序の選択性ダミー [なし]	0.175***	5.16	+4.38	0.342***	5.99	+8.55	0.075	1.04	
安定志向ダミー【第2主成分】[なし]	0.284***	3.97	+7.1	0.237**	3.42	+5.92	-0.037	-0.50	
家族志向ダミー【第4主成分】[なし]	-0.150***	-4.56	-3.75	-0.137***	-4.00	-3.42	0.091	1.28	
仕事内容満足ダミー [不満足]	-0.148**	-2.91	-3.7	-0.115*	-2.12	-2.88	0.137	1.86	
待遇満足ダミー [不満足]	-0.069	-1.69		-0.054	-1.19		-0.142	-1.91	
職場環境満足ダミー [不満足]	-0.216***	-6.97	-5.4	-0.216***	-6.24	-5.4	-0.205**	-2.81	-2.05
やりがいダミー [なし]	0.046	1.45		0.068***	1.85	+1.7	-0.022	-0.31	
定数項	0.842***	6.47		0.716***	5.39		-0.002	-0.49	
擬似決定係数	0.168			0.154			0.022		
Log likelihood	-1202.69			-1201.97			-886.10		

注1：寄与度：職業キャリア意識に与える影響の相対的な大きさ。これは次式により定義される。
　＝「100×（推定係数×（説明変数Aの最大値－説明変数Aの最小値））÷（最大の職業キャリア意識－最小の職業キャリア意識）」

注2：＊＊＊は1％、＊＊は5％、＊は10％水準で統計的に有意であることを示す。

注3：[　]はレファレンス・カテゴリー。

出所：中嶌 (2013a).

とは重要なインプリケーションを持つと思われる．つまり，長塚 (2000) による「とりあえずは，比較的比重の大きい事柄を後に残す意図的行為[8]」という解釈をさらに一歩進め，段階的なキャリア形成においても適用可能であることを示唆している．さらに，「やりがいダミー」がモデル B のみで有意な正であることからも，職業人生におけるワンステップという自覚的な認識が日々の業務のやりがい，ひいては，前向きなキャリア意識に繋がると認識できる．こうした意識は，「仕事内容満足ダミー」「職場環境満足ダミー」がモデル A・B で共に有意な負であることから，現状における次善的な意識としてとりあえず志向の一端を看取できよう．

　さらに，とりあえず志向のもう 1 つの注目すべき効果である「時間選好性ダミー」に関しては，「希望的観測ダミー」とともにモデル A・B に共通して負効果がみられた．入不二 (2003) が指摘する「不安からの解放・瞬間性（性急さ）」，すなわち，「いち早く公務員になりたい」「公務員にさえなれればよい」等という意識の高さが，入職後の職業キャリア意識の形成を阻害する要因になると捉えられる．

　以上より，先行研究に基づく 2 つの主要なとりあえず志向の発生要因（時間選好性・時間順序の選択性）が職業キャリアに対する意識の形成という面では正負の異なる影響を与え得ることが明確になった．すなわち，時間選好的要因の負効果と時間順序の選択的要因の正効果を総合すれば，入職前に自己と対峙する機会を十分に持ち，置かれた状況を現実的かつ段階的に捉えて行動することこそが，自覚的なキャリア意識を持つ布石になることを表している．

　さらに，寄与度の大きさの比較により，上記効果の跡づけを行った．モデル A では前者の負効果（－4.65%）と後者の正効果（+4.38%）はほぼ同じであり，「公務員就業により職業人生の50%以上が決まった」という実感に対する効果を相殺する形となっている．但し，安定志向ダミーの寄与度が+7.1%と小さくないことから，安定志向者ほど公務員就業により職業人生が決まったと実感しやすいことが分かる．一方，モデル B では後者の正効果（+8.55%）が前者の負効果（－4.6%）の約 2 倍であり，職業キャリア意識に対して無視できない影響を与えている．つまり，入職前の「将来の何らかのステップになる」という物事を段階的かつ前向きに捉える意識が，自己の将来ビジョンの具体化に寄与すると言える．

　加えて，就業意識面の寄与度については，モデル A では仕事内容満足（－

3.7%）と職場環境満足（−5.4%）の合計で−9.1%，モデル B では仕事内容満足（−2.88%）と職場環境満足（−5.4%）とやりがい（+1.7%）の合計で−6.58%と無視できない大きさになっている．いずれにしても，現在の仕事内容や職場環境への満足度が職業人生決定の意識や将来ビジョンの具体化の必要性や緊急性を低下させるという影響は，公務員特有の要素かもしれない．つまり，「現状に満足すること」が将来の職業キャリアに対する意識の形成に影響するのではなく，「前例主義のまま今の安定的な職場でやっていければよい」と考える者の職業キャリアに対する意識は低いと言える

3.5 結　　語

　以上，昨今の就職困難な状況下において，自己の道を自ら選択することが難しく，そうした難題に向き合っている若者に対して，いかなるアプローチが自律的キャリア形成に有効な視点をもたらすのかという観点から論じてきた．とりあえず志向という多義性を有する職業志向性に着目し，若手公務員の個票データを用いながら，前半では，先行研究に基づき探索的な仮説の検証を行い，後半では，とりあえず志向を発生させる重要な要因が職業キャリア意識の形成にどの程度の影響を与えるかについて実証的に検討した．単に，入職時点の曖昧な職業志向性がキャリア形成に好ましくない影響をもたらすという一面性では捉え切れず，無意識的かつ日常的に抱きやすい「とりあえず」という意識面にアプローチし，時間選好性，および，時間順序の選択性という2つの時間的要素を抽出し，縦串（縦軸）の観点からキャリアに対する影響を考察した．
　結果として，とりあえず志向は，地元に留まることを強く求められない第2子以下の者，かつ，公務員に対する職業観や職種イメージが比較的明確な者に顕著であることが明かされた．また，時間選好性ダミーが有意な負であったことから，一定の公務員試験準備期間内に，希望職種を定めて，習熟度を高めつつ，現実味が帯びてくる中で，「とりあえず合格したい（定職に就きたい）」という意識が高まることから生じる構造が明らかになった．さらに，とりあえず志向の直接的な発生要因として認められなかった時間順序の選択性ダミーが，職業キャリア意識の形成に有意な効果を与えており，とりあえず志向とキャリア形成の関係では一面的には捉え切れない多面性を確認した．その骨子が本章の主題であったため，再度，以下にまとめておこう．

1. とりあえず志向層に顕著であった「なれれば良い（なれるに越したことはない）」という希望的観測の意識が低い者ほど，自覚的なキャリア形成を行っている．

2. 「公務員＝安定」に基づくとりあえず志向は，入職後の職業人生の見立てや将来ビジョンの思い描きに効果的である．

3. 将来ビジョンの具体化には，(意図的な不安定就業を含む)「次のステップになる」という時間順序を選択する意識が重要である．

　本章では，多くの若者にみられるとりあえず志向が少なくとも優柔不断で曖昧なものとして即座に否定してしまう性質のものではなく，就労現場に一歩足を踏み出してとりあえずの就業をすることもまた，自己の職業キャリアを自覚的に豊かにするための一手段になり得ることを論じてきた．つまり，「とりあえず安定」という漠然とした潜在意識や「とりあえず次のステップになる」という本意・不本意の枠を超えた前向きな意識と，将来ビジョンの保有との正相関の強さから，自ら自己の道を選択するという行為自体がキャリアの形成にとって重要な鍵となり得るということを実証した．このように「とりあえず定職に就く」という視点からアプローチし，一見消極的に捉えられがちな対象群の中から積極性を見出したことは新たな知見と言える．

～補　論～

「地元愛着」の階層構造に関する分析

　本補論では，Kusuma（2008：2009）による地域愛着（Place Attachment）仮説モデルに基づき，地元就業者の地元愛着の概念構造に関する分析結果を考察する．使用するデータは，2013年4〜6月に全国47都道府県の地元就業者を対象に実施した『地元就職とキャリア形成に関する調査（個人調査）』により収集したものである（配布数3852，有効回答数2874，有効回答率74.6％）．なお，職種別では，町役場職員857，消防官1916，資格免許職（保育士・保健師）59，JA職員29，不明13であった．

　表3-8より，地元就業者の「地元愛着」「地元好き」「地元定住志向」「地元消費志向」を性別・勤務形態別・転職経験別に捉えると，地元愛着や地元消費志向に性差はみられない．むしろ，男性正規社員よりも女性正規社員の方が地元好きは有意に高く，その傾向は転職経験がない場合ほど強まる．また，地元定住志向は男性正社員において転職経験の有無と密接に関連しており，非正規社員ほど顕著である．

　次に，地元就職の地域的要因の特徴を調べるための切り口として，表3-9に示す勤務地パターンに注目する．表3-10より，世代間では地元への残留率の低下が若い世代で著しく，出身地Uターンの減少が一因として考えられる．学歴格差では低学歴ほど残留率が上昇し，高学歴になるほどUターン率

表3-8　地元就業者の地元に対する意識（性別・勤務形態別・転職経験別）

	男性正規 転職なし （n＝1909）	女性正規 転職なし （n＝218）	男性正規 転職あり （n＝563）	女性正規 転職あり （n＝86）	男女正規転職 差	男女非正規 転職あり＋なし （n＝61）
地元愛着	3.45	3.48	3.39	3.48	ns	3.42
地元好き	3.44	3.53	3.38	3.51	*	3.50
地元定住志向	3.63	3.40	3.57	3.46	**	3.70
地元消費志向	2.93	2.80	2.88	2.81	ns	2.68

注1：地元愛着は「地元に対する愛着が強い」，地元好きは「もともと地元が好きである」，地元定住志向は「地元にずっと住みたい」，地元消費志向は「通学，通勤，買い物などの生活が便利である」の項目（いずれも5件法）を用いている．
注2：*p＜.05，**p＜.01
出所：筆者作成．

表3-9　勤務地の分類

地元就職	出身地・最終学校地とも同じ	} (a)
出身地Uターン就職	出身地のみ同じ	} (b)
Jターン就職	出身県内の他の自治体に就職	
他出型の就職	最終学校地のみと同じ	} (c)
Iターン就職	出身地・最終学校地とも異なる	

注1：「Uターン率」＝(b)÷{(b)＋(c)}により算出，全体：85.2%
注2：「残留率」＝{(a)＋(b)}÷出身者総数により算出，全体：91.4%
出所：江崎（2007）.

表3-10　勤務地パターンの世代・学歴・出身地の格差

	出身地定住(a)	Uターン(b)		(c)		合計(人)	Uターン率 {b/(b+c)}	残留率 {(a+b)/(a+b+c)}
		出身地Uターン	Jターン	他出型	Iターン			
1960以前生まれ	62.9	30.3	1.2	2.0	2.7	403	86.7	93.8
1961～1970	58.8	34.4	4.3	1.2	0.6	484	95.5	93.8
1971～1980	46.9	43.3	6.4	1.7	2.9	839	91.7	89.3
1981～1990	35.2	53.5	5.8	1.3	4.1	962	91.7	88.7
1991～1998	56.9	29.4	4.4	3.8	5.0	160	79.4	86.8
高校卒	74.2	18.8	2.9	2.1	1.8	1419	84.1	93.0
短大卒	31.0	57.5	4.0	4.0	4.9	348	88.7	88.2
大学卒	18.4	69.3	7.2	7.2	4.0	1028	93.7	87.6
大学院修士	25.0	58.3	5.6	5.6	8.3	37	85.2	83.3
県庁所在地	50.9	27.2	12.1	1.7	8.1	172	90.5	78.5
一般市	51.6	39.1	4.3	1.8	2.9	1427	89.6	90.7
町	41.4	50.1	3.8	1.4	2.5	1076	91.9	91.5
村	54.5	35.9	6.9	1.4	2.1	145	94.0	90.3

注1：専修学校卒は短大卒，大学院博士課程（1名）は大学院修士に含まれている.
注2：最終学歴が不明の16人，および，出身地が不明の28人は除外.
資料出所：「地元就職とキャリア形成に関する調査」2013年.

　が低下する傾向がみられた．新規大卒者は新規高卒者ほど強く地域性が反映されないという太田（2006）の指摘に合致しており，高卒者ほど地元就業率が高くなる傾向は地元定着性の強さの一端と表している．

　また，表3-10の出身地格差では「村」のUターン率が94.0%と比較的高く，とりわけ村割合が24.8%（全国平均10.6%）と圧倒的に高い北陸・甲信越地方に顕著である．この結果は，一般市や町ほどUターン率が高くなるとする

表 3-11　地元就職の理由（主成分分析）

	地元同一性 （第1主成分）	勤務継続性 （第2主成分）	地元依存性 （第3主成分）	地元定着性 （第4主成分）
なりたい職業があった	.503	− .104	.111	.157
もっと社会（地域）を良くしたかった	.666	− .249	.110	.152
街づくりや産業振興に興味があった	.587	− .222	.143	.062
人の役に立てる仕事ができる職業であった	.564	− .184	− .035	.208
地元に恩返しができると思った	.685	− .223	.048	− .021
地元民と繋がりながら働きたかった	.735	− .216	.064	− .272
待遇や労働条件が良い	− .295	.650	.005	.086
勤務を継続しやすい	.043	.735	.108	− .023
友達（恋人も含む）がいる	− .130	− .210	.570	− .196
地域の集まりや行事が盛んである	− .002	.131	.757	.147
プライベートの自由な時間を持ちたい	− .186	− .017	.800	.056
生まれ育った地から離れたくない	.252	− .069	− .011	.371
実家から通える（交通の便）	− .219	.209	.020	.518
固有値	5.13	2.78	2.36	1.07

注1：因子抽出法：主成分分析．Kaiser の正規化に伴うバリマックス法．
注2：18回の反復で回転が収束．
注3：因子負荷量が．30以上を太字．
資料出所：「地元就職とキャリア形成に関する調査」（2013）のデータを用いて再推定．サンプルサイズは 2621.

　江崎（2007）や中嶌（2012）とは異なるものの，本調査のように厳密に地元就職者に限定したデータからは，「もともと地元が好き」に代表される地元同一性が地元就業行動において狭いネットワーク内における絆の強さとして働いている可能性がある．そのことは，県庁所在地の出身地Uターンの低さやIターンの高さからもうかがえる．

　さらに，本調査における「地元就職を選んだ理由」の40個（就労面17，家庭面14，社会環境面9）を全投入し主成分分析を行った（表3-11）．二重負荷や無負荷の項目を削除していく作業を繰り返し行った結果，固有値が1.0以上の潜在変数は5つであった．しかし，そのうち，「地元企業に就職して，いまの企業とは別の夢の実現に近づきたかった」「必ずしも本意ではないが地元企業という理由でとりあえず入職しよう」で構成される「とりあえず地元」の項目間の平均共分散が負（α ＝ .-206）となり，信頼性モデルの仮定に反することから除去した．その結果，各成分を強く反映する観測変数（項目）の内容から，それぞれを「地元同一性（第1主成分）α ＝ .859」「勤務継続性（第2主成分）α ＝ .729」

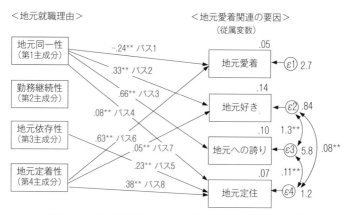

図3-1　地元就職理由と地元愛着の共分散構造分析

注1：＊＊*p*<0.01，＊*p*<0.1　N=2621.
注2：双方向矢印は共分散を表し，有意でない結果は省略する.
出所：筆者作成.

「地元依存性（第3主成分）α＝.750」「地元定着性（第4主成分）α＝.710」の4因子構造を得た.

　さらに，地元就職の理由（4主成分）と地元愛着関連要因（「地元愛着」「地元好き」「地元への誇り」「地元定住」）との因果関係について共分散構造分析（Covariance Structure Analysis；CSA）を行った結果が図3-1である．パス図における各従属変数の右肩の数字は決定係数であり，4つの主成分の説明力の高さは「地元好き」「地元への誇り」「地元定住」「地元愛着」の順になっている．また，「地元好き」「地元への誇り」「地元定住」の3つは，共分散の数値からも互いに正の相関性が強いことがわかる．すなわち，地元好きと将来の希望との相関（三浦，2010）を踏まえれば，生まれ育った社会で自己肯定感が育まれれば，地元が好きになり，長く住みたいという思いが高まりやすい．しかし，地元同一性については，「地元好き」「地元への誇り」「地元定住」へ正の影響をもたらす反面，「地元愛着」のみ逆相関の関係にある（パス1）．つまり，地元への愛着は単なる好き・誇りとは性質の異なる感覚であり，地元愛着以外の地元就職要因（街づくり，地域の産業振興）の影響の大きさが示唆された[10]．

　付記
　　本章は中嶋（2013a），および，中嶋（2014）の研究成果を基本としている．

注

1） 従来の公務員研究では，官民における人材配分の問題（Ozaki 1987；Supoit 1996；猪木・勇上2001）や公的部門における雇用調整の問題（Rehmus 1974；Schregle 1974；Krueger 1988）等の量的アプローチからの研究が比較的多く存在するが，「とりあえず」という概念からのアプローチは見られない．

2） 大原（2011）は，教員や公安系職員などの一部の専門職を除いて，公務員の仕事内容の捉えにくさと志望動機の曖昧さ（モチベーション維持の難しさ）の関係を指摘する．

3） 後者については，科学・科学哲学分野の奥田（1987）も知識を獲得する際の科学的態度として「取り合えずの真理」を強調しており，「決定的な真理が得られる保証がない以上，常にその知識が否定される余地を残しておかなければならない」と言及する．このことも将来に対して含みを持たせる観念と捉えられる．

4） 生涯発達心理学やナラティブ心理学の分野における「自己物語法」という自己理解の手法では，過去とは「想起」という記憶機能による現在経験であり，未来は「希望」「意志」という仕方で現在経験という前提に立ち，本研究と同様に時間的な概念として捉えている（榎本，2002）．

5） 入不二（2002b）では，どんなに強い意志や責任感を基づく行為であっても，予期せぬ形で反古になる可能性まで完全に捨て切ることはできないという点で，「とりあえず」という在り方を否定することもまた，「とりあえず」でしかない方法で棄却され，「とりあえず性」に回帰すると想定している．

6） 将来に対して期待を持つということは現状と折り合いをつけることにも関係する．この点について，玄田（2010）は，幸福が継続を求めるのとは対照的に，希望は変化とセットであると指摘する一方で，短視眼的な希望を求めることの危険性にも言及している．

7） 逆に，将来ビジョンでは非とりあえず志向層の方が有意に高くなっているが，将来見通しでは，とりあえず志向層（7.03年先）と非とりあえず志向層（8.55年先）では統計的な有意差はみられず，必ずしも広義のキャリア形成の尺度と断定できない点に注意を要する．

8） 長塚（2000）による「とりあえず」は，その場の状況から何らかの理由で「ある行為を先の行う」という特徴があり，「先に行う」ことは後回しにされることに比べて比重が軽いという点から，実現可能性を重視した現実的な志向性である．

9） 地方公務員の「とりあえず公務員（定職）」意識を分析し，時間選好性と時間順序の選択制の2要因を導き出した中嶌（2013a）と同様の結果を地元就業者において確認できる．「地元の企業に就職して，今の企業とは別の夢の実現に近づきたかった」は後者，「必ずしも本意ではないがとりあえず入職しよう」は前者に相当する意識要因と捉えられる．

10） 内閣府の「第8回世界青年意識調査」（2009）では，住んでいる地域が好きな理由として，「友だちがいる（60.3%）」に次いで「愛着がある（52.3%）」が高く，女性より男性が上回る．

第**4**章

とりあえず正社員

4.1 問 題 意 識

　新規学卒時点における初職選択という重要な意思決定局面において，選択肢や情報を十分に吟味せずに「とりあえず」という意識で正規の就職先を決定する若者の存在が確認されている．新規学卒者の曖昧な就業意識に関する研究では，「大学を卒業するときには，何が何でも正社員として就職したいと考える大学4年生が約8割」（労働政策研究・研修機構，2006）が明らかにされている．

　確かに，昨今のWEB・オンラインを介した就職活動では，活動量や内定数といった量的側面から意欲の程度が測られてきた面がある（労働政策研究・研修機構，2010a；エン・ジャパン，2020）．

　ところが，上記の研究では，日本の新規学卒者における正社員に対する強い固執が捉えられてきたものの，「とりあえず」「何が何でも」という不鮮明な意識要素の具体的な背景については把握されていなかった．一口に「とりあえず正社員」と言っても，曖昧さの多次元構造（Phillips and Strohmer, 1982；Furnham, 1994）を有することが考えられ，就業意識の曖昧さ・未熟さが進路変更や早期離職に直接結び付くものか否かは，入社後のキャリア成熟度とも関わるため一概には言えまい．少なくとも，「とりあえず正社員になりたい」という意識の背景要因を丁寧に把捉する作業は，就職を控える新規学卒者の正確な状況把握にとどまらず，キャリア・就職に関する支援者側にとっての適切な対処に通じる点でも意義深いと考える．

　次節では，「とりあえず」という曖昧な就業動機で正社員を目指す若者の心理的背景要因を探るべく，Gati *et al.* (2010) のキャリア意識決定の多次元プロフィールを援用し，「とりあえず正社員」という志向性を構成する多次元構造の要因分析を実施した上で，それらの共通因子（潜在変数）がキャリア意識とどのような関連があるのかを多母集団同時分析を用いて実証する．

4.2 「とりあえず正社員」の概念構造分析

4.2.1　とりあえず正社員尺度の探索的因子分析

　本章では，本調査1（25頁）・本調査2（27頁）の両方において得られた184人のパネルデータを用いた分析結果を考察する．ちなみに，本調査1から6カ月経過後に同一対象者に実施した本調査2（N=184）の内訳は，男性71，女性113人であり，結婚の有無は，既婚4人，未婚180人である．追跡できた者の4月入社時点における職業分類は，会社員・役員141人，専門職11人，公務員22人，パート・アルバイト10人であり，入社後6カ月間で4人に1人（追跡データの24.5%）は雇用形態が変わっている．また，「いま，とりあえず正社員として働いている（以下，「とりあえず正社員継続」）」については，あり=111人，なし=73人となった．本調査1時点では全員が就業状態にあったことから，本調査2時点における，正社員（26人），公務員（5人），パート・アルバイト（5人），契約社員・嘱託（4人），無職（3人）という移行状況より，「とりあえず意識」とデータ脱落は独立の関係にあると考えられ，データバイアスは少ないと判断した．

　まず，正社員を志向する際の多様な心理的状況の特徴を表す50項目に関して，探索的因子分析（最尤法，プロマックス回転）を行い，二重負荷や無負荷の項目を削除していく作業を繰り返し行った結果，固有値が1.0以上の潜在変数は5つであり，5因子構造を得た（表4-1）．各因子を強く反映する観測変数（項目）の内容から，各因子を「地元志向（第1-1因子）α=.888」「安定志向（第1-2因子），α=.867」「希望実現志向（第1-3因子），α=.822」「曖昧不安（第1-4因子），α=.889」「安心志向（第1-5因子），α=.752」と命名する．なお，尺度構成の信頼性には，クロンバックのα係数を用いた．

　次いで，本調査2の184人のうち，「とりあえず正社員継続」が「あり」（111人）のデータを使って，探索的因子分析を実施したところ，固有値が1.0以上の潜在変数は3つであり，3因子構造を得た（表4-2）．第2-1因子については，「別のやりたいこと（夢・目標）」やキャリアの選択肢を拡げる項目から構成されるため，中嶌（2013a；2015a）を援用し，「時間順序の選択性」（α=.876）とする．すなわち，行動経済学の見地より，近い将来の割引率が遠い将来の割引よりも大きい人は，現時点における限定的な選択肢（例：本意ではないが入職可

能な正規職）よりも，本来希望する職業や本命企業に繋がるような選択肢（例：将来的に本意就職に結びつく職）を選ぶことが考えられる．こうした後者の考え方は，将来における選択可能性集合の拡大という時間割引的なメリットを重要視する心理と捉えられる．

第2-2因子は，就業面における精神的安定に加えて，結婚やローン・融資審査という人生生活の基盤となる項目が含まれるため，「生活基盤の安定化」（α=.871）と命名する．

また，第2-3因子は，3年間の勤務経験の後，もしくは，先々の状況次第で転職も辞さないという，将来に変化・追加の可能性を持ち越す考え方であることから，「日和見的・希望的観測」（α=.770）とする．

ここでは，「とりあえず正社員」の多次元性を想定し，入社時（表4-1）と入社6カ月後（表4-2）の各時点における心理的な概念構造を捉えた．「とりあえず」という就業意識がある中で，入社から半年間で5因子から3因子へと共通因子が減少した理由として，調査1時点の「地元志向（因子1-1）・安定志向（因子1-2）・安心志向（因子1-5）」が調査2時点の「生活基盤の安定化（因子2-2）」に集約されたものと考えられる．ただし，どの因子同士の関連が強いかは因子分析の結果だけでは明らかにならない．

そこで，以下の分析では，まず，二項ロジスティック回帰分析を用いて，「とりあえず正社員継続」という志向性がどのような要因に規定されるのかについて検討を行う．従属変数には，入社6カ月後（本調査2時点）の「とりあえず正社員継続（あり=1，なし=0）」を用いる．

表4-3より，志望順位が第4志望で有意な正効果が認められるため，就職先における元々の志望度の低さが「とりあえず正社員」という就業に対する曖昧な心理を引きずる要因になることが考えられる．加えて，「昇進・昇格の見込み」，「自己裁量」，「待遇満足」の正効果から，入社6カ月後における職場環境要因の影響の大きさが示唆される．一方，「いまの勤め先企業でまず3年くらい働いてから先のことを考えよう（Q4_27）」で正効果，「状況次第で別の会社に転職するのもありだ（Q4_28）」で負効果が示されており，表4-2において第3因子として捉えた，日和見的な状況判断を行う心理面が少なからず影響することも確認できる．また，「ロールモデルへの接近」の負効果の大きさを勘案すれば，目標（ロールモデル）の鮮明度は「とりあえず」の状態で就業が継続することと無関係ではないかもしれない．同様に，「自己研鑽の実践」が有

表4-1 「とりあえず正社員」尺度の探索的因子分析 (回転後)

(N＝184)

	因子1	因子2	因子3	因子4	因子5
第1-1因子 地元志向					
どのような仕事でもよいから実家から通える範囲で働きたい	.650	.021	.050	.210	.010
どのような企業でもよいから親実家等の世話をしながら働きたい	.884	.142	.021	−.063	.021
どのような仕事でもよいから親実家等の世話をしながら働きたい	.879	.108	.012	−.032	−.005
どのような企業でもよいから地元に貢献できる仕事をしたい	.788	.139	.137	−.026	.014
どのような仕事でもよいから地元に貢献できる仕事をしたい	.831	.141	.098	−.037	.026
第1-2因子 安定志向					
どのような地域でもよいから正社員になりたい	.087	.777	.034	.077	.081
どのような地域でもよいから安定した職業に就きたい	.143	.870	.010	.059	.027
どのような地域でもよいから給料・福利厚生の良いところに就職したい	.199	.684	.088	.063	−.008
第1-3因子 希望実現志向					
第1志望の企業に就職したい	.067	.101	.803	.093	.099
第1志望の業界・業種に就職したい	.050	.070	.810	.120	.069
第1志望の職種に就職したい	.095	.008	.846	.148	.174
第1-4因子 曖昧不安					
どのような企業でもよいがブラックじゃない企業に入りたい	.035	.112	.013	.421	.220
就職活動中，精神的に参ってしまうことがあった	.115	.031	.040	.715	.041
就職活動中，何とも言いようのない不安があった	.074	.030	.101	.862	.072
就職活動はできるだけ早く終わらせたいという思いがあった	−.104	−.019	.114	.729	.123
第1-5因子 安心志向					
正社員になっておけば安心である	−.105	.149	.258	.196	.896
正社員になっておけば周囲（親・家族）を安心させられる	−.055	.025	.284	.274	.634
固有値	3.63	2.57	2.26	1.71	1.19

因子間相関	因子1	因子2	因子3	因子4	因子5
因子1	1.00	.037	.035	−.010	.015
因子2		1.00	.006	−.007	.033
因子3			1.00	.017	−.018
因子4				1.00	.033
因子5					1.00

表4-2 「とりあえず正社員継続」尺度の探索的因子分析 (とりあえず持続型)

(N＝111)

	因子1	因子2	因子3
第2-1因子 時間順序の選択性			
どのような企業でも正社員になっておけば別のやりたいこと(夢・目標)の実現に近づける	.798	.279	.264
どのような仕事でも正社員になっておけば別のやりたいこと(夢・目標)の実現に近づける	.848	.282	.221
いまの勤め先企業で専門性を高めつつ，キャリア選択の幅を拡げていきたい	.327	.163	.195
第2-2因子 生活基盤の安定化			
正社員になっておけば安心である	.250	.823	.162
正社員になっておけば周囲（親家族等）を安心させられる	.241	.813	.180
正社員になっておけば結婚しやすい	.238	.455	.085
正社員になっておけばローン・融資審査が通りやすい	.257	.661	.077
正社員になっておけば世間体がよい	.143	.764	.103
いまの勤め先企業なら安心して働ける	.101	.347	−.068
第2-3因子 日和見的・希望的観測			
いまの勤め先企業で働きながら（仕事とは別の）夢や目標を実現させたい	.258	.172	.527
いまの勤め先企業で働きながらロールモデルに近づいていけそう	.153	.112	.396
いまの勤め先企業において自分の能力が通用するか不安である	−.140	.021	.748
いまの勤め先企業でまず3年間くらい働いてから先のことを考えよう	.136	.060	.701
状況次第で別の解釈に転職するのもありだ	.081	.051	.573
固有値	2.96	2.41	1.58

因子間相関	因子1	因子2	因子3
因子1	1.00	.037	.035
因子2		1.00	.011
因子3			1.00

注1：因子抽出法：最尤法　回転法：Kaiser の正規化に伴うプロマックス法（表4-1は10回の反復，表4-2は6回の反復でそれぞれ回転が収束）.
注2：因子負荷0.30以上を太字.
資料出所：表4-1は『仕事と暮らしの充実感に関する調査（Ⅰ）』2020年4月.
　　　　　表4-2は『仕事と暮らしの充実感に関する調査（Ⅱ）』2020年10-11月.

表4-3 「とりあえず正社員継続」の規定要因（二項ロジスティック回帰）（N＝184）

		偏回帰係数 B	標準誤差	Wald	自由度	有意確率	Exp（B）
	性別	−.239	.583	.168	1	.682	.787
就職先志望順位	第1志望	−.556	1.126	.244	1	.621	.573
	第2志望	1.005	1.194	.709	1	.400	2.731
	第3志望	−.682	1.191	.328	1	.567	.506
	第4志望	3.723	1.597	5.431	1	.020	41.369
	親・家族への安心	−2.741	1.438	3.634	1	.050	.065
	昇進・昇格の見込み	3.466	1.159	8.945	1	.003	31.995
	ロールモデルへの接近	−3.172	1.499	4.476	1	.034	.042
	Q4_27	2.734	1.037	6.947	1	.008	15.392
	Q4_28	−2.392	.993	5.805	1	.016	.091
	自己裁量	1.964	1.034	3.609	1	.050	7.128
	待遇満足	2.431	1.000	5.910	1	.015	11.371
	自己研鑽の実践	−3.062	1.336	5.258	1	.022	.047
	定数	−.278	1.382	.040	1	.841	.757

注1：従属変数は「とりあえず正社員継続」の二値変数である.
注2：Q4_27は「いまの勤め先企業でまず3年間くらい働いてから先のことを考えよう」, Q4_28は「状況次第で別の会社に転職するのもありだ」（5段階尺度）の項目を表す.
資料出所：**表4-2**と同じ.

意な負であることからも，自らで主体的にキャリア形成について考えられておらず，かつ，その行動実践に向けた準備も不十分であることが，「とりあえず」という曖昧な形で現状維持の状態を長引かせるという解釈が可能である.

4.2.2 とりあえず正社員尺度の確認的因子分析

次いで，**図4-1**は，入社から6カ月後（時点2）における「とりあえず正社員継続」の3因子を媒介変数とした「とりあえず正社員」の5因子（「地元志向」「安定志向」「希望実現志向」「曖昧不安」「安心志向」）から「キャリア意識（人生プラン・キャリア目標・自己効力感）」への影響をモデル化したパス・ダイアグラムである．パネルデータ（N＝184）のうち，「とりあえず正社員継続」の「あり群＝1（グループA）」「なし群＝0（グループB）」にグループ化して，多母集団同時分析を実施した.

まず，希望実現や安心感獲得に対する高い意欲は，グループA・Bに関わらず，「時間順序の選択性」「生活基盤の安定化」に正効果をもたらす（パス4・5・7・8）．つまり，希望・夢の実現に向けて，選択可能性集合の考え方が働いており，正社員就業を通して生活基盤の安定化を図ろうとする姿勢を看取できる.

一方，グループAだけの固有効果も確認できた．すなわち，もともと安定

志向が高く，かつ，入職後も「とりあえず正社員」という曖昧な就業意識を持つ者ほど，人生プランやキャリア目標を保有している確率は低くなる（パス2・3）．ただし，パス10・11の効果より，グループ A であっても，「時間順序の選択性（因子2-1）」の心理が働くことでプラスに転じる可能性が示されている．つまり，「次のステップになる」という時間順序の選択的な概念として，キャリア目標との結びつきの強さが示された点は，中嶌（2013a）と整合的な結果である．

　逆に，グループ B では，「とりあえず正社員継続」が低く，かつ，生活の安定化や主体的なキャリア形成に向けた積極的取組みが人生プランと大きく関連する（パス12・14）．また，パス 6 およびパス15より，入社から 6 カ月の期間で「とりあえず正社員」志向が希薄化する者においては，「希望実現志向（因子1-3）」→「日和見的・希望的観測（因子2-3）」→「キャリア目標」への一連の繋がり（パス 6 = .31**, パス15 = .55**）が示されており，坂柳・竹内（1986）で定義されるキャリア成熟（キャリアの自律性・キャリアの計画性・キャリアの関心性）にも通じる効果と考えられる．ただし，入社から一定期間が経過後も，「日和見的・希望的観測」に基づいた「とりあえず正社員」意識が持続する場合には自己効力感の低下を招きやすいことが示されている（パス16 = .-32**）．この結果から，キャリア関連の何らかのアクションを起こす際に，失敗やトラブルを恐れて過度に慎重になりすぎることは適時を見失うことにも繋がり兼ねず，行動実践ありきの積極的な姿勢を忘れないことの重要性が示唆される．

　他方，1980年代以降，新規高卒労働市場において，質量の両面から厳しい状況が続いていることを鑑みると，最終学歴の違いがキャリア意識に及ぼす影響を考慮する必要があろう．そこで，図 4-1 と同様のモデルを用いて，最終学歴で「大学卒群（N=155）」（グループ C）と高校卒・短大／専門学校卒の「大学卒以外群（N=29）」（グループ D）に分け，多母集団同時分析を実施した結果が図 4-2 である．

　図 4-2 より，グループ C・D で共通する効果は，「安心志向（因子1-5）」→「生活基盤の安定（因子2-2）」へのパス 7 の正効果（大学卒 = .22**, 大学卒以外 = .76**）であった．すなわち，職業面での安心を得ることにより生活面を安定させようとする意識が若年者全般に広くみられることが推察された．

　一方，大学卒群（グループ C）では，入社時点の「とりあえず正社員」意識の背景に「地元志向（因子1-1）」「希望実現志向（因子1-3）」が潜在することが

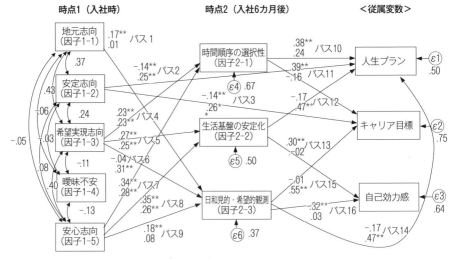

図 4-1 「とりあえず正社員」志向性の因果構造（意識継続の有無別）

注1：**p＜0.01，*p＜0.1　N＝184
注2：パス係数の2段表示は，上段が「とりあえず正社員継続あり群」（グループA），下段が「とりあえず正社員継続なし群」（グループB）を表す．なお，双方向矢印は共分散を表し，有意でない結果は省略する．
出所：筆者作成．

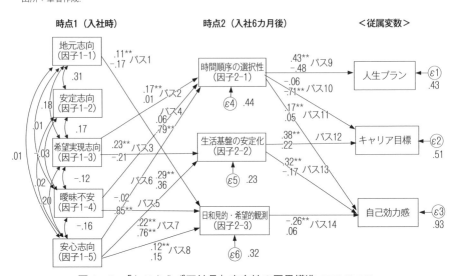

図 4-2 「とりあえず正社員」志向性の因果構造（最終学歴別）

注1：**p＜0.01，*p＜0.1　N＝184
注2：パス係数の2段表示は，上段が「大学卒群」（グループC），下段が「大学卒以外群（高校・短大／専門学校卒）」（グループD）を表す．なお，双方向矢印は共分散を表し，有意でない結果は省略する．
出所：筆者作成．

考えられ，時点2における「とりあえず正社員継続」意識とも関連が強いことが示された．しかしながら，大学卒以外群（グループD）では，入社時点の「曖昧不安（因子1-4）」を起点に「時間順序の選択性（因子2-1）」・「日和見的・希望的観測（因子2-3）」と有意な正パスで繋がっており，不安心理が基となり曖昧なキャリア心理を生じている可能性が高い．

　さらに，曖昧な就業意識とキャリア意識の関連については，大学卒群で，「時間順序の選択性（因子2-1）」と「人生プラン」・「自己効力感」，および，「生活基盤の安定化（因子2-2）」と「キャリア目標」・「自己効力感」が正パスで繋がっており，キャリア成熟の過程を看取できる．反面，大学卒以外群では，キャリア意識（従属変数）との正の関連性は一切認められなかった．むしろ，パス10より，「時間順序の選択性（因子2-1）」→「キャリア目標」の負効果（-.71**）が確認された．つまり，雇用不安や将来不安を抱えたまま，曖昧な形で問題先送りの意識状態が続く中でキャリア成熟は促進されにくいという解釈ができよう．

　ここで確認した最終学歴ごとのキャリア意識への異なる影響は，若年者や若手社員の人材育成・キャリア支援において学歴差を十分に配慮した支援のあり方が求められることを示唆している．

4.3　とりあえず正社員の労働需給両面からの仮説構築

4.3.1　労働供給要因としての「とりあえず正社員」意識

　本書で着目するキャリア選択における「とりあえず志向」を，労働供給側の意識要因として捉えるならば，この「とりあえず」が修飾する後の用語が「正社員」「公務員」「安定」「地元」等の如何により，「とりあえず」の指し示す内容が大きく異なってくる．よって，多義的な概念であることを踏まえ，本章では，社会心理学的な要因に焦点を絞り，キャリア選択時の曖昧心理面にアプローチする．

a.　選択の自由度（売り手市場 vs 買い手市場）

　縁故採用や学校推薦等を除けば，就職内定は労使間の交渉条件的な不確実事象であるため，選択可能な範囲は曖昧さの外的要因とみなせる．増田・坂上・広田（2002）は，競争が活発であるほど曖昧性が選好され，選択の自由がない

ほど曖昧性が忌避される傾向を指摘する．例えば，就職時の労働需給状況が労働供給超過（買い手）の状態では，競争の激化が選択の自由を狭めるため，妥協的な選択に導かれる傾向が高まる．内定獲得が容易でない不況期の卒業者（例：就職氷河期世代）であるほど，「とりあえず，まず１社から内定」という心理が表出することが推考できる．

  仮説①　選択可能な選択肢が少ないほど「とりあえず正社員」意識は高まる

b．曖昧性の対処
　次に，「とりあえず」という曖昧な心理状態を曖昧さ耐性（Tolerance of Ambiguity；TA）という概念で説明され得る．TA とは，外部事象から受ける刺激に対する反応の曖昧さを個人差とみなす概念である（Frenkel-Brunswik, 1949）．すなわち，不確実で曖昧な状況から生じる不安を通じて，「脅威の源」と「曖昧な刺激（発奮材料）」の２パターンで認知され，積極的な形で処理される過程では正社員（定職）という選択へ導かれやすくなる（Xu, 2017）．TA に対する悲観的な認知が強いほど非正規（フリーター）や学卒無業が選好され，正社員は選択されにくくなると考えられることから，次の仮説を導き出すことができる．

  仮説②　不確実性に対する楽観的な認知が強いほど「とりあえず正社員」意識は高い

c．有能感（自己効力感）
　Fox and Tversky（1995）は，コンピタンス（competence）を高く自己評価する者ほど曖昧な選択場面を好む傾向があると指摘する．すなわち，自律的裁量は自己効力感や有能感が大きい者ほど肯定的に扱われやすい（Bandura, 1977）．自己効力感の高さと正社員就職が将来的な強みになるという前向きな発想との強い関連性を考慮し，次の仮説が立てられる．

  仮説③　自己効力感が大きい者ほど「とりあえず正社員」意識は高い

4.3.2　労働需要要因としての「とりあえず正社員」意識
本章の主目的の１つである曖昧な入社意識のキャリア形成への影響を考察す

るために，企業の組織特性等の入社後の情報を含めて検証する必要があった．日本では，入社後の職業キャリアは内部労働市場における雇用慣行，教育・訓練システム，社会経済的背景に依存するとされてきた．本章では，キャリア管理と仕事ぶり（job performance）の相関を実証した London（1983）・Noe（1996）の研究に基づき，組織の効率性に関連する態度に限定した検討を行う．以下の分析では，1）職務モチベーション，2）企業風土，3）職場での人間関係，4）能力業績評価，5）キャリア開発支援の5つの要因に着目する．

d．職務モチベーション

Leibowitz and Schlossberg（1981）・Hall（1986）・小倉（2010）は入社時の就業意識が及ぼす職務モチベーションへの影響を分析しており，会社に対する期待度が企業の定着要因になると指摘する．つまり，「ずっとこの職場で働きたい」という心理は存続的コミットメントの強さを表し，「正社員になれれば職場は問わない」という曖昧な動機で入社した社員が（入社後に）エンパワーされる機会に恵まれなければ自律的なキャリア開発行動は促進されないことが考えられるため，次の仮説が導かれる．

　　仮説④　正社員就職を到達目標と認識している者のキャリア開発意識は低い

e．企業風土

Gould and Penley（1984）・London（1983）は雇用形態の柔軟化やキャリアコースの複線化を背景に，仕事への関与度が社員のキャリア形成に大きく関連することを指摘する．確かに，自主的な能力開発を促進するためのエンパワーメント（自らの意思決定による自発的な行動を起こしやすい環境や力（権限）を与えること）を重要視する Srivastava, Bartol and Locke（2006）等の研究も存在するが，初職の企業風土や組織特性が身体的・精神的健康にもたらす影響の大きさを指摘する研究が比較的多い（Sauter, Lim and Murphy, 1996；稲垣・小塩, 2013）．故に，次の仮説が導かれる．

　　仮説⑤　職場の居心地の良さが会社組織への貢献意欲を高める

f．職場での人間関係・コミュニケーション

Gould and Penley（1984）のように，職場内の人間関係を就労意欲や継続就

業と関連付ける研究は存在するが，「とりあえず正社員として働く」という入社時点の曖昧な心理の影響を念頭に置いたものではない．情報共有や社内コミュニケーションを重んじた教育的支援と社員のパフォーマンスの関連の有効性を主張する Scandura and Schriesheim（1994）や Noe（1996）を鑑みれば，次の仮説が立てられる．

　　仮説⑥　会社内の良好なコミュニケーションはキャリア開発志向を促進する

g.　能力業績評価

　Gould and Penley（1984）は，会社内における上司と部下のコミュニケーションの頻度は部下の仕事ぶりの評価の差にまで影響が及ぶと点を指摘する．また，成果主義の帰属意識への影響を重要視する若林・山岡・松山・本間（2006）を踏まえれば，評価の妥当性と貢献意欲との因果関係に関する次の仮説が立てられる[1]．

　　仮説⑦　人事評価・処遇のあり方に満足していない者のキャリア開発志向は低い

h.　キャリア開発支援

　また，キャリア目標と仕事のパフォーマンスとの間には正の関係があり（Stumpf et al., 1983），明確なキャリア展望を持ち，教育訓練等に積極的に参加する者のキャリア形成に対する当事者意識は高いことが知られている（Frese et al.[2]）．その反面，必ずしも明確な入社動機やキャリア目標を持たない者へのアプローチについては，有効な手立ては不明であり課題があった．就労現場における曖昧性の想定下では，次の仮説が立てられる．

　　仮説⑧　キャリア開発支援の充実がキャリア開発志向を高める

　以上の理論的考察を踏まえ，本研究では先行研究がカバーし得なかった労働需要側の要因を考慮に入れた「とりあえず正社員」意識の初期キャリアへの影響の詳細を探るため初職正社員に着目し，企業の組織特性や従業員へのキャリア開発支援の在り方を含んだ独自のアンケート調査を実施した[3]．

4.4 分析枠組みと推定モデル

4.4.1 分析枠組み
本節では，新規学卒時点における曖昧な職業選択によるキャリア形成への影響の詳細を実証すべく，以下では，図4-3に示す通り，労働供給側の仮説（仮説①・②・③），および，労働需要側の仮説（仮説④・⑤・⑥・⑦・⑧）の8つの検証を行う．

4.4.2 推定モデル
まず，本調査の「とりあえず正社員」層のデータ（631人）を用いて，12個の「新卒時点における初職選択理由」について因子分析を行ったところ，3因子構造であることがわかった（表4-4）．
第1因子は，「会社の安定性」「会社の将来性」「知名度が高い」の3つからなり，「雇用安定性」である（表4-4の上3項目）．第2因子は，仕事の内容に興味・関心や適性があることから「職務適性」と命名する．第3因子は，「通勤利便性」である（表4-4の下2つ）．さらに，内的整合性を検討するために下位尺度のα係数を調べたところ，「雇用安定性」が0.851，「職務適性」が0.796，「通勤利便性」が0.803であり，妥当な値と判断した．すなわち，「とりあえず正社員」という就労動機は，労働需給の両面に影響を及ぼす可能性を指摘できる．ここでは，因子得点をダミー変数化して説明変数に用いる．

4.5 推定結果

4.5.1 「とりあえず正社員」の労働供給面からの検証
表4-5より，「とりあえず正社員」を被説明変数としたプロビット推定を行い，就職活動等の在学状況や個人属性の違いにより規定要因を調べた．男性（-），複数のインターンシップ参加（+），貸与型の奨学金（+），エントリー数（+）と有意な結果が示されており，在学時に複数企業のインターンシップに参加したり，より多くの企業にエントリーするような積極的姿勢と「とりあえず正社員になりたい」という願望の強さの関係性がうかがえる．また，奨学金返済の義務を負っていたり，女性であることもその傾向を強めると推察で

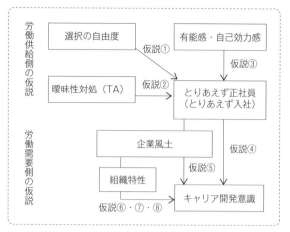

図4-3　労働需給両面からの分析枠組み

出所：筆者作成.

表4-4　新卒時点における初職選択理由

理　　由	因子1	因子2	因子3	Uniqueness	α係数
会社の安定性	**0.502**	−0.210	−0.086	0.681	
会社の将来性	**0.510**	0.036	−0.032	0.726	0.851
知名度が高い	**0.406**	−0.096	−0.143	0.803	
仕事の内容に興味がある	0.055	**0.426**	−0.128	0.784	
自分の適性に合っている	0.085	**0.334**	0.029	0.869	0.796
自分の知識・技術が生かせる	0.110	**0.318**	0.064	0.858	
通勤に便利	0.069	−0.014	**0.426**	0.808	0.803
転勤がない	0.139	−0.039	**0.293**	0.871	
固有値	1.585	1.127	0.935		

注1：最尤法（バリマックス回転）で因子を抽出.
注2：サンプルは「とりあえず正社員」が高かった者（631人）のみを使用. なお，全体の場合でも3因子構造である.
出所：中嶋（2020b）.

きる.
　また，「氷河期世代」・「雇用安定性（第1因子）」において1％有意の正効果が認められており，卒業時の就職状況が厳しく，将来に対する不安が大きいほど，会社に安定性や将来性を求める傾向が強まることも示唆される. 加えて，「職務適性（第2因子）」も正効果を示すことから，ここでは，職務適性がある

表4-5 「とりあえず正社員」の規定要因 (仮説①・②・③)

被説明変数：とりあえず正社員の有無		Coef.	Z値
性別	男性	−0.586	−5.46***
在学状況	インターンシップ参加（1社）	0.013	0.10
	インターンシップ参加（複数社）	0.355	1.86*
	奨学金（貸与型）	0.245	2.25***
就職活動	エントリー数	0.001	2.94***
	内定企業数	−0.033	−1.23
卒業歴	高校卒	0.209	1.00
	大学・大学院卒	−0.038	−0.28
	氷河期世代	0.248	2.32***
初職選択理由	雇用安定性（第1因子）	0.167	2.24***
	職務適性（第2因子）	0.275	4.05***
	勤務利便性（第3因子）	0.127	1.21
	ロールモデル	0.105	0.62
	曖昧さ耐性（TA）	−0.866	−5.47***
	自己効力感	0.747	2.98***
	定数項	0.746	4.28***

Number of obs	1000
LR chi 2 (15)	114.93
Prob > chi 2	0.0000
Pseudo R 2	0.1339
Log Likelihood	−371.6194

注：レファレンスグループは，女性（性別），なし（インターンシップ参加），給付型＋支給なし（奨学金），短大・専門学校卒（卒業歴），ロールモデルなし，TAなし，自己効力感なし．
*p<.10，**p<.05，***p<.01
出所：中嶌（2020b）．

安定した職に就きたいという就活生の意識をコントロールしてもなお，就職環境の厳しさを表す「氷河期世代」が「とりあえず（まず1社）正社員内定」という心理に有意な影響を及ぼすと判断できるため，仮説①を採択する．

次いで，TAにおいて負の有意値が得られた．つまり，進路先が決定するまでの期間内の意識として，「なんとなく漠然とした不安」をより強く感じていた者ほど「とりあえず正社員」意識が強まることを示しており，不確実性に関する楽観的認知との正相関に関する仮説②は棄却できると判断した．「自己効

力感」も有意な正値であることから，将来不安の中でも自己を信じて就職活動に取り組める信念や前向きな姿勢が内定獲得にとって重要であることが分かる．

　ここでの結果は，知識量とは別に「有能感」の存在が，（通常は回避されることが多い）曖昧な選択場面への選好を増すという Fox and Tversky (1995) とも整合的であるため，仮説③は採択できる．

4.5.2 「とりあえず正社員」の労働需要面からの検証

　曖昧性選好が生じる状況を考察した Quinn and Spreitzer (1997) に基づき，入社後のキャリア開発意識への影響に関する 4 つのモデルを検証した（**表 4-6**の全体モデル A～D）．

　まず，モデル A は，被説明変数に「会社への誇り」を用いて，入社前後の要因の影響を推定した結果である．4 つのモデルの中で，唯一，「氷河期世代」で10%有意水準の正効果が表れており，自分が内定した企業に対する誇りは，就職活動時の困難さとの対応関係が認められる．すなわち，競争倍率の高い大手や人気企業である場合ほど，自尊心や内定先への誇りが高まる傾向を「職務適性（第2因子）」および「組織特性」の 6 変数すべての有意性が示している

　ただし，「とりあえず正社員」の負効果は統計的に有意ではなく，モデル A に限らず，モデル B～D を通じて組織への帰属に対する固有効果の有意性は認められなかったため，仮説④は棄却する．

　次いで，「企業風土（イキイキ型）」も同様に，モデル A のみで有意であり，自発的職務改善（モデル C）やキャリア開発志向（モデル D）も正値を示すが統計的に有意ではない．ここでの結果から，社員のモラルの高さや管理職のリーダーシップは所属組織への誇りを有意に高めるものの，個人のキャリア開発に関する意識改革に直接的な影響を及ぼすまでには至らないという判断ができるため，仮説⑤を棄却する．

　一方，企業の組織特性要因については，モデル A～D の多くで有意値が得られた．例えば，「人事評価・処遇のあり方」「教育訓練・能力開発」は 4 つの全モデルにおいて正の有意性が認められており，人材を育成する組織風土がキャリア開発モチベーションを有意に高めるとする Philips and Strohmer (1982) に符合することから，社員同士のオープンな関係を通じた教育的支援と

表4-6 キャリア開発意識への影響（全体）

説明変数		A. 会社への誇り		B. 組織職場への関心		C. 自発的職務改善		D. キャリア開発志向	
	被説明変数	Coef.	Z値	Coef.	Z値	Coef.	Z値	Coef.	Z値
性別	男性	0.168	1.60	0.218	1.55	0.024	0.27	0.112	1.15
卒業歴	高校卒	0.316	1.54	0.119	0.36	−0.103	−0.55	−0.157	−0.78
	大学・大学院卒	0.052	0.39	0.453	2.15***	−0.061	−0.52	−0.004	−0.04
	氷河期世代	0.190	1.81*	−0.060	−0.44	0.011	0.13	0.067	0.69
入社前要因	雇用安定性（第1因子）	0.090	1.29	0.087	1.07	0.074	1.28	−0.046	−0.75
	職務適性（第2因子）	0.172	2.75***	−0.029	−0.37	0.097	1.80*	0.164	2.92***
	勤務利便性（第3因子）	−0.211	−2.12***	−0.020	−0.17	−0.051	−0.61	−0.141	−1.56
	とりあえず正社員	−0.008	−0.05	0.099	0.42	0.166	1.14	0.042	0.28
入社後要因（組織特性）	企業風土（イキイキ型）	0.248	2.20***	0.217	1.46	0.119	1.16	0.129	1.21
	仕事内容・やりがい	0.955	8.54***	0.265	1.39	0.324	3.08***	0.344	3.09***
	職場の人間関係・意思疎通	0.445	3.73***	0.225	1.13	0.315	2.84***	0.145	1.22
	人事評価・処遇のあり方	0.641	5.30***	0.771	4.24***	0.374	3.28***	0.410	3.48***
	教育訓練・能力開発	0.301	2.28***	0.416	2.23***	0.239	1.98**	0.386	3.08***
	雇用安定性（入社後）	0.289	2.45***	−0.249	−1.29	0.156	1.46	0.157	1.38
	エンパワーメント促進	0.181	2.39***	0.260	2.38***	0.209	3.02***	0.253	3.50***
	ロールモデル（1人）	0.324	2.05**	0.529	3.02***	0.291	2.10**	0.622	4.37***
	ロールモデル（複数人）	0.308	2.10**	0.509	2.95***	0.409	3.16***	0.576	4.42***
	曖昧さ耐性（TA）	−0.075	−0.44	0.099	0.46	−0.179	−1.13	0.087	0.54
	自己効力感	−0.009	−0.05	0.158	0.71	0.382	2.39***	0.358	2.19***
	定数項	−2.197	−9.95***	−3.330	−9.04***	−1.504	−7.92***	−1.799	−8.94***
Number of obs		1000		1000		1000		1000	
LR chi2 (19)		578.43		203.83		312.10		367.66	
Prob > chi2		0.0000		0.0000		0.0000		0.0000	
Pseudo R2		0.4274		0.3249		0.2348		0.2895	
Log Likelihood		−387.4573		−211.7393		−508.4837		−451.2365	

注：レファレンスグループは，女性（性別），短大・専門学校卒（卒業歴），ロールモデルなし，TAなし，自己効力感なし．

*$p<.10$, **$p<.05$, ***$p<.01$

出所：中嶌（2020b）.

キャリア開発志向の相関に関する仮説⑥は採択と判断できる．

他方，モデルC・Dで共通する結果を見ると，「仕事内容・やりがい」「人事評価・処遇のあり方」「教育訓練・能力開発」「エンパワーメント促進」が有意な正効果であり，曖昧な進路・目的意識で入社した若手社員の自発的職務改善やキャリア開発意識への対策として効果が見込める．併せて，「職務適性（第2因子）」「自己効力感」もモデルC・Dでともに有意な正であることから，能

力・適性に合った人員配置やメンター制やフォロー研修を適切に組み入れることで，より大きな効果が期

待できるといえよう．したがって，上記の考察より，仮説⑦・⑧は共に採択できると判断し得る．

さて，表4-6における全体モデルの推定では「とりあえず正社員」の有意な固有効果は認められなかったため，分析対象を「とりあえず正社員層」(631人)に限定して同様のモデルで再推定した結果が表4-7である．表4-6と表4-7の対比より，とりあえず正社員層のみで推計した表4-7では「氷河期世代」の正の有意性が消失しており，「とりあえず入社」意識と会社への誇りの逆相関性が認められる．

一方で，雇用保障が「とりあえず」の正社員就職の根底に潜在する状況がうかがえた．表4-7のモデルE〜Gでは「雇用安定性 (第1因子)」の正効果が現れており，入社前に会社の将来性や安定性をどのように捉えているかは入社後のキャリア意識の成熟度に影響するものと思われる．しかし，入社後要因の「雇用安定性 (入社後)」はモデルHのみで負の有意性が示されることから，入社前に「とりあえず正社員」意識があり，かつ，入社後に雇用安定性を強く感じている者のキャリア開発志向は低いという解釈ができる．つまり，「とりあえず正社員」で入社した者のうち，入社後に雇用安定性を感じていない人ほど，「現在の職業は一時的な就業 (＝時間順序の選択的意識)」が強いと解することができる．

ところで，「とりあえず正社員になれればよい」という意識の入職者に対して自発的なキャリア開発への取り組みを促すには，会社側に何が求められるであろうか．表4-7のモデルHでは，「仕事内容・やりがい」を始めとして，「人事評価・処遇のあり方」「教育訓練・能力開発」等の組織特性はとりあえず正社員層のキャリア開発意識の涵養に寄与し得ることが示唆された．

ここでの，「とりあえず正社員」層に限定した入社後要因の結果から得られた知見は，以下のようにまとめることができよう．まず，組織定着のために会社への誇りや忠誠心を植え付けようとするのではなく，キャリア目標を思い描き，自主的な能力開発を促すための素地として，仕事内容や意義を正確かつ自由に伝達し合える開かれた企業風土であることが望まれる．加えて，会社の伝統・慣習の強制ではなく，養育的に育成・評価し，適切な処遇を行うことでエンパワーメントを促進することは自発的な職務改善にも有益であると推考で

表4-7　キャリア開発意識への影響（とりあえず正社員層）

説明変数	被説明変数	E. 会社への誇り		F. 組織職場への関心		G. 自発的職務改善		H. キャリア開発志向	
		Coef.	Z値	Coef.	Z値	Coef.	Z値	Coef.	Z値
性別	男性	0.253	2.63***	0.125	1.30	−0.049	−0.53	0.142	1.54
卒業歴	高校卒	0.016	0.57	−0.034	−0.15	−0.228	−1.03	0.017	0.11
	大学卒	−0.160	−1.59	−0.032	−0.19	−0.364	−2.13***	−0.013	−0.21
	氷河期世代	0.068	0.72	0.103	1.09	−0.018	−0.19	0.084	0.90
入社前要因	雇用安定性（第1因子）	0.113	1.99**	0.138	2.43***	0.112	2.03**	0.039	0.72
	職務適性（第2因子）	0.155	2.82***	0.070	1.28	0.102	1.96**	0.140	2.61***
	勤務利便性（第3因子）	−0.106	−1.27	0.010	0.12	0.031	0.39	−0.070	−0.86
入社後要因	企業風土（イキイキ型）	0.312	2.86***	0.150	1.37	0.060	0.57	0.184	1.73
	組織特性 仕事内容・やりがい	0.726	6.52***	0.753	6.71***	0.459	4.26***	0.487	4.50***
	職場の人間関係・意思疎通	0.428	3.52***	0.314	2.58***	0.179	1.51	0.050	0.43
	人事評価・処遇のあり方	0.572	4.33***	0.501	3.77***	0.225	1.76	0.319	2.49***
	教育訓練・能力開発	0.526	3.95***	0.312	2.35***	0.152	1.18	0.451	3.48***
	雇用安定性（入社後）	0.063	0.58	−0.076	−0.69	−0.174	−1.60	−0.253	−2.33***
	エンパワーメント促進	0.120	1.59	0.269	3.51***	0.275	3.69***	0.198	2.67***
ロールモデル（1人）		0.291	1.96**	0.306	2.04**	0.235	1.63	0.335	2.32***
ロールモデル（複数人）		0.307	2.23***	0.282	2.05**	0.422	3.12***	0.546	4.03***
曖昧さ耐性（TA）		0.075	0.41	0.089	0.48	−0.061	−0.35	0.131	0.74
自己効力感		0.059	0.43	0.046	0.34	0.213	1.59	0.186	1.38

	E	F	G	H
Number of obs	631	631	631	631
LR chi 2（18）	398.76	334.36	185.47	232.64
Prob > chi 2	0.0000	0.0000	0.0000	0.0000
Pseudo R 2	0.2332	0.2045	0.1127	0.1396
Log Likelihood	−655.5861	−650.4854	−729.9735	−716.7714

注：レファレンスグループは，女性（性別），短大・専門学校卒（卒業歴），ロールモデルなし，TAなし，自己効力感なし.
*p<.10，**p<.05，***p<.01
出所：中嶌（2020b）.

きる.

　留意すべきは，表4-7において，（表4-6のモデルC・Dで認められた）自己効力感の正の有意性が消失することからも，「とりあえず定着層」に対しては，正社員という雇用保障のみでは，自発的な改善への取り組みを期待することが難しいことが考えられるため，自発的行動の促進が過大な負荷にならぬような人事労務管理面での配慮が求められるだろう.

4.6 結　　語

　以上，本章では，就職活動を行う若年層の8割程度が入社前に漠然と抱くと報告されてきた「何が何でも正社員として就職したい」という曖昧な進路・目的意識が入社後のキャリア形成に及ぼす影響を推定した．また，曖昧なキャリア選択の状況がその後の初期キャリア形成とどのような関わりがあるかというリサーチクエスチョンの下，労働需給両面からの検証を行った．

　まず，探索的因子分析の結果，入社直後の「とりあえず正社員」という志向性は「地元志向」「安定志向」「希望実現志向」「曖昧不安」「安心志向」の5因子から構成されることが判明した（表4-1）．一方，入社から6カ月経過時点の「とりあえず正社員として働いている」という「とりあえず正社員継続」については，「時間順序の選択性」「生活基盤の安定化」「日和見的・希望的観測」という3つの背景要因（3因子）が考えられた（表4-2）．

　また，表4-3の「とりあえず正社員継続」の規定要因分析から，就職先の志望順位の低さが曖昧な就業意識を引き延ばす反面，職場環境から受けるキャリア意識への影響度の大きさから，キャリア形成に向けた職場内外の環境改善が鍵になることが示唆された．

　加えて，入社時と入社6カ月後の2時点間における「とりあえず正社員」→「とりあえず正社員継続」→「キャリア意識」への影響をモデル化したパス解析（図4-1）により，「希望実現志向」や「安心志向」の高さは「時間順序の選択性」「生活基盤の安定化」と（正の）結びつきが強いことが分かった．さらに，もともと安定志向が高く，かつ，入職後も「とりあえず正社員」という曖昧な就業意識を引き続き持つ者ほど，人生プランやキャリア目標を保有する確率は下がる反面，将来的なキャリア選択の幅を拡げるような「時間順序の選択性（因子2-1）」の思考が機能する場合にはキャリア目標の保持に対してプラス効果が働く可能性が高まる．すなわち，入社後における「とりあえず正社員として働く」という就業に対する迷いを緩和させたり，具体的目標や将来ビジョンを抱かせるような人材育成・キャリア支援（キャリアコンサルティング）といった方策が自覚的なキャリア形成に寄与することが示されたことになる．ただし，図4-2の最終学歴ごとのキャリア意識への異なる効果がみられたことから，最終学歴を考慮に入れた（若手）社員の個別支援・キャリア支援のあり

方が鍵になる．とりわけ，大学卒以外群（グループD）における「曖昧不安（因子1-4）」→「時間順序の選択性（因子2-1）」「日和見的・希望的観測（因子2-3）」の正パス，および，「時間順序の選択性（因子2-1）」→「キャリア目標」への負効果より，雇用不安や将来不安を抱えたまま，曖昧な形で問題を先送るような意識状態が続く中でキャリア成熟は促進されにくい構造がうかがえた．

　次に，労働供給側からの「とりあえず正社員」意識に立脚した仮説①・③，および，労働需要側の仮説⑥・⑦・⑧が支持される結果を得た．これらの結果から，「とりあえず正社員」意識が必ずしも優柔不断で曖昧な否定的意識として，一面的に捉え切れない複雑さを看取した．

　本章では，就職困難な状況で卒業期を迎える若者が自分を信じて，困難な就職状況を乗り越えることで就職活動を通じた人間的な成長が見込めるばかりか，そこで培われる知識や経験は，会社内の良好な職場環境を維持するために有効な面があり，人事評価・処遇やキャリア開発支援の充実等の労働需要側の要因によっても，さらに引き伸ばすことが可能な要素となり得ることを見出した．

　本章の主題であった労働需要側の視座から若手社員のキャリア開発意識の向上に向けた提案について，本分析の結果より，以下の通りにまとめられる．

1. 会社内の良好なコミュニケーションは個人のキャリア開発志向を促す．また，仕事内容や意義の伝達が図られるオープンな関係性や伸び伸びと働ける企業風土作りは，各社員の会社に対する誇りとも関連する．

2. 人事評価・処遇のあり方に満足していない者のキャリア開発志向は高くない．換言すれば，適切な人事評価を通じた処遇により，キャリア開発を促進させることが可能である．

3. 充実したキャリア開発支援は社員のキャリア形成や能力開発を動機づけるための有効策といえる．ただし，「とりあえず正社員」で入社した者の中には現職を将来の目標に向けた一里塚と考える「時間順序の選択型」の就業者も含まれ得るため，定着支援のような強制的・指示的なものよりも養育的な人材育成が望ましい．

～補　論～
「とりあえず正社員」意識のバイアスがキャリア成熟に与える影響

　若者の「とりあえず」志向のキャリア形成面への影響を分析した研究（中嶌，2013a；2015a）は存在するものの，既存研究では「とりあえず」の扱いに関して被験者（回答者）の主観が介入する余地が残されており，分析レベルにおいて多義性が発生するという重大な問題があった．すなわち，「とりあえず」概念の下位次元構造が十分に解明されているとは言い難かった．

　そこで，本補論では，Blustein and Phillips（1988）に基づき，「とりあえず正社員」に含まれる意識バイアスを_A<u>意思決定における不安</u>，および，_B<u>職業環境探索における不安</u>の枠組みで捉える．すなわち，未知で不可解なものに対する態度の差である前者を「A．意思決定バイアス要因」（Holland，1997；Super，1980；Xu，2017；Lent and Brown，2020），曖昧な状況下における心理的不快感に対する許容度の差である後者を「B．思い描きバイアス要因」（Blustein and Phillips，1988）と想定する．

　以下では，上記A・Bの2つを仮説の前提に置き，この範疇で仮説設定を行う．

仮説1　時間選好仮説（説明変数：安定志向，時間選好バイアス，現在志向バイアス）
　公務員就業者の「とりあえず安定」を分析した中嶌（2013a；2015a）では，「とりあえず意識」「やむを得ず意識」「安定志向性」の3尺度により概念化を行い，「いち早く就職内定を獲得して安心を得たい」という存在論的安心感の強さを安定志向の高い者の特徴とする．とりわけ，希望進路が不明確な者ほどキャリア選択理由として安定職種であることが重要となる．つまり，公務員に限らず，安定した職業であるほど意思決定のハードルが下がる点を考慮して，第一の仮説を提示する．

　　仮説A-1　安定志向者ほど正規就業を望む．

仮説2・3　キャリア基盤形成仮説（説明変数：何が何でも正社員，自己効力感）
　キャリア発達上の課題への対処法として，Super（1984）は，「職業に就く準備をした上で，安定した職業に就き，その後の発達課題に取り組む認知的・態

度的な備え」としてキャリア成熟を定義する．日本でも進路成熟態度尺度（坂柳・竹内, 1986；坂柳, 1991）やキャリアレディネス尺度（坂柳, 1996；労働政策研究研修機構, 2007；松井, 2015）が開発されており，正規職であることが重要な意思決定因となる場合が多いことを勘案して，以下の2仮説を導出する．[4]

　　仮説A-2　正規就業へのこだわりの強さは職業キャリアの自律性を高める．

　　仮説A-3　特定の企業・業種・職種へのこだわりの強さは職業キャリアの先見性を高める．

仮説4　曖昧選好仮説（説明変数：正社員へのこだわりの低さ, TA, 曖昧選好バイアス）

　曖昧さ耐性（Tolerance of Ambiguity；以下，TA）とは，曖昧さという刺激に対する反応の程度を個人差とみなす心理的尺度（Budner, 1962）であり，TAと意思決定自己効力感との正の相関性を示す研究がある（Xu and Tracy, 2015）．例えば，曖昧さを享受し発奮材料にすることでキャリアビジョンの明確化に寄与する点を指摘したBartholomew and Horowitz（1991）を踏まえ，以下の仮説を導く．

　　仮説A-4　規就業へのこだわりの低さは，人生キャリアの可視性を高める．

仮説5　社会的選好仮説（説明変数：地元志向，社会的選好バイアス）

　「とりあえず地元」という地理的条件に基づく職業選好は，地域同一性や地域依存性の観点より，地元や地域社会に対する貢献意欲を高める（Moore and Graefe, 1994；Bricker and Kerstetter, 2000）ことが明らかにされていることから，次の仮説を導出する．

　　仮説B-1　地元就業は職業キャリアの関心性を高める．

仮説6　時間割引仮説（説明変数：段階的に目指す本命就職，時間割引率）

　将来の時間的展望は，意思決定の鍵要因であるばかりか，職業環境探索の不安を通して準備状況（例：Lack of Readiness）にも影響を与える（Walker and Tracey, 2012）．

　経済学的な見地より，近い将来の割引率が遠い将来よりも大きい人は，本意ではないが現時点で入職可能な正規職よりも，後々，本命就職に繋がるような

段階的なキャリアアップを志向する．この後者におけるキャリアビジョンを鮮明にする効果性（中嶌，2013a；2015a）より，将来における選択可能性集合の拡大という時間割引的メリットの大きさを勘案して，次の仮説を提示する．

　　仮説 B－2　　意図した不本意就業は職業キャリアの計画性を高める．

仮説 7・8　　リスク選好仮説 （説明変数：リスク選好バイアス）

　労働市場における選別（sorting）や自己選抜（self-selection）は職業キャリアに対するリスク選好と関連する（Caliendo *et al.*, 2009）．最終学校の卒業時点でキャリア選択が迫られるストレス状況下では，目前のやるべき課題（例：業界・企業研究）にフォーカスする対処法の有効性を主張する Latack and Havlovic (1992) を踏まえ，次の 2 仮説を立てる．

　　仮説 B－3　（リスクを恐れない）夢追求のための正規就業は人生キャリアの
　　　　　　　　自律性を高める．
　　仮説 B－4　（リスクを恐れない）夢追求のための正規就業は人生キャリアの
　　　　　　　　計画性を高める．

　以下，**図 4-4** に検証結果を簡潔に確認する．まず，「地元志向（因子2）」の職業キャリアの関心性・計画性への正効果は，親・家族や知人の影響によるキャリア志向性の明確化（Dietrich and Kracke, 2009）にも通じる効果であるため，仮説 B－1 は支持と判断する．

　一方，長期的展望に関しては，「希望実現志向（因子3）」の自律性への正の有意性が認められたことから，何らかの目的実現のために正規就業をする場合，「とりあえず正社員」の意識であってもキャリアの自律が促される可能性は高いと解釈できる．ただし，「安定志向（因子4）」は統計的に有意ではなく，本調査データからは，安定志向が高い者ほど正規就業へのこだわりが強いとは言えないため，仮説 A－1 は棄却する．

　また，「何が何でも正社員」という正規職への強い固執が職業キャリアの自律性，および，人生キャリアの先見性を高める．つまり，「希望実現志向（因子3）」の人生キャリアの自律性への正効果を勘案すれば，初職で希望就職を実現することは，職業キャリアの自律だけにとどまらず，中長期的な将来見通しも明るくすることに繋がると推察できる．したがって，こだわりの強い希望先で就職を実現することと職業キャリアの自律性の正の関連性から，仮説

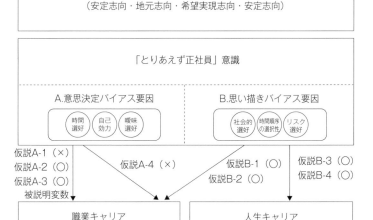

図4-4　「とりあえず正社員」意識バイアスとキャリア成熟(結果の要約)
注：〇．支持：×．不支持
出所：筆者作成.

A-2は支持と判断する.

　さらに，「何が何でも特定職業」が先見性で有意な正であり，単に就職先を決めるだけでなく，希望の職業（業種・職種）を実現することが職業キャリアや人生キャリアの可視性を高める鍵となる．したがって，特定の企業・業種・職種へのこだわりは職業キャリアの先見性を高めるという仮説A-3も支持できると判断する.

　加えて，「バイアス要因」カテゴリーの結果を検討する．まず，「時間選好」は，多くのモデルで有意値が得られた．自律性，関心性，（職業キャリアの）先見性における正効果より，キャリア選択における時間選好バイアスの影響度が大きい.

　ただし，「時間選好」については，遠い将来の時間割引率の大きさを重視する「時間選好性」と職業キャリアの関係は有意ではなく，現在志向バイアスと「とりあえず安定」という意識の間に関連性は見出せず，安定志向と正規就業へのこだわりに関する仮説A-1を棄却する.

　一方，「時間順序の選択性」の職業キャリア意識への影響は顕著であった．内定先企業なら次のステップに繋がるという意識は，段階的に希望就職を叶えようとする前向きな就業姿勢そのものを示唆する．こうした積極性は，経済学的な見地より，将来の不確実性に対するリスク選好概念として説明可能である．時間選好とリスク選好の両バイアスが共に有意な正であり，リスク回避的ではない挑戦的なキャリア志向（Derr, 1986）と看取できる．つまり，強い向上心を抱きながら目先の正規職に一旦就業する行為は，自律的なキャリア形成（「時間順序の選択的アプローチ」）の効果性とみなすことができるため，仮説B‐2を採択する．

　「曖昧選好」の効果については，有能感が高い人ほど曖昧な選択場面を好むというFox and Tversky（1995）の想定下で解釈すると，「曖昧選好」と「自己効力感」は正で同符号であるものの，いずれも有意ではないことから，仮説A‐4は棄却する．

　他方，人生キャリア意識へのバイアス要因の影響度は著しい．人生キャリアの自律性では，「時間選好」「自己効力感」「社会的選好」「リスク選好」で有意な正効果が得られたため，仮説B‐3は支持と判断する．同様に，計画性では，「自己効力感」「社会的選好」「リスク選好」が有意な正であり，リスク回避的にならずに夢や目標を追求することと人生キャリアのプランニングに関する正相関を想定した仮説B‐4も採択と判断する．

付記

　本章の4.1・4.2は，中嶌（2021b）の研究成果を基本としている．4.3以降は，中嶌（2018）の議論に労働需要側の視点を加えて，再分析したものである．

注
　1）小倉（2010）では，処遇への納得感が低い者ほど「割り切り志向」が高まる点を指摘する．
　2）Noe（1996）では，従業員の積極的参加の規定要因として，「地位」「上司からの支援」「環境的探索」「キャリア目標の到達見込み」を抽出し，パフォーマンス評価はキャリア管理と関連は少ないと指摘するものの，明確な入社動機やキャリア目標を持たないケースへの介入策の検討は不十分である．
　3）『若手社員の雇用管理とキャリア開発に関する意識調査』は，民間企業に勤務する入社10年目までの20代・30代の男女正社員を対象に2018年8月20日から8月23日にWeb調査法で行った．サンプルサイズ1000件である．

4 ）　大学生の未来志向を分析した Walker and Tracey（2012）では，valence（誘意性）
と自己効力感との関連の強さから，将来の時間的展望が重要なキャリア意思決定要因に
なり得ることを指摘する．

第5章

とりあえず志向の縦断的研究
——大学生の「とりあえず進学」から「とりあえず初職継続」 までの4時点間の検討

5.1 問 題 意 識

　本章の目的は，個的縦断研究法の手法を用いて，曖昧な進学動機で入学して きた大学生のキャリア成熟過程について，4年間にわたる継続的なキャリア教 育受講の効果を通して検証することである．例えば，「とりあえず大学に進学 した」と「とりあえず大学だけは卒業しておきたい」では，同じ大学進学者に よる「とりあえず」意識であるものの，前者（大学進学）と後者（大学卒業）は 動作性か状態性かという違いだけでなく，大学4年間における成長（個人内変 化）と環境要因（個人間変化）に応じて，質的内容は大きく異なることが考えら れる．

　しかしながら，既存研究では，曖昧な進路選択状況を取り巻く交絡要因への 配慮が十分ではなく，時間経過を考慮した発達的変化まで射程に入ったものと は言い難かった．また，「とりあえず進学」で入学した者の4年間を通した キャリア意識の変容の特徴を，キャリア教育効果とキャリア成熟の関連から捉 える観点は，教育的介入を考える上でも重要である．

　日本の大学・短大進学率は58.1％（2019年度）と過去最高であり，『学校基本 調査』によると，進学希望者と入学定員がほぼ同数になると予測された2007年 時点で定員割れをした私立大学は221校（全体の40％）にのぼり，多くの私立大 学では専願である指定校推薦枠を拡張させ，推薦系入試を増やす対応を余儀な くされた．

　こうした私立大学の量的拡大，および，大学の大衆化の流れの中で，大学教 育の質的向上を理由とした私立大学の定員厳格化の動きは，私立大学への入試 基準の難易度を高めることとなり，「とりあえずワンランク下の入学可能な大 学に進学しておこう」という進学希望者を結果的に増大させた（長谷 川，2016）．また，労働政策研究・研修機構（2006）の調査では，希薄な進路動

機・目的意識で大学進学を決める「とりあえず進学」が有効回答数 1 万8500人の約 4 割 (39.7%) であることが確認されている.

　加えて，2011年から，中央教育審議会大学分科会質保証システム部会「大学における社会的・職業的自立に関する指導等 (キャリアガイダンス) の実施について」(2009年) に基づき，多くの大学が教育課程にキャリア教育を位置づけることとなった.

　以上の点を大学でのキャリア教育実践に引き付けて言及すれば，大学教育の質の確保や高校生の学習意欲の低下と併せて議論すべきは，進路動機・目的意識が十分ではない大学進学者へのキャリア教育の効果の検証ということになる.

　従来，日本の大学等における職業教育については，キャリア教育の効果測定テスト (CAVT：下村, 2013) を用いた検証がなされており，キャリア教育科目の受講が就職活動やキャリア意識に好影響を及ぼすことが実証されている (下村・八幡・梅崎・田澤, 2013). また，自然実験アプローチから選択バイアスや内生性の問題を克服しながら実験群と統制群の対比を通して事前・事後分析を行った平尾 (2019) は，理系よりも文系，女性よりも男性におけるキャリア教育効果の有効性を示した.

　しかし，従来のキャリア教育効果を計測した研究の多くは短期的スパンにおける検証にとどまっており，事前・事後の研究デザインでは，キャリア意識の涵養の個人差を把捉できないという限界があった. すなわち，キャリア教育効果の持続性の検証，あるいは，継続的なキャリア教育の効果性の解明が十分ではない現状にあった.

　上記のような問題関心の下，本章では，少数事例研究を通した縦断的データの変化を追い，「とりあえず進学」を起点とし，その後のキャリア意識が成熟していく過程を，継続的なキャリア支援 (キャリア教育) の教育効果の観点から検証することが目的である. 具体的には，構造方程式モデリングを用いて，「とりあえず進学」「とりあえず正社員」「とりあえず初職決定」「とりあえず初職継続」の 4 つの時点における「とりあえず」志向の変遷に着目する.

5.2 「とりあえず」志向の概念整理

5.2.1　とりあえず進学

　進路動機や目的意識が希薄な「とりあえず進学」という意識（文部科学省，2006）については，大学等への進学後の目標の鮮明度と進路選択自己効力とを関連付ける研究がある[1]（山口・堀井，2017）．大学進学の動機は，渕上（1984）や五十嵐・佐藤（2011）により，5因子構造であることが示されており，「目的はあまり考えずにとりあえず大学進学しようと思った」（労働政策研究・研修機構，2006）という動機は「消極的なモラトリアム型」と定置される．

　一方，文部科学省（2006）では，高校3年の段階で希望の職業進路が具体化しないまま短絡的に職業と関連付ける学部学科選択の仕方が，その後の柔軟な職業選択の弊害になる可能性を指摘する．ただし，高校卒業時点の「とりあえず進学」意識が入学後の職業や進路に関する意思決定に及ぼす影響については未解明であり，研究の余地が残されている．

5.2.2　とりあえず正社員（定職）

　次に，新規学卒時の就業形態については，就職活動の期間中，公務員試験や国家試験を経由して就職を目指す者ほど「就職内定＝学業達成（ゴール）」という発想に陥りやすい傾向がみられる．

　公務員就業者を分析対象とした中嶌（2015a）では，「とりあえず意識」「やむを得ず意識」「安定志向性」の3尺度を用いて，それらの強弱関係より，①存在論的安心（自分がここに存在している理由に自分で確信が持てる安心感），②目的論的安心（自分が目標を達成すべく活動していることに確信が持てる安心感），③存在論的不安（自己の存在意義について確信が持てない不安感），④目的論的不安（実社会の本当のところがほとんど分からず目的が見えていない不安感）の4次元で捉える．例えば，次元③・④の不安感が強い就活生については，とりあえず就職先の確保を優先し，志望動機も固まらないまま，数だけ沢山受けることで次元②の安心感を満たそうとするタイプと思考できる．

　さらに，中嶌（2013a；2015a；2017a）では，「時間選好性（いち早く内定を獲得して安心を得たい）」と「時間順序の選択性（本意ではないものの次のステップに繋がる）」という2つの時間的要素の観点から分類し，後者と職業キャリア意識と

の正の有意性を指摘した．前者（後者）は上記の次元①（次元②）と対応関係にあるため，本分析でも，この 2 尺度を用いる．

5.2.3　とりあえず初職決定

一方，従来，キャリア選択の場面における「とりあえず」という曖昧な意識の検討は，就職を決められない否定的要因として帰着させる議論にとどまってきた．リクルート（2000）では，在学中からアルバイトをしながら就職を目指していたが実現できず，現在も就職活動を続ける「就職志向型」やフリーターを続けていく中で正社員になりたくなくなるタイプを注視する．また，フリーター調査を分析した上西（2002）は，「とりあえず，いつか，きっと」という曖昧な姿勢が「とりあえずフリーター」を助長するという観点から，移行経路における曖昧な就業意識を危機意識の欠如と捉えた．確かに，就業意識の曖昧さは就職に関する意思決定に要する時間の長さと無関係ではないだろう．

一方で，働く目的や就業意識が十分に成熟しないまま，「とりあえず」さまざまな会社を訪問し，「とりあえず」1 社内定が得られたところで初職を決める事態が発生している．こうした傾向は，就職氷河期世代ほど顕著にみられるとの報告もある（「就職氷河期世代と呼ばれて・上」『日本経済新聞』2009 年 6 月 16 日号（夕刊））．

ただし，「とりあえず正社員」意識で入社し，その後に初職の雇用安定性（職業生活満足度の一指標）をあまり強く感じていない者ほど自発的なキャリア開発志向性が高まる傾向を発見した中嶌（2020a）を勘案すれば，「とりあえず」という曖昧な入社意識を否定的要因として，一面的に帰着させることは慎むべきであろう．

5.2.4　とりあえず初職継続

その一方，「とりあえず今の仕事を続けよう」（上西，2002）という不鮮明な将来展望も起こり得る．[2] 日米韓の正社員に対して「とりあえずこの会社で定年まで働き続けたい」という意識の国際比較を行った中嶌（2020a）によれば，米国が日本・韓国の約 2 倍（30.5%）であり，現職に対する心理的アタッチメントの強さを見出す．

他方，「とりあえず就職，鍛えてもらったら次のステップへ」（『週刊ポスト』32（16），2000 年）という見出しで新入社員が紹介される通り，日本の正社員で

は「状況次第で別の会社に転職する (20.5%)」が米国・韓国より有意に高く，その背景要因を探った中嶌 (2020a) は，「なんとなく漠然とした不安」が「とりあえず正社員」意識を規定する点を確認している．

5.3 使用データ

5.3.1 縦断調査の概要

「若年者の進路選択意識とキャリア成熟に関する縦断調査 (以下，本調査)」は，筆者が担当する私立 A 大学の専門ゼミナール (「キャリアデザインゼミ」，以下，本ゼミナール) の在学生・卒業生である20歳代の男女を対象に在学中から継続して行った質問紙調査であり，追跡調査を継続することで修学・就業や社会活動における意識面の変化の過程に注目した．ここでは，曖昧な進路・目的意識の変化の過程や変数間の因果関係を把握し，キャリア教育実践の改善のための手がかりを得ることを目的とした．

まず，最初に受け持った本ゼミナールの 2 年生14名を対象に，第 1 回調査を2011年10月に開始した．大学 1 年時点の学習状況データは，全入学生に対して実施するプレースメントテストの得点を用いて補う．その後，就職活動が本格化する大学 3 年後期に第 2 回調査 (2013年 1 月，N＝12) を実施した．

学習状況データとして，本ゼミナール内で必須とするニュース時事能力検定 (N検 2 級) とワークルール検定 (WR検初級) の受験状況，および，3 年次必履修科目「キャリアアップ」授業内で実施する一斉模擬試験 (適性模試) のスコア・受験率を活用する．さらに，卒業年次 (大学 4 年の後期) に第 3 回調査 (2013年10月，N＝12)を行い，就職活動中や就職先決定時の意識を尋ねた．また，GPA (大学卒業時点) も 4 年間の学習状況データとして用いる．大学卒業後の追跡調査については，卒業の翌年度 (2014年 5 月) に第 4 回調査[3]の依頼をかけ，賛同を得た卒業ゼミ生のみを対象に実施した．その結果，5 年間で計 4 回の追跡調査を通じた縦断調査データを作成した (研究デザインは図 5－1 のフローを参照)．

以降，同様の手順で，2 期生 (2014年度卒業生) から 7 期生 (2019年度卒業生) まで都合 8 年間，同一項目の質問紙調査をほぼ同時期に実施した．

上記の要領で，2013年度卒業生 (第 1 期生) から2019年度卒業生 (第 7 期生) までデータ欠測部分を除去しつつ，データ整備をした結果，最終的に，2019年度までの全卒業ゼミ生76人のうち回答に欠損がなかった50人[4] (男子36人，女子14

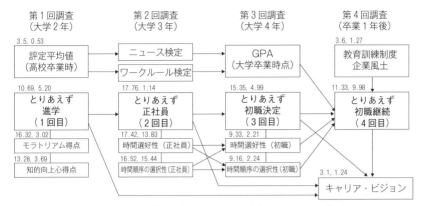

図5-1　「とりあえず進学」とキャリア成熟に関する研究デザイン

注：左肩に表示した数値は平均値，標準偏差.
出所：Sortheix *et al.*（2015）モデルに基づき筆者作成.

人，平均年齢24.6歳，回答率65.7％）のパネルデータを得た.

5.3.2　分析対象者の特徴

　本章の分析対象は，大学4年間を通じてキャリア教育を継続的に受講した者という特徴がある．サンプル50人の平均，標準偏差は**図5-1**に数値で示す通りである．おおむね95％のデータが，平均±2×標準偏差の間に含まれており，とりわけ就職活動開始前（大学3年）である「とりあえず正社員（2回目）」が標準偏差（1.14）の値からも高めの平均値に集中することが分かる．これより，「とりあえず正社員」は一般の大学生に広くみられる志向性と推察できる.

5.3.3　変数の概要

　本章では，個人の内的志向性の職業生活への影響度の大きさを縦断的視点から明らかにしたSortheix *et al.*（2015）の構造方程式モデリング（SEM）の手法を援用する．**図5-1**に示す通り，大学進学者における曖昧な進路選択状況を起点にしたキャリア成熟の過程について，「とりあえず進学」「とりあえず正社員」「とりあえず初職決定」「とりあえず初職継続」という独自の縦断調査尺度を用いて検討する．なお，本分析では，統計ソフトSTATA/IC15.1を使用する．分析に用いた尺度は以下の通りである.

表5-1　大学進学をする理由（主成分分析）

項　目	第一主成分	第二主成分
すぐに社会に出るのは不安だ	.479	−.061
大卒の学歴が欲しい	.425	−.011
幅広い教養を身につけたい	.386	.287
自由な時間を得たい	.362	−.289
将来の仕事に役立つ勉強がしたい	.247	.507
専門的な研究をしたい	.271	.350
固有値	2.28	2.07

	因子間相関	第一因子	第二因子
	第一因子	－	.547

資料出所：「若年者の進路選択意識とキャリア成熟に関する縦断調査」2019年.

第1回調査

　「とりあえず正社員」尺度は，「目的はあまり考えずにとりあえず大学に進学しようと思った」の5段階評定の回答を用いる．加えて，斉藤（2002）を援用し，「大学進学の理由としてどの程度の意識がありましたか」という教示文のもと，9個の大学進学理由（5段階尺度）で主成分分析をしたところ，固有値が2.0以上の解は2つ得られ，2因子構造（7項目）であることが判明した（表5-1）．

　第一因子は，「すぐに社会に出るのは不安だ」「大卒の学歴が欲しい」「幅広い教養を身につけたい」「自由な時間を得たい」で構成されるため，「モラトリアム」と命名する．第二因子については，「将来の仕事に役立つ勉強がしたい」「専門的な研究がしたい」であることから「知的向上心」とする．本章では，それぞれの主成分ごとに該当する項目数を合計し，「モラトリアム得点」・「知的向上心得点」として得点化する．

第2回調査

　「とりあえず正社員」尺度は，「とりあえず正社員になりたい」の5段階評定の回答を用いる．加えて，中嶌（2013a；2015a）を踏まえ，「初職で正社員になっておけば安心（時間選好性）」「初職で正社員になっておけば次のステップに繋がる（時間順序の選択性）」の2つの項目（5段階尺度）をそれぞれ合成し，「とりあえず正社員（時間選好性）」「とりあえず正社員（時間順序の選択性）」として得点化する．

第3回調査

　「とりあえず初職決定」尺度については,「状況次第で別の会社に転職するのもありと思った」を代理変数に使用する.また,「内定した企業で働いておけば安心（時間選好性）」「内定した企業で働いておけば次のステップに繋がる（時間順序の選択性）」の2つの項目（5段階尺度）をそれぞれ合成した「とりあえず初職決定得点」を用いる.

第4回調査

　卒業ゼミ生の現時点の意識として,「とりあえず初職継続」尺度については,「いまの職場で定年退職まで働き続けたい」という項目（5段階評定）を用いる.

　また,「（転職・独立等）将来のキャリア・ビジョン」の5段階尺度を被説明変数として採用する.

5.4　推定結果

5.4.1　構造方程式モデリング（パス図）の検討

　本研究では,大学入学後の学習状況を媒介として,「とりあえず志向」尺度に影響を与えるモデルを検討するために共分散構造分析を行った（図5-2）.なお,本分析では卒業年の異なるコーホートデータを扱う点を考慮して,評定平均値（高校卒業時点）と外生変数である若年失業率（15～19歳平均,内閣府）を統制し,有意ではないパスを削除し,モデル内のパスがすべて有意水準になるまで繰り返した.最終的なモデルを図5-2に示す.

　このモデルの適合度指標は,GFI＝.980,AGFI＝.959,CFI＝.963,RMSEA＝.051と各指標とも許容できる範囲のあてはまりの良さを示した.モデルの適合性が支持されたことから,図5-2のパス図を使って,「とりあえず」志向の時間変化を考察する.まず,「若年失業率」→「とりあえず進学（入学時）」のパスが有意な正（+0.48）であり,縮小化する高卒労働市場と曖昧な進路動機の進学者の増大との関連の高さを示す結果を得た.

　また,「とりあえず進学（入学時）」→「とりあえず正社員（大学3年）」→「とりあえず初職決定（大学4年）」のパスで一貫して有意な正値が得られた.すなわち,「とりあえず」という曖昧かつ不鮮明な意識は新卒労働市場における不

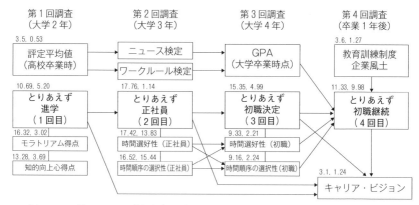

| 第1回調査
(大学2年) | 第2回調査
(大学3年) | 第3回調査
(大学4年) | 第4回調査
(卒業1年後) |

図5-2 「とりあえず志向」の成熟に関する構造方程式モデリング (パス図)

注：左肩に表示した数値は平均値，標準偏差.
出所：Sortheix *et al.* (2015) モデルに基づき筆者作成.

安要素の発露としてだけでなく，大学でのキャリア教育や職業指導による学び
を通じた正社員就職という具体的目標の認識や初職の決定が，行動実践面から
キャリア成熟を促す要素になり得る可能性が高いことが推考できる.

　なお，縦方向のパス係数の結果からは，「とりあえず進学（入学時）」がモラ
トリアム志向得点（＋2.21）に対して正の有意性，かつ，知的向上心得点（−
0.64）と負の相関にあることから，労働政策研究・研修機構（2006）の「とりあ
えず進学」尺度の背景には，自己成長や人格形成への達成動機よりも自分自身
と対峙し暗中模索するための時間の確保という意味合いの強さを看取できる.

　他方，「とりあえず正社員（大学3年）」の縦方向パスより，「時間選好性」（＋
0.43），および，「時間順序の選択性」（＋0.50）とも正の有意性が認められた.
ここでの結果から，労働政策研究・研修機構（2006）が指摘する「（とりあえず）
何が何でも正社員になりたい」という意識の背景には，「初職で正社員になっ
ておけば安心」，および「初職で正社員になっておけば次のステップに繋が
る」の両側面が含まれ得る可能性が示唆された.

　加えて，「とりあえず初職決定（大学4年）」から「とりあえず初職継続（卒業
1年後）」への横パスは有意な負（−0.40）であることから，「とりあえずこの内
定先（初職）にしておこう」という初職決定時における入社動機や就業目的の
貧弱さは，就業後の初職継続に対するインセンティブの薄弱と無関係ではない
と推察できる.

　次に，学習状況との関連について考察する．「ニュース検定 2 級」（+0.22）と「ワークルール検定初級」（+0.68）はどちらも「GPA（大学卒業時点）」に対して有意であるが，ワークルール検定の影響の方が大きい．また，GPA 得点から「とりあえず初職継続（卒業 1 年後）」意識へ正効果（+0.42）は，教職課程学生の学業成績（GPA 得点）と本意就職内定（教諭採用）の関連の強さを明らかにした辻本他（2015）の調査を鑑みれば，第 1 志望の本命企業への入社であることが，「いったん辞してみる」という発想は起こりづらくする結果，リテンション効果（人材の確保・維持）を高めることが考えられる．

　では，大学 4 年次にキャリア目標を見据えた進路先を決定することとキャリア成熟との間にはどのような関係が存在するのだろうか．この問いに対する解をパス図の有意性から汲み取ることができる．図 5-2 より，「とりあえず進学」→「モラトリアム得点」→「とりあえず正社員（時間順序の選択性）」→「とりあえず初職決定（時間順序の選択性）」→「キャリア・ビジョン」というパス係数の正の一貫性（+2.21→+0.76→+0.28→+0.54）を確認した．

　注目すべきは，「とりあえず初職決定（大学 4 年）」と「とりあえず初職決定（時間選好性）」・「とりあえず初職決定（時間順序の選択性）」との共分散において，符号条件の異なる有意値が得られた点である．前者（-0.52）からは，状況次第で離転職に踏み切ることに対する消極性，および，後者（+0.69）における将来的な離転職を含む変化・追加の可能性の高さを抽出することができたことになり，中嶌（2009a : 2015a）とも合致する．

　つまり，「とりあえず初職決定（時間順序の選択性）」と「キャリア・ビジョン」の正パスの有意性より，段階的に，かつ柔軟性を持って行動実践を積み重ねる経験とキャリア意識の涵養とが不可分の関係にあると考察できる．自己変容に向けた自律性やモチベーション管理の重要性を説いた Ryan and Deci（2000）を踏まえると，モラトリアム志向の入学者であっても，自己対峙の機会を持ち，当事者視点からキャリア・ビジョンを明確化したり，初職を決定するという行動実践そのものがキャリア成熟に繋がるという解釈が可能となる．

5.4.2　ブートストラップ法[5]による検討

　前節で検討した図 5-2 における，「とりあえず進学」とモラトリアム得点（+2.21）との有意性の高さより，大学 4 年間という長さがキャリア成熟のための猶予期間として持つ意味の大きさが示唆された．このことは「GPA（大学卒

表 5-2 因果モデルにおける学習状況を媒介とする「とりあ
えず初職決定」への効果

説明変数 (学習状況)	「とりあえず初職決定（時間選好性）＋（時間順序の 選択性）」への総合効果		
	Coef.	Bootstrap SE	Z
GPA	.044	.278	.16
N 検 2 級	.603***	.279	2.16
WR 検初級	.974***	.273	3.56
本意就職内定	.121***	.059	2.05
説明変数 (学習状況)	「とりあえず初職決定（時間順序の選択性）」への部 分効果		
	Coef.	Bootstrap SE	Z
GPA	.412**	.224	1.93
N 検 2 級	.164	.196	.83
WR 検初級	.250	.270	.93
本意就職内定	.046	.040	1.15

注：上段のモデルは Adj R-squared＝.953，RMSE＝.482
下段のモデルは Adj R-squared＝.967，RMSE＝.680
資料出所：「若年者の進路選択意識とキャリア成熟に関する縦断調査」2019年.

業時点)」→「とりあえず初職継続」への正のパス（+0.42）からも裏付けられ
た.

　ここでは，キャリア教育の職業的意義を勘案して，大学教育における重要な
学習状況指標である GPA 得点の「とりあえず初職継続」への効果性の背景を
検討すべく，キャリア教育内容が初職決定とどのように関わるかを検証する.
具体的には，ブートストラップ法（1000ブートストラップ）を用いて，バイアス
修正済みの信頼区間推定による媒介分析を行った.
　表 5-2 の上段より，「N 検 2 級」の媒介効果の95％バイアス修正信頼区間
は，上限が0.152，下限が0.055であり，「とりあえず初職決定」（＝「とりあえず
初職決定（時間選好性)」＋「とりあえず初職決定（時間順序の選択性)」）に有意な
正効果を示した. また，「WR 検初級」も同様に有意な正であった（媒介効果の
95％バイアス修正信頼区間は上限が0.151，下限が0.437）. 加えて，**表 5-2** の上段で
は「本意就職内定」の正効果が得られており，第一志望の本命企業内定は自己
充足の要素が大きいと判断できるため，限定合理的な安心感から職業の決定に
直結しやすいことが推察された.

一方，GPA は有意値ではなかったものの，**表5-2**の下段に示す通り，被説明変数を「とりあえず初職決定（時間順序の選択性）」に限定して再推計すると，正の有意性が出現した．ここでの考察より，「とりあえず進学」意識で入学した者であっても，学習習慣や就職基礎力を段階的，かつ，着実に習得していくことが，自律的な就職先決定のために必要な素養を身につけるための一手段になり得るという解釈ができる．上記の解釈より，個人の職業レディネスが「キャリア適応性」の鍵になるとした Savickas（2005）や坂柳（1991）との共通性を見出すことができる．

5.5 結　語

以上，本章では，在学中にキャリア教育を継続して受講してきた大学生の入学から卒業1年後までの4時点（5年間）の時間経過を通した縦断的分析を行い，「とりあえず」志向の発達的変化を検討した．以下では，曖昧な進路選択のあり方とキャリア成熟の関連について，学習状況を介した「とりあえず」志向の縦断的変化に関する推定結果について，キャリア教育実践の教育的意義を踏まえながら要約する．

まず，分析対象者50人のパネルデータにより描かれた「とりあえず」志向の4時点の軌跡パターンにはばらつきが見られ，大学進学や職業選択という人生の大きな分岐点にある若者が抱く「とりあえず」志向の複雑かつ多様な側面がうかがえた．

大学入学時の「とりあえず進学」は比較的高い得点に集中したものの，大学2～3年次の学びを通じて，「とりあえず正社員になりたい（平均17.76，分散1.14）」の平均値が最も高まり，ばらつきも小さいことから，一般の大学生に最も広くみられる志向性であることを認識した．

また，**図5-2**の「とりあえず進学」→「モラトリアム得点」→「とりあえず正社員（時間順序の選択性）」→「とりあえず初職決定（時間順序の選択性）」→「キャリア・ビジョン」の一連の正パスより，モラトリアム志向で入学した学生であっても，自己と対峙する機会を持ち，キャリア・ビジョンの明確化を図りながら職業を決定する経験を経ることを通して，キャリア成熟が図られる可能性が高いことを実証した．これより，自己回顧の機会を提供し，行動実践を誘発する可能性を高めるという「とりあえず」志向の特徴を跡づけたことにな

る.

　一方で,「とりあえず正社員 (時間選好性)」「とりあえず正社員 (時間順序の選択性)」では分散値が大きく,「とりあえず正社員」という意識の中にも「(絶対に) 正社員になりたい」「とりあえず決まった内定先に行く」「なんとなく」等, 多義的な意味を内包する幅の大きさを確認した.

　他方, キャリア教育の影響を念頭に置いた分析からは,「目的はあまり考えずにとりあえず大学に進学してみようと思った」(労働政策研究・研修機構, 2006) という意識の発達的変化の具体的特徴の一端を把捉できた. とりわけ, 注目すべき点は, 曖昧な進路選択の背景に潜むさまざまな不安要因を抱く学生に対して, 大学側の適切な就職・キャリア支援により, (彼らの) 段階的かつ計画的なキャリア意識形成に寄与できるという点であった. ブートストラップ法を用いた, 学習状況を媒介とする「とりあえず初職決定」への効果の影響から, ニュース時事能力検定 (N検2級) やワークルール検定 (WR検初級) の資格・検定対策を通じた学びが当事者意識を植え付け, 正社員就職という具体的目標の認識や企業選びという行動実践を促す可能性が高いことを確認した (表5-2).

　加えて, 卒業時の GPA 得点の「とりあえず初職継続」への有意な正効果 (+0.42) からは, 地道な学習習慣や就職基礎力の育成を媒介したキャリア意識の成熟過程を通して初期キャリアを確立していく軌跡をたどることができた.

～補　論～

ディベート論題解説：「とりあえず正社員になることは得策である．是か非か」

　アカデミックディベートとは，裁判のように，1つのテーマ（論題）について，肯定側と否定側の2者に分かれ，立場を明らかにした上で，第三者である審査員を説得するために議論を行う競技である．辞書によれば，議論とは「お互いに自分の説を述べ合い，論じ合うこと．意見を戦わせること．また，その内容」（『広辞苑』第6版）とある．

　本補論では，2.2.1で紹介したとりあえず志向の多次元性に関する予備調査の一環で行ったグループワークの様子を紙面上で再現する．具体的には，2018～2019年度の大学2，3年生（ゼミ生）を対象に「とりあえず正社員になることは得策である．是か非か」という論題でミニマムディベートを行った．

　以下，STEP 1～STEP 5の実施手順を紹介する．STEP 1では，「賛成」「反対」「どちらでもない」の3グループ（1グループ4～5人）に分かれ，グループごとの話し合いを行う．STEP 2では，各立場の代表者からグループの意見を発表してもらうのであるが，「主張＋根拠」を意識した発表であるか（根拠から主張を導くことを「推論」という）を評価のポイントとした．CoDA全日本ディベート連盟の大会ルールブックによれば，立論の三要素として，賛成側のメリット（M）には「①内因性（論題を採っていないために発生している問題がある），②重要性（その問題がとても深刻であり，解決が求められている），③解決性（論題を採用すればその問題は解決できる）」という三段階がある．他方，反対側のデメリット（D）は「①固有性（論題がなければ発生しない問題である），②問題の発生過程（論題を採用することで新しい問題がどのように発生するのか），③深刻性（その問題は論題を否定する理由として考慮すべき深刻なものである）」という3ステップで展開される．ここでは，「とりあえず正社員になっておくこと」という論題（プラン：P）の導入により，これらの問題がどのように変わっていくかを議論する展開になる．

　STEP 3では，対立意見に対する質疑を行い，立論内容や議論の弱点について明らかにしていく．続く，STEP 4では対立意見の内容に対する反論（反駁）を2回ずつ行う．つまり，双方の主張（M・D）の価値（重要性・深刻性）の比較を

106

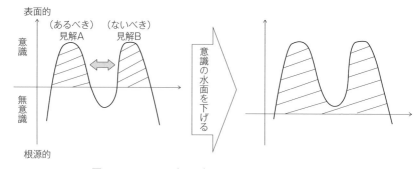

図5-3　2つの山モデル（とりあえず正社員の賛否）
出所：舞田（2014）「社員が惚れる会社と，キャリアの哲学教育」の講演資料を参照.

行う．競技ディベートでは，ここでの攻防が優劣の大勢に影響するわけだが，相手のプランを批判的に捉え，突っ込めているかを採点のポイントとした．同時に，客観的な答え（白黒という明確な解）を導き出すことの難しさを双方の立場から理解を促すことに重点を置いた．最後に，STEP5で主観的な立場から判断を下すこと（優劣の判定）を行うのである．

　ただし，図5-3の左図のように，「あるべき（賛成）」と「ないべき（反対）」という対立の構図は，あくまでも表面的な意識レベルで捉えた状況に過ぎないことに留意しなければならない．意識の水面（横軸）を少し押し下げた図5-3の右図のように，一見，対立する見解A・Bが，実は根底では繋がっているという場合も起こり得る．つまり，この2つの山モデルの共通要素に目を向けることが物事の本質を把握するために有効となることも考えられるだろう．例えば，キャリアカウンセリングの臨床場面において，キャリアコンサルタント（CC）はクライアント（CL）の相談内容について白黒が明確に決められない時こそ，あらゆる可能性を探りながら，CLに寄り添う姿勢が求められる．

　図5-4は，実際に学生がミニマムディベートを行った結果表（一部）である．優位性の相対比較によりM＞Dであるならば，この論題（P）を採択することになり，とりあえずでも何でも，新卒時点で正社員になっておくことは有効ということになる．逆に，M＜Dと判定されるなら，このPの導入に対しては慎重であるべきという判断になる．つまり，腰掛け的に生半可な気持ちで入社することは，個人だけでなく企業にとっても得策ではないということになる．

〈現状分析〉

＊日本企業は人手不足の状況にある

＊若者の間で早期離職がなかなか減らない（若年労働市場における七五三現象）

＊具体的な進路や希望の就職先を自分事として積極的に決められない若者が増えている

＊日本の新卒一括採用方式の下では新卒時点の経済・就職状況が個人のキャリア形成に与える影響が大きい（世代効果）

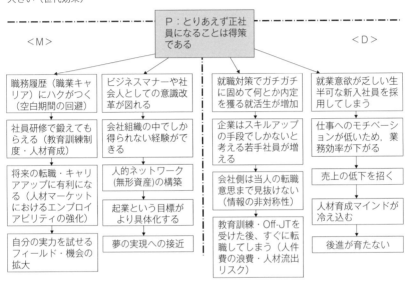

図 5 - 4　とりあえず正社員の賛否に関するマッピング（T 字モデル）

出所：筆者作成.

付記

　本章は，中嶌（2020c）の研究成果を基本としている.

注

1 ）　山口・堀井（2017）では，「とりあえず進学」の下位カテゴリーを「ポジティブ」「ネガティブ」「身分の保障」「社会的風潮」の 4 尺度で捉える.

2 ）　フリーターを分析対象とした上西（2002）によれば，「社会人アルバイト」は 3 年後の実現していたい働き方として強く望まれないものの，「とりあえず今，この仕事（社会人アルバイト）を続けるか」という問いに対しては男性 4 割，女性 5 割が賛同するという.

3 ）　現時点における就業意識（ 3 問），職場の風土や人材育成に関する意識（ 1 問）であり，主観的な会社評価を項目に加えた.

4 ）　卒業年別の対象者は，2013年度卒業（ 1 期生） 4 名，2014年度卒業（ 2 期生） 5 名，2015

　　年度卒業（3期生）8名，2016年度卒業（4期生）8名，2017年度卒業（5期生）8名，2018
　　年度卒業（6期生）7名，2019年度卒業（7期生）10名の合計50名である．
　5）　1つの標本集団から復元抽出の反復により母集団の性質を推定する方法である．より精緻に解釈できるだけでなく，擬似相関の回避等のメリットもある．

第6章

とりあえずフリーター
──正規就業を積極的に表明しない心理の概念構造の分析

6.1 問題意識

　日本の雇用システムにおいて，最終学校を出た直後に就く職での経験がその
後のキャリア形成に与える影響は決して小さくはない(堀田，2010；Bazerman and
Moore, 1994)．新卒一括採用の雇用慣行は，限定合理的な制約を受けた新規学卒
者の意思決定を可能にし，彼らを遅滞なく社会に押し出す市場調整機能を果た
してきた側面がある．

　その一方で，1990年代後半以降，高校卒業時の希望進路を「フリーター」と
するような，旧来型の進路指導・キャリア教育が通用しにくい層（以下，「とり
あえずフリーター」層）が確認されている（リクルート，2000）．従来の若年雇用・
フリーター研究では，さまざまな理由により定職に就かない層（学卒無業者，失
業者，ニート，SNEP）や非正規労働者・フリーター等の新規学卒時における就業
形態が注目され，定職の有無や移行経路の安定性からの議論が盛んである一
方，背景事情が異なる対象群の階層意識についてサブグループごとに論じる必
要性が指摘されてきた（本田・堀田，2006；耳塚，2004）．無論，曖昧さや不確実
性を伴う新規学卒時点で積極的に正規就業を表明しない層（「とりあえずフリー
ター」層）の内的要因や心理構造の研究は十分ではなかった．初期キャリアの
段階における階層格差を検討することは，日本社会の階層構造や階層間格差の
趨勢を考える上でも重要である．

　そこで，本章では，正規就業していない対象群を単なる一就業形態（「フリー
ター」）から捉えるのではなく，意識状況を含めた「とりあえずフリーター」尺
度と定義し直した上で，一般概念（第2次構成概念）の概念構造分析を通して，
正規職を選択しない心理的要因を明らかにすることが目的である．本視点から
の検討は，曖昧・不安要因が大きい対象群に対して，キャリア選択行動への心
理的なハードルの引き下げに寄与できるだけでなく，若者支援側の立場から

も，より実態に即した若年雇用対応策を考える契機になり得ると考える.

　次節では，「とりあえずフリーター」という明確に正規就業を意思表明しない心理的要因について，論理学・キャリア心理学・教育社会学分野からの先行研究分析を行い，7つの仮説を設定する.

6.2 先行研究から導かれる仮説

6.2.1 「とりあえずフリーター」の論理学的アプローチ

　従来の就業形態は，正社員および公務員を「典型就業」，それ以外の働き方を「非典型就業」と呼称されてきた (小杉, 2010；堀, 2007；山本, 2011). 一方，フリーターの分類については，労働省『労働白書』(1991) では「年齢は15〜34歳と限定し，①現在就業している者については勤め先における呼称が『アルバイト』または『パート』である雇用者で，男性については就業継続年数が5年未満の者，女性については未婚の者とし，②現在の無業の者については家事も通学もしておらず『アルバイト・パート』の仕事を希望する者」と定義されるものの，統一された定義は存在していない (小杉・堀, 2002). なお，年齢階級別にみたその割合 (2019年時点) は，25〜34歳 (24.8%) では，ほぼ横ばいで推移するものの，15〜24歳 (50.9%) で増加している (総務省統計局「労働力調査」令和元年).

　このフリーターという言葉は1980年代当初は「あえて正社員を選ばない」層としてカテゴライズされてきた. よって，「フリーターはあえて非正規職を選んでいる」という命題が存在し得るとするならば，この命題の裏は「フリーターでない人はあえて正規職を選んでいる」，すなわち「とりあえず正社員 (定職) 層」が析出される (図6-1の領域cを参照). こうした曖昧な形でやみくもに典型就業を果たす層の実態は，高等教育を受ける一部層でも確認されている (中嶌, 2013a；2015a；2020a；2020b；2020c).

　例えば，労働政策研究・研修機構 (2006) の「大学生のキャリア展望と就職活動に関する実態調査」によれば，全国の大学4年生の約80% (有効回答1万8509) が「大学を卒業するときには，何が何でも正社員として就職したい」という意思を示す (図6-1の領域a). 同調査による，「やりたいことであれば，非正社員でもフリーターでもこだわらない」(45.1%)，および「できることなら就職決定は先に延ばしたい」(約20%) という水準の高さは，意識状況を考慮し

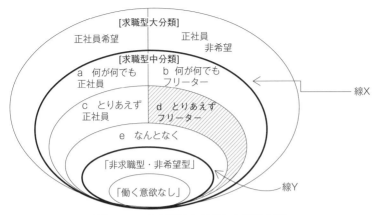

図6-1　意識状況を考慮した就業分類

注1：線Xより内側は意識状況を加味した就業形態の分類である.
注2：線Yの内部はニート層を表す.
出所：中嶌 (2021a).

た就業形態の分類による検討の余地があることを示唆する[1].

　留意すべきは, 図6-1の ［求職型中分類］, つまり, 線Xの内部で線Yより外側の部分 (領域a〜e) が, 必ずしも厳密に区分できない曖昧さが残る点である. 既出の労働政策研究・研修機構 (2006) による調査では, 就職未内定者のうち大学院・他大学または留学や専門学校への就学者以外の予定進路については,「公務員や教員を希望 (14.3%)」,「就職希望がありながら就職活動をしていない (13.1%)」,「未定・迷っている (11.7%)」となっている. このうち,「就職希望がありながら就職活動をしていない」と「未定・迷っている」だけでも4500人以上に上る計算となり, 不鮮明層にみられる多様性が実態把握を困難にしている面がある.

　本稿では, 図6-1の斜線部で示す, 進路選択理由が曖昧な求職型である「d. とりあえずフリーター」層を, フリーターに強く固執する「b. 何が何でもフリーター」層, および, どうすべきかが不明で状況把握が曖昧な「e. なんとなく」層と切り分けて着目する.

6.2.2　「とりあえずフリーター」のキャリア心理学的アプローチ

　次に, 夢を追うこともなく, 就職を目指すわけでもない目的意識が不明確な層の多くが「とりあえずフリーター」と指摘するリクルート (2000) を踏ま

表6-1 「希望進路＝フリーター」の内訳

分類	肯定派	否定派	とりあえず派
類型	夢を叶えるまでの準備期間型 アルバイトで経験を積む型 職種こだわり型 好きなことを仕事にする型 フリーター生活に満足型	社員として採用されるまで型 消極的・認識不足型 束縛嫌悪型 生活資金の獲得型 夢に挫折してフリーター型	稼げればフリーターでもOK型 なかなか本気になれない型 暗中模索型 足踏み型 結果的にフリーター型

出所：中嶌（2021a）.

え，前節の「b. 何が何でもフリーター」「e. なんとなく」という求職型分類をコントロールした上で，不鮮明な理由で正規職を選ばない「とりあえずフリーター」意識の背景要因について限定的に焦点を当てる.

まず，表6-1は希望進路をフリーターとする者を3つの立場から分類したものであり，夢に対するこだわりの強さや時間割引の影響に違いがみられる. すなわち，夢や希望が比較的鮮明であり，かつ，近い将来の時間割引が大きい肯定派に対して，否定派では正社員不採用や自由時間不足といった現在志向性が強まる.

また，第3の分類である「とりあえず派」については，正規就職に対するマイナスイメージを持ちながらも，自分時間や自由気ままな生活を意図する「積極的フリーター」タイプと「仕方なくフリーター」タイプに大別される. とりわけ，後者では，「やりたいことが見つからない（暗中模索型）」，「夢があっても何から始めればいいのか分からない（足踏み型）」，「就職や進学を目指したが失敗してしまった（結果的にフリーター型）」等が確認されており，とりあえず派の曖昧かつ多様な側面が確認できる.

6.2.3 「とりあえずフリーター」の社会教育学的アプローチ

従来，キャリア選択場面で正規就職が決められない事態に対して，社会的には当事者の意識や性向に原因を求める見方が強かった（乾，2006）. 例えば，「とりあえず，いつか，きっと」（上西，2002），あるいは，「いずれは，いつかは，できれば」（小杉，2010）という曖昧な形で事態を先送る優柔不断な姿勢が「とりあえずフリーター」状態を助長するという観点から，移行経路における曖昧な就業意識は危機意識の欠如と捉えられてきた.

併せて，職業能力の蓄積度と将来展望の広がりとの関連から，小杉（2002：

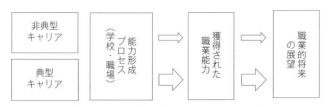

図6-2　典型キャリアと非典型キャリアの分類（概念図）

注：右矢印の太さが太いほど，（左）が（右）をより強く規定することを表す．
出所：中嶌（2021a）.

2010）では，「今が楽しければいい」「そのうち，やりたいことも見えてくるはず」という不透明な将来展望のまま曖昧な形で刹那的にやり過ごす非典型就業者については，学校への期待はあるものの役に立たなかったという意識が強いことから，職業能力の獲得機会の喪失と低い自己評定を関連付ける．すなわち，典型就業者の職業能力水準は学校教育や業務経験の幅に規定されやすい（図6-2の右矢印の太さで関連性の頑強さを表現できる）一方で，非典型キャリアの者の将来展望と職業能力水準との関係は明らかになっていない．とりわけ，曖昧な就業・目的意識の非典型就業層（「とりあえずフリーター」層）の自己評定の実態は未だ十分に解明されておらず，学校や職業能力開発機関の機能性を高めるためにも重要な課題である．

6.2.4　「とりあえずフリーター」に関する7仮説

　これまで下位次元構造が十分に解明されていなかった，積極的に正規就業が表明できない者を検討するにあたり，本章では，「A 目標・やりたいことを持っていたとしても，B 直接的な行動を起こしている人は少なく，C 行動の仕方を理解していない」場合が多いと「とりあえずフリーター」を特徴づけたリクルート（2000）に基づき，上記A〜Cの3つを仮説の前提に置く．以下では，この範疇で限定的に仮説設定を行う．

　まず，耳塚（2004）による夢や目標に向かって努力するものの，定職に就くことを目標としない「とりあえずフリーター」層が高卒フリーターに顕著であるという指摘を踏まえ，前提Aに基づき，次の3つの帰無仮説を導出する．

　　仮説A-1　積極的に正規就業を表明しない者は就業意識が高い
　　仮説A-2　積極的に正規就業を表明しない者は「とりあえず正社員」に

　　　　なりたいと思っている
　仮説A-3　積極的に正規就業を表明しない者は自己キャリアに対する希
　　　　　望を持っていない

　次いで，「未定・迷っている」という意識状況（労働政策研究・研修機構，2006）は，心理学分野の曖昧さ耐性（Tolerance of Ambiguity；以下，TA）の概念を導入することにより，分析レベルで把捉可能となる．Lazarus and Folkman（1984）より，曖昧さやストレスを意思決定のプロセス要因と捉えるならば，短期的対処（排除・拒否・無視），もしくは，中長期的な対処（享受・受容・馴致）のいずれの対処行動をとるかは内発的な動機付けに起因することになる（Budner，1962；増田，2004；西村，2007）．

　前者の短期的対処はTAの低さと関連付けられ，無意味なものとして割り切ろうとする「拒否」，あるいは，関わることへの困難さから不安をもたらす（北山・西村，2004）．加えて，高卒フリーターにおける就職と進学の「二重の機会の喪失」（耳塚，2002）や教育選抜メカニズム（苅谷，2001）を踏まえれば，不本意な状況が行動の不活発性と深く関連することから，前提Bに基づき，次の仮説（帰無仮説）を導く．

　仮説B-1　積極的に正規就業を表明しない者は生活を大きく変えようと
　　　　　している

　また，フリーターによる現実感覚を欠いた職業展望は，希望に向けて努力・行動させる動因になり得ないという見方（耳塚，2002）は，「とりあえずフリーター」の否定的な立場と言える．他方，「とりあえず」に含まれる「最低限の基準を満たす」「十分でない行為にそれなりの意義を認め，後で再び行う予定（意志的行為）」というキャリア選択の連続性を強調する立場（Lent and Brown，2020）を重要視すれば，「とりあえずフリーター」を肯定的に捉えられる．すなわち，意図的に「不安定な安定化」（中嶌，2013a）を図ろうとする積極的要素を勘案し，前提Cを踏まえながら，以下の3つの帰無仮説を提示する．

　仮説C-1　積極的に正規就業を目指さない者には人生のお手本となるよ
　　　　　うなロールモデルが存在する
　仮説C-2　積極的に正規就業を目指さない者にはこうしていきたいとい
　　　　　う具体的イメージがある

仮説 C - 3　積極的に正規就業を目指さない者は将来のビジョンを持って
　　　　　　いる

6.3 使用データと分析対象者の特徴

6.3.1　調 査 概 要

　前節における概念的分類の詳細を実証すべく，筆者独自のアンケート調査を
実施した．前章における積極的に正規就業を表明しない層の詳細を実証すべ
く，アンケート調査を実施した．本章で使用するデータは，筆者が独自に実施
した質問紙調査「若年者（フリーター・ニート）のキャリア形成に関する意識調
査（以下，本調査）」により収集したものである．本調査は，2016年 7 〜11月に
かけて全国の若者就労支援機関（わかものハローワーク，ジョブカフェ，地域若者サ
ポートステーション，大学キャリアセンター，職業訓練校，フリースクール等）を通じ
て，学校卒業後の15〜44歳の学卒無業者・フリーター・ニート（一部，過去にお
ける経験者を含む）を対象に郵送調査を実施した．調査実施の手順は，各種支援
機関の窓口担当者に調査対象者へ配付してもらう方法で行った．配付数6788,
有効回答数1093（有効回答率16.1％）であった．

6.3.2　分析対象者の特徴

　本分析では，厚生労働省の「フリーター」定義に基づき，多様な背景事情が
考えられる正規職にない対象者のうち，ニート・無業者（図 6 - 1 の線 Y の内部）
を除いた層を分析対象とする．というのも，ニート状態の若者を抱える世帯と
正規職・非正規職に就いた若者がいる世帯では，親の収入や階層により教育機
会（学歴差）が規定される点（小杉，2010）を踏まえると，曖昧な意識で非正規
職を目指す心理的要因に着目する本分析を厳密な形で行うためには，当事者自
身以外の外的要因の影響を可能な限り排除することが望ましいと考えたからで
ある．
　したがって，収集できた15〜34歳の調査対象者855件のうち，雇用形態が経
営者・フリーランス（ 6 件），非正規公務員（ 9 件），その他（29件），無業者（514
件），および無回答（50件）を除く247件を分析に用いる．
　また，フリーターと一口に言っても就業状況は多様である．そこで，アルバ
イト，派遣・契約・嘱託，パートという 3 つの雇用形態に分類して，正規職に

表6-2　「とりあえずフリーター」意識の雇用形態別比較（χ^2, 残差分析）

「とりあえず フリーター」意識	N=247	フリーター			χ^2値 [有意確率]
		アルバイト n=129	派遣・契約・嘱託 n=79	パート n=39	
かなりあった	11(4.2)	7(5.4)	2(2.5)	2(4.8)	22.0 [Pr=0.34]
少しあった	24(10.4)	15(11.6)	2(2.5)	7(17.1)**	61.0 [Pr=0.01]
どちらでもない	53(22.7)	26(20.1)	15(18.9)	12(29.2)	1.0 [Pr=0.57]
ほとんどなかった	46(16.3)	26(20.1)	17(21.5)	3(7.3)**	147.0 [Pr=0.38]
全くなかった	113(44.5)	55(42.6)	43(54.4)	15(36.6)	363.0 [Pr=0.51]

注1：丸括弧内は比率.
注2：**は有意水準1％, *は有意水準5％で統計的に有意な差があることを示す.
出所：中嶌（2021a）.

就かない決定をする時の「とりあえずフリーター」意識について残差分析を行った. **表6-2**より, パート層が他群よりも「少しあった」が有意に高く, 「ほとんどなかった」が低いことから, 現状に至るまでに「とりあえず」意識の影響を最も受けた層であることを確認した.

6.3.3　正規職を選ばない理由（主成分分析）

次いで, 先行研究サーベイにおける,「とりあえず派」の曖昧かつ多様な主観性を鑑みて, 多くの変数の相関関係を少数の説明変数によって集約するために有効な主成分分析を採用する.

また, フリーター全体（N＝247）を対象として, 各評価尺度段階を得点とするリッカート尺度を用いて数値化し, 主成分分析により評価次元を抽出する. 正規職に就かない決定をした当初の意識についての質問10項目について主成分分析をしたところ, 固有値が1.0以上の解は4つ得られ, 4因子構造であることが分かった. それらに対応する固有ベクトルを回転させた回転後のベクトルは表6-3の通りである. 各主成分の信頼性係数を求めたところ, 第1主成分（「自信喪失」）は α＝.701, 第2主成分（「夢追求」）は α＝.738, 第3主成分（「モラトリアム」）は α＝.725, 第4主成分（「曖昧納得」）は α＝.726と許容できる値

表6-3　正規職に就かない決定をした当初の意識（主成分分析）

(N＝247)

項　目	第1主成分	第2主成分	第3主成分	第4主成分
社会で働けるかどうか不安である	**.419**	.010	− .249	− .212
自分のことに自信が持てない	**.393**	− .001	− .345	− .209
自分でどうしてよいか分からない	**.370**	− .085	− .224	− .305
食うに困らない（親が面倒みてくれる）	**.300**	− .084	.157	− .188
やりたいことを優先させたい	.010	**.548**	.278	− .187
必ずしも本意ではないが次のステップになる	.154	**.500**	− .297	.298
自分らしい生き方を優先させたい	.125	**.478**	**.402**	− .164
急いで社会人になりたくない	.284	− .069	**.446**	− .036
必ずしも本意ではないが安心できる	.210	.296	− .220	**.548**
なんとなく	.240	− .207	.077	**.387**
固有値	3.46	1.72	1.28	1.02

注：主成分負荷0.30以上は太字.
出所：中嶌 (2021a).

が得られた.

　そこで，個人要因として，主成分ごとに該当する項目数に応じたダミー変数を導入する．例えば，第1主成分であれば「社会で働けるかどうか不安である」「自分のことに自信が持てない」「自分でどうしてよいか分からない」「食うに困らない」のうち，過半数の項目に該当する場合を「1」，半分以下の項目しか該当しない場合を「0」としてポイントを与えることにより，4つの個人要因を表すダミー変数を導入する．すなわち，「自信喪失（第1主成分）」「夢追求（第2主成分）」「モラトリアム（第3主成分）」「曖昧納得（第4主成分）」である．

　次に，「とりあえずフリーター」尺度と個人要因として使用する各主成分（①〜④）の尺度得点を用いた相関行列を調べた（表6-4）．まず，主成分得点は各項目の平均と強い相関があることからも，「夢追求（第2主成分）」は各項目どうしの相関性が最も高く，本分析で用いるサンプルの一部で確かに潜在する意識であることが確認できる．しかし，「とりあえずフリーター」尺度との相関性はみられず，本研究で着目する曖昧な就業意識が生じる背景には，「自信喪失」($r=.197$)，「モラトリアム」($r=.223$)，および，「曖昧納得」($r=.209$)との関連の強さがうかがえた．

表6-4 「とりあえずフリーター」意識と個人要因の関係

(N=247)

項　目	平均	標準偏差	α係数	項目間の相関				
				とりあえずフリーター	①	②	③	④
とりあえずフリーター	1.94	1.12	－	－				
個人要因 ①自信喪失（第1主成分）	2.88	1.01	.701	.197*	－			
②夢追求（第2主成分）	3.46	1.08	.738	－.039	.060	－		
③モラトリアム（第3主成分）	3.30	1.35	.725	.223**	.259**	.190*	－	
④曖昧納得（第4主成分）	3.36	1.38	.726	.209**	.215**	－.014	.236**	－

注：5段階尺度項目の「かなりあった」「少しあった」のいずれかの回答を「あり」、それ以外を「なし」とし、あった者の割合を示す.
$**p<.01,\ *p<.05$
出所：中嶌（2021a）.

6.4 分散共分散分析による「働くことへの意識」に影響する要因の因果構造モデル

　前項で示された4つの個人要因が「とりあえずフリーター」という意識を介して，「働くことへの意識」に与える影響を精緻な形で分析するためには，単に，構成概念を測定するだけではなく，複数の構成概念間の関係を検討することが望ましい．そこで，以下では，正規職に就かない決定をした当初の意識と現在（調査時点）の「働くことへの意識」という事前事後デザインのクロスセクションデータを用いて，Acock（2013）の構造方程式モデリングによる検証を行う．

　さて，図6-3は「とりあえずフリーター」を媒介変数とした個人要因（「自信喪失」「夢追求」「モラトリアム」「曖昧納得」）から「働くことへの意識」への影響をモデル化したパス・ダイアグラムである．分析手順として，以下の3ステップで行う．まず，①個人要因→「働くことへの意識」の直接効果の有意性を確認する．次いで，②個人要因→「とりあえずフリーター」，および「とりあえずフリーター」→「働くことへの意識」のパスモデルを作り，パス係数を推定する．さらに，③「とりあえずフリーター」を介在させることで，個人要因→「働くことへの意識」のパス係数の有意性がなくなることで媒介の成立を確認

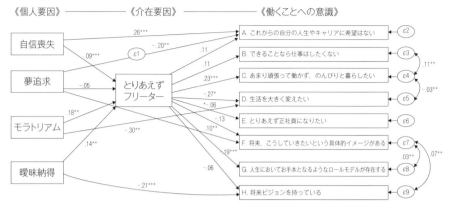

図 6-3　「働くことへの意識」を従属変数としたパス解析

注 1：表中のパス係数は標準化回帰係数を示し，誤差変数の表記は省略する．
注 2：双方向矢印は共分散を表し，有意ではない結果は省略する．
　　　*** p <.001, ** p <.01, * p <.05
出所：中嶌（2021a）.

する.

　また，「働くことへの意識」の A～H を従属変数とする 8 つの仮説モデルは
いずれも R² = 0.95 以上，GFI：0.90 以上，CFI：0.95 以上，RMSEA：0.05 以下
であり，データとの高い適合性を有しており，仮説モデルがデータの性質を十
分に表現していることを確認した．以下，①～③のステップごとに推定結果を
分析する.

ステップ①　個人要因と「働くことへの意識」の関係

　まず，個人要因が「働くことへの意識」に与える直接効果を確認する.
「A. これからの自分の人生やキャリアに希望はない」へは「自信喪失（*b*
=.26***）」と「夢追求（*b* = -.20**）」で異符号の影響を及ぼしており，人生や
キャリアに希望を見出せないことと自信喪失との関連の深さがうかがえる．一
方，自分のやりたいことや自分らしさを求める夢追求の姿勢は「F. 将来，こ
うしていきたいという具体的イメージがある」と密接に関連する（*b* =.10**）.
他方，「曖昧納得」が「H. 将来ビジョンを持っている」に負の影響（*b* =
-.21***）をもたらすことから，妥協できる程度の納得感が得られていない場
合ほど，現状を打開するインセンティブが働きやすくなり，将来ビジョンを持

つ可能性が高まることが推察された.

ステップ②　個人要因と「とりあえずフリーター」，および「とりあえずフリーター」と「働くことへの意識」の関係

　次に，個人要因→「とりあえずフリーター」のパス係数から，「夢追求」を除く「自信喪失 (b=.09***)」「モラトリアム (b=.18**)」「曖昧納得 (b=.14***)」が「とりあえずフリーター」という曖昧な意識に有意な影響を与えていることを確認した (表6-4 の相関関係と同方向であることが再確認できる).

　加えて，「とりあえずフリーター」意識自体がその後の「働くことへの意識」に有意な影響を及ぼすことも示された. すなわち，「C. あまり頑張って働かず，のんびりと暮らしたい (b=.23***)」への正効果より，正規職に対する拘りが少ない曖昧な就業意識と不活発な消極性との関連が認められるため，仮説A-1を棄却する.

　さらに，「とりあえずフリーター」から「D. 生活を大きく変えたい (b=-.27***)」への負効果より，仮説B-1も棄却できる. 同様に，「G. 人生においてお手本となるようなロールモデルが存在する (b=-.19***)」からは，正規職を選択しない曖昧意識とロールモデルの不在との関連性がみられるため，仮説C-1を棄却する.

　他方，「とりあえずフリーター」から「E. とりあえず正社員になりたい (b=-.06)」への有意性は認められなかったため，仮説A-2は不支持とする. ここでは，「とりあえず正社員」という多様な解釈が可能な「とりあえず」尺度を直接用いたことが有意な結果を導き出せなかった一因と考えられる.

ステップ③　「とりあえずフリーター」の介在効果

　しかしながら，上記ステップ①・②では有意性が示されながらも，「とりあえずフリーター」を介在させることで「個人要因」→「働くことへの意識」のパス係数の有意性が失われたものが3つあった (A・F・H). すなわち，「自信喪失」→「A. これからの自分の人生やキャリアに希望はない (b=.26***)」の有意性の消失 (b=.11) からは，自信を失ったまま「とりあえず」の状態でフリーターを続ける人が必ずしも希望を持っていないとは言い切れないという解釈ができる (仮説A-3を棄却). ここでの解釈より，厳しい現実に対する「とりあえず」という曖昧な態度・姿勢は，事態の決着や収束を急がず，完全に夢や希望を失墜することを回避する防波線としての機能を果たす可能性が示唆さ

れた.

　また,「夢追求」→「F. 将来, こうしていきたいという具体的イメージがある $(b=.10^{***})$」における「とりあえずフリーター」の介在による有意性の消失 $(b=-.13)$ より, 現実感覚を欠く職業希望や夢の実現のために「とりあえず」意識で漠然とフリーター生活を続けることは, キャリアイメージを不鮮明にする影響をもたらすと解釈できるため, 仮説C－2を棄却する.

　さらに,「曖昧納得」→「H. 将来ビジョンを持っている」の負効果の有効性が「とりあえずフリーター」の介在により消失した $(b=-.21^{***}→b=-.06)$. この結果より, 妥協的に納得しながら「とりあえず」でフリーター生活を続けることにより, 将来ビジョンを持ちづらくなるとは限らない. その一方で,「とりあえずフリーター」から「H. 将来ビジョンを持っている」への有意性は認められなかったため, 仮説C－3も不支持とする.

　ここでのF・Hの介在効果を総合すると,「とりあえず」意識でフリーター生活に突入することはキャリアイメージの具体化に有効と断定できないものの, 立場・境遇にある程度納得している現実感覚を持つ者の自己キャリアの思い描きに対しては, 必ずしも消極的な面ばかりではない可能性が示唆された. この解釈は, フリーター・ニートである若者の主観が置かれた状況自体の影響を受けやすいとした乾 (2006) とも矛盾しない.

6.5 結　　語

　本章では, 高校卒業時点での希望進路を「フリーター」とするような, 従来型の進路指導・キャリア教育が通用しにくい若年層の階層的な実態把握が十分ではない現状を鑑みて, 曖昧さや不確実性を伴う新規学卒時点で積極的に正規希望を表明しない層の内的要因や心理構造について,「とりあえずフリーター」という尺度の概念構造分析を行った. とりわけ, 積極的に自己キャリアに対する意思表明を示さない理由の不明確さという, 従来あまり把捉されなかった観点に着目し,「とりあえずフリーター」を個人要因と「働くことへの意識」の間に介在させた構造方程式モデリングによる検証を行った. その結果, 以下の4つの知見を得ることができた.

　第一に, 従来,「『やりたいこと』をやるという主観性を持つ層」(下村, 2002) と特徴付けられてきた対象群 (フリーター) に対して, 本研究では「やり

たいこと」をうまく表明できない層という新たな視座から照射し，さまざまな個人要因の中から「自信喪失」「夢追求」「モラトリアム」「曖昧納得」という４つの主成分を抽出し，それらと働くことへの消極性との関連付けを行った（仮説Ａ–１の帰無仮説を棄却）．

　第二に，「未定・迷っている」（労働政策研究・研修機構，2006）という意識状況に関して，曖昧さ耐性（TA）概念に基づいた仮説検証より，生活を大きく変えようとせず（仮説Ｂ–１：棄却），「とりあえず正社員になりたい」という意識も乏しい（仮説Ａ–２：棄却）という特徴が明らかとなった．

　第三に，現実感覚を欠く職業展望（耳塚，2002）とは異なる，「とりあえずフリーター」のキャリアの連続性を重視する立場（Lent and Brown, 2020）に基づいた仮説検証から，曖昧な形のキャリア選択を回避したり，自己キャリアに対する当事者意識を高めるために，ロールモデルの存在が鍵になることが判明した（仮説Ｃ–１：棄却）．

　第四番目の知見は，分散共分散分析によるパス解析を通して得られた（図6–3）．すなわち，自信を喪失したまま「とりあえず」の状態でフリーター生活を続ける者が完全に希望を失っているわけではないという解釈が可能であった（仮説Ａ–３：棄却）．つまり，そこでは「とりあえず」の姿勢を取りながら困難を乗り越えるための態勢を整えようとする前向きな意図が汲み取れた．反面，現実感覚を欠いた夢の実現のために「とりあえず」意識で漠然とフリーター生活を継続することは，キャリア形成の具体化にとって悪影響をもたらす可能性が高まることも示された（仮説Ｃ–２・仮説Ｃ–３を共に棄却）．

　本章における正規就業を積極的に表明せず，「とりあえずフリーター」という不明確な動機の因果構造の分析を通して，一見，曖昧かつ不明確な志向性の中に，自己回顧の機会を提供し，行動実践を誘発する可能性を高めるという側面を見出すことができた．

～補　論～

「とりあえず志向」の論理学的アプローチ

　第3～5章で着目してきた「時間選好性（いち早く内定を獲得して安心を得たい）」と「時間順序の選択性（本意ではないものの次のステップに繋がる）」という2つの時間的概念を「時間的要素」という枠組みで把捉すれば，論理学的には，公務員・正社員・フリーターの概念は以下の**図6-4**に示すように，2つのベン図（「時間的要素」「TA（曖昧さ耐性）」）からなる集合で表現できる．

　まず，**図6-4-左**公務員（正規労働）の場合，「とりあえず」の不鮮明さは，曖昧な部分のうち時間的要素で識別できない部分，つまり，TA内の交わり（レンズ型）以外の領域（点線10％の網掛け）が相対的に広いことから，キャリア不安や曖昧性に対する耐性が強いこと，つまり公務員が「とりあえず」の最低基準を満たす職業として許容されやすいことを表している．その背景には，「公務員＝安定」（中嶌，2008：2009a：2009b）という職種イメージの強さに加えて，キャリア成功に関する内的志向性の1つであるDerr（1986）の安定志向（getting secure）が，日本の若年層に広く根付いていることを暗示している．つまり，非金銭的報酬による価値が将来の多様なキャリアプランに重要な役割を果たすことを集合論の考え方で捉えることが可能である．

　次に，非正規労働の場合，「とりあえず××」にはポジティブな修飾語句が続くことはあまり考えにくく，**図6-4-右**では，フリーターが「とりあえず」身を置く立場として，世間一般的には許容されにくい実情を，TA内のレンズ型以外の点線部分の狭さ，かつ，非拡張的なTAで表現できる．つまり，明確な夢や目標があり，意図してフリーターをしている者はTAの集合に包含されることになるが，目標もなく，単なる束縛嫌悪や現実逃避に走る者はTAの余事象と考えられる．

　では，正社員（民間企業）の場合はどうであろうか．**図6-4-中央**より，TA内のレンズ型以外の領域（点線10％の網掛け）の大きさは**図6-4-左**と**図6-4-右**の中間にあたる．ただし，TAの拡がり方は依然として不明であり，ここに「とりあえず正社員」の多義的な曖昧さがうかがえる．

　加えて，3つの集合のうち，空集合φの広さはフリーター（**図6-4-右**のグレー領域）が最大であり，キャリアに関する不安感や先行き不鮮明感の深刻さ

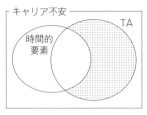 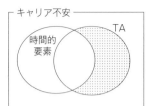 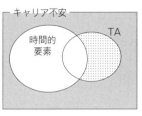

図6-4　ベン図を用いた「とりあえず志向」の概念整理 （公務員・正社員・フリーター）
出所：筆者作成.

として定義することができる．ただし，集合論に論理学を応用する場合，集合要素の数え方を大まかに（全部・一部分）として区別するに過ぎないという性質があることから，具体的な数量を分析に持ち込むことが困難な点は限界と言える．

なお，ここでの概念把握の背景では，補償賃金格差仮説[3]の考え方から，正規労働の方が非正規労働よりも手厚い雇用保障がなされているとすれば，非正規労働の方がより高い賃金プレミアム[4]を要求してしかるべきという想定を行っている．

付記
　　本章は，中嶌（2021a）の研究成果を基本としている．

注
1）　そもそも就労することを望まない「非求職型・非希望型」「働く意欲なし」層については，図6-1の線Yの内部の領域に示されており，本章では分析対象外とする．
2）　無業者では職業能力の自己評価が低く，無業期間の長さに応じて低下することを小杉（2010）は明らかにしている．
3）　賃金は仕事の特性（魅力・厳しさ・3Kなど）に応じて調整されるという仮説である．
4）　Ikeuchi and Fukao（2021）では，事業規模や正社員割合が増えるほど，高学歴者と中学歴者との企業内賃金格差が拡大する傾向を捉えており，企業の異質性と学歴間の賃金の不平等との関連を指摘する．とりわけ，正社員割合の高さは，市場平均以上の賃金プレミアムを正当化する観察不可能な特性を持つ高学歴の従業員を会社に繋ぎ止める効果をもたらすという．

第7章

とりあえずニート
——若年無業者の曖昧心理がキャリア意識に及ぼす影響

7.1 問題意識

　本章の目的は，独自に収集した15～35歳未満のニート[1]（以下，若年無業者）の
データを用いて，「とりあえず」「なんとなく」という曖昧な心理状態の概念構
造を考察し，キャリア意識との関連を実証することである．

　日本の新卒一括採用制度の下で，典型的な雇用ルートに乗れず，新規学卒就
職の枠外で社会に移行する者が全体の3分の1に上る（小杉，2002）．しかし，
こうした正規ルートから外れる層に関する大規模な調査研究では無業者は主対
象でないことも多く，支援者を通した就労困難者に関する聞き取り（小杉・
堀，2004；長須，2006），無業状態に陥る要因分析（小杉，2002；耳塚，2002；新
谷，2006），あるいは，就労支援の実践報告（小島，2005）にとどまりがちな傾向
があった．

　とりわけ，若年無業者の心理的発達面や内的傾向の変容については十分詳ら
かにされておらず，キャリア形成への意欲・態度面を関連付ける実証研究の蓄
積はまだまだ乏しい現状にある（Nauta, 2010；安保，2011）．その理由として，対
象者へのアクセスや追跡の難しさから，良質なサンプルを一定数確保すること
が困難な点があり，若年無業者の特性に関する不十分な理解が就労そのものが
困難な若者に対する支援サービスの捕捉率の低さと結びつけられ，問題視され
てきた[2]（玄田，2007；宮本，2017）．

　一方，就業構造基本調査の豊富な個票データを用いた分析（労働政策研究・研
修機構，2005；内閣府，2005；太田，2005；玄田，2007）により，低学歴・不登校・
未就業・低所得世帯等，共通する無業者特性が導き出されている．政府統計を
用いた調査研究による信頼性の高い分析結果は無業者の理解に大きな進歩をも
たらしたものの，必ずしも当事者の内的志向性まで厳密に考慮されておらず，
限定的な分析であった．そのため，無業に陥る心理的要因がもたらすキャリア

形成への影響面，すなわち，就業・キャリア意識との関連の検証が課題として
残されていた.

　日本のニート問題を改善していくためには，就業希望でありながら求職活動
を行っていない人々の状況把握に留まらず，就業希望を表明しない者の心理面
(Hartman *et. al.*, 1983) をケアしながら社会的自立に繋げるような，継続的支援面
に寄与する要因を丁寧に精査する必要があろう.

　上記視点に関連する研究として，玄田 (2007) は，若年無業者のうち「非求
職型」「非希望型」がニート状態になりやすいことを実証しており，上西
(2002) は若年フリーターの移行経路における「とりあえず，いつか，きっと」
という曖昧なキャリア志向性を危機意識の欠如と捉える. また，「とりあえず
フリーター」(リクルート, 2000) という意識面の正規就業意欲への影響に関する
共分散分析を行った中嶌 (2021a) では，一見，曖昧かつ不明確な，とりあえず
志向の中に「自己回顧の機会を提供し，行動実践を誘発する可能性を高める効
果」を見出している.

　「キャリアに関する諸問題に対する個人の対処準備性」(坂柳, 1996) と定義さ
れるキャリアレディネスのキャリア成熟への効果性を勘案すれば，本章におい
て明らかにすべきリサーチクエスチョンは，若年無業者においても曖昧なキャ
リア志向性がキャリア形成面に対して一定の効果を持つかという点である.

　そのため，本章では，内閣府 (2005)・玄田 (2007)・社会生産性本部 (2007)
の無業者の３類型 (求職型・非求職型・非希望型) の分類を援用しながら，探索的
因子分析により「とりあえず無業」という曖昧なキャリア心理の概念構造を分
析する. 加えて，無業者が有する「とりあえず心理」が「とりあえず正社員」
というキャリア意識に及ぼす影響を無業類型ごとに検討する.

　実際，同じ無業者の中でも，周囲から取り残されたと感じる者と新卒労働市
場に上手く入り込めなかった者への対応等は厳密に同じになるとは限らない
(宮本, 2015). こうした問いに対する対応の手がかりを求める作業は，より実
態に即した若年育成支援策に結び付くものと考える.

7.2　先行研究分析

7.2.1　若年無業者の曖昧な就業意識

労働政策研究・研修機構 (2006) の「大学生のキャリア展望と就職活動に関

する実態調査」によれば，全国の大学4年生の約80％（有効回答18,509）が「大学を卒業するときには，何が何でも正社員として就職したい」という意思を示す．なかでも，「やりたいことであれば，非正社員でもフリーターでもこだわらない」（45.1％）の高さは若年層における就業形態への拘りの多様性を示唆する．例えば，リクルート（2000）によれば，「とりあえずフリーターで良い」と考える層は，正社員就職へのマイナスイメージを持ちながらも，自分時間や自由気ままな生活を意図する「積極的フリーター」と「仕方なくフリーター」に大別される．

　また，キャリア選択場面で正社員就職が決められない事態に対して，当事者の意識や性向に原因を求める見方（乾，2006）がある一方，「とりあえず，いつか，きっと」（上西，2002），あるいは，「いずれは，いつかは，できれば」（小杉，2010）という曖昧な形で事態を先送る優柔不断な姿勢が「とりあえずフリーター」状態を助長するという観点から，移行経路における曖昧な就業意識は危機意識の欠如と捉えられてきた．

　上記を踏まえ，明確な進路目標や目的がないまま無業状態である態度の影響に着目する本分析では，態度の強度に関する研究を参照する．例えば，早川（1985）によれば，態度の強度の次元は，物事の評価・判断の基となる情報の質・量のレベルである「認知レベル」と行為志向性を客観的行動に転化し得る「動機的レベル」に分けられる．当該研究では，大学生の政治的態度構造を分析し，政治的関心に関する強度の次元の3要因が異質な性質を持つことを通して，政治的態度が多次元構造を有する可能性を指摘した．

　そこで，本章では，「とりあえず（無業）」「なんとなく」という十分に確信が持てない志向性を有することにより，就業に向けた行動や態度に一定の影響を及ぼすという仮説を置き，「とりあえず」「なんとなく」という曖昧なキャリア心理の多次元概念構造の分析，および，曖昧な心理状態のまま無業でいるとキャリア意識との関連について無業類型ごとに実証する．なお，データ制約上，従属変数となるキャリア意識には「とりあえず正社員になりたい（以下，「とりあえず正社員」）」を限定的に用いる．

7.2.2　「とりあえず無業」の操作的定義

　最終学校から職業への移行段階で進路先がないまま卒業することは，「ある意味では何も選択しない選択をしている状況」（高木，2002）に等しい．無業状

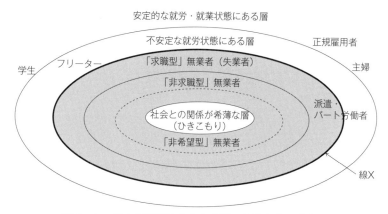

図7-1 社会経済学的な自立支援の対象となる若年層

注1：「社会との関係が希薄な層（ひきこもり）」を除く，線Xの内側領域（網掛け）に「とりあえず無業層」が布置されることを表す．
注2：点線は，曖昧な心理状態を考慮することにより，網掛け領域の境界線が不鮮明になる状況を表す．
出所：社会生産性本部（2007）を参考にして筆者作成．

態である者の背景要因の曖昧さに着眼する本研究では，図7-1の「社会との関係が希薄な層（ひきこもり）」を除く線Xの内側部分の領域を実線・点線で区分し，無業類型の曖昧さを表現した．実際，多義的な「とりあえず」概念を定義づけることは必ずしも容易なことではない．

　というのも，中嶌（2013a；2015a）による「とりあえず志向」の分析では，「次のステップになる（時間順序の選択性）」という時間的要素が職業キャリア意識の涵養に寄与する点を明確にしたものの，尺度の使用に関して「とりあえず」という文言をそのまま質問項目に用いており，被験者（回答者）の主観が介入する余地が残されていたため，多義性が発生しない分析レベルまで落とし込む必要があった．

　そこで，本分析では無職の状態が始まる際の曖昧なキャリア心理（11項目），無業に対する認知（6項目），無業に関する感じ方（3項目），および，無業行動（1項目）[4]の計21項目のデータ行列を，より少ない潜在変数（因子）の一次結合として推定した上で，説明できる因子の共通性に基づいて「とりあえず無業」概念を導入する（詳細は表7-3の分析にて後述する）．

　ただし，高校における未就業卒業者が抱える困難の多さ（労働政策研究・研修機構，2010b；内閣府，2012）を踏まえ，無業状態から非正規就業への転換が重要

な移行ルートであることを考慮して，「とりあえずフリーターでも良い（以下，「とりあえずフリーター」）という尺度は用いる．

7.2.3　「なんとなく」の操作的定義

　言語学の見地より，「なんとなく（何と無く）」は，「はっきりとした理由・目的がないさま」「とりたてて何ともいうこともなく」（『広辞苑』第七版）を基本義とし，「どことなく」が類似概念である．講談社の『類語辞典』（2008）によれば，「①特に意識することなしに，何かをする様子」，「②原因や理由が特定できない事柄についてある種の感覚や感情を抱いている様子」の２つ意味がある．いずれの場合も動作主体の心理状況により使用のニュアンスが異なるため，多義的概念である点は「とりあえず」と共通する．

　上記の第一義（①）は動作性との関連が強い概念であり，キャリア意識と関連する曖昧心理として把捉可能であるため，本分析に導入することの妥当性を有する．しかし，進路が決まらないまま卒業していく生徒に目立つ特徴とされる「何をしたらいいか分からない」（労働政策研究・研修機構，2010b）や「大きく生活を変えたくない（resistant to change）」（Hartman *et al.*, 1983；Santos and Coimbra, 2000）は，漠然とした感覚や感情でもある第二義（②）に通じる状態性の強い概念と捉えられる．

　したがって，本章では，「なんとなく」は「とりあえず」よりも状態性が強い概念，つまり，内的準状態のより低い概念と定義することで，両者を別の曖昧心理を表す概念として区別する．

7.3　研究デザイン

7.3.1　調　査　対　象

　本分析の調査対象は，筆者が2016年７～11月にかけて実施した質問紙調査「若年者（フリーター・ニート）のキャリア形成に関する意識調査（以下，本調査）[5]」により回答を得た15～34歳の若年無業者である．また，データスクリーニングの手順を以下の通りに行った．まず，収集できた標本855件のうち，アルバイト129件，パート39件，派遣・契約・嘱託79件，経営者・フリーランス６件，非正規公務員９件，その他29件，無回答50件を除いた514件を得た．そのうち，35歳以上の６件を除く508件を本分析では使用する．

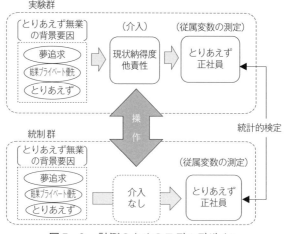

図7-2　計測のためのモデルデザイン

出所：筆者作成.

7.3.2　分析フレームワーク

　就職希望の表明度に基づく無業の類型化が，就業に伴う期待収益率の低さや世帯収入に関する所得効果に規定されることを明かした玄田（2007）を鑑みて，本分析では無業類型ごとの曖昧な就業・目的意識の相違に注目する．とりわけ，曖昧要素を意思決定モデルの中に考慮することで，より実態的な視座から若年無業者のキャリア心理面を捉えることを試みる．**図7-2の通り，実験群**（「現状納得度」「他責性（働き口が減っているのでフリーターになるのは仕方がない）」の介入あり）と統制群（介入なし）に分けることができる．この2群のうち，実験群よりも統制群の方が有意であることを示すことで，「とりあえず無業」の背景要因（3因子）の効果の高さを指摘できる．

　逆に，実験群の方の有意さを示すことができるならば，3因子以外の現状納得度や他責性という就業に関連する別の潜在変数が存在する可能性を示唆することができる．

7.3.3　基本属性と無業者の類型

　次いで，内閣府（2005）による無業者の3類型を援用し，「求職型（就業を希望し求職活動を行っている者）：n＝82」「非求職型（就業を希望するが求職を行っていない者）：n＝322」「非希望型（就業を希望せず求職も行っていない者）：n＝104」と分類

表7−1　若年無業者の基本属性（無業類型別）

	全体 (508)	求職型 (82)	非求職型 (322)	非希望型 (104)	検定
男性比率	74.9%	75.6%	74.2%	75.0%	n.s.
年齢（歳）	25.1	24.8	25.0	25.4	n.s.
親との同居	77.4%	81.7%	71.7%*̲	78.8%	$\chi^2(2)=10.1^*$
配偶者あり	6.7%	6.0%	8.4%*	5.7%	$\chi^2(2)=5.0^{**}$
中学卒	7.4%	6.1%	6.5%	9.6%**	$\chi^2(2)=8.5^{**}$
高校卒	47.2%	51.2%*	45.3%	45.2%	$\chi^2(2)=9.7^{**}$
短大／専門学校卒	14.1%	13.4%	16.5%*	12.5%	$\chi^2(2)=3.4^*$
大学卒	29.6%	28.0%	29.2%	31.7%	$\chi^2(2)=4.0^*$
インターンシップ 経験	22.4%	17.3%	34.7%**	15.3%*̲	$\chi^2(2)=13.7^{**}$
就職活動経験	66.0%	70.7%	71.7%	55.7%*̲*̲*̲	$\chi^2(2)=20.2^{**}$
正社員経験	37.7%	36.5%	43.1%*	33.6%	$\chi^2(2)=10.1^{**}$

注：*は当該数値が期待値よりも高いことを示し，下線付きの場合（*̲）は低いことを意味する．
　　**$p<.01$，*$p<.05$
資料出所：「若年者（フリーター・ニート）のキャリア形成に関する意識調査」2016年．

した．

　具体的には，無業状態である理由が「就きたい仕事への就業機会を待つため」「就きたい仕事がアルバイト，パート，派遣・契約社員でできる」「就きたい仕事が見つからなかった」「自分に合う仕事を見つけるため」のいずれか少なくとも1つ以上に該当する場合を求職型とした．

　また，非求職型には「就きたい仕事への準備や勉強をするため」を用いた．

　非希望型については「就きたい仕事がありそうにない」「自分の知識や能力に自信がない」「仕事を続けられそうにない」「急いで仕事に就く必要がない」「仕事以外のやりたいことがある」「病気・ケガのため（健康上の理由）」「家族の介護・看護のため」のいずれか少なくとも1つ以上に該当する者である．

　表7−1より，性別や年齢では，無業類型による比率に偏りはみられない．しかし，幾つかの属性で無業類型ごとの有意差が認められた．まず，非希望型においてインターンシップ経験（15.3%）と就職活動経験（55.7%）が著しく低く，経験値の不足と未就業状態との関連を指摘する玄田（2007）とも符合する．学歴差については，労働政策研究・研修機構（2010b）や安保（2011）と同様，非希望型で中学卒の割合が比較的高いことが確認できる．

7.3.4　検定仮説

実証分析を行う前に，前項までの「とりあえず無業」「なんとなく」という変数が無業類型に与える影響を予測する．まず，「無業類型のうち，就業を断念している者ほど明確に就業希望を持たない傾向がある」という玄田 (2007) の見解を踏まえると，「とりあえず」「なんとなく」というキャリア意識の曖昧さは，期待収益の見込みや (労働の対価としての) 収入獲得の実感を持ちづらい心理状況を強め，当事者意識を下げる方向性が予測されることから，非希望型が選択されやすくなるだろう．

とりわけ，「とりあえず××」のように，「とりあえず」については，修飾する対象が動作性であるか否かで大きく意味合いが異なってくる．例えば，「非希望型では過去に就業経験を持たない場合が7〜8割に上る」(内閣府, 2005) という調査結果より，「とりあえず正社員になりたい」は求職型で比較的高く，希望型では低くなることが予想される．逆に，「とりあえずフリーターでも良い」については，求職型の方が低くなると推考できる．

また，曖昧なキャリア心理の影響面に関連する効果については，7.2.2でサーベイした通り，「特に意識なく何かを行う (動作性)」「漠然と感じられる様子 (状態性)」の二側面 (二面性) から把捉可能である．つまり，曖昧要因の状態性の影響を受けやすい非希望型で負効果，曖昧要因の動作性との関連が深い求職型・非求職型で正効果が予測される．

以上の正業希望と二面的な曖昧要因による仮説を念頭に無業類型の決定に関する分析を行う．

7.4　推 定 結 果

7.4.1　就業に対する曖昧な意識

就業することに対して積極的になれない心理状況を起点とし，その心理がキャリア意識面とどう関わるかに関心を置く本調査では，リクルート (2000)・OECD (2010)・中嶌 (2013a : 2015a) の枠組みを援用し，「とりあえず正社員になりたい」「とりあえずフリーターでも良い」「とりあえず収入が欲しい」「なんとなく」という尺度を用いて5件法で尋ねた (表7-2)．

表7-2より，無業類型ごとに異なる傾向がうかがえた．求職型は「とりあえずフリーターでも良い」が相対的に低くなる．一方，非希望型では「とりあ

えず正社員になりたい」が低く，「とりあえずフリーターでも良い」が高いという具合に，「とりあえず」に修飾される対象が正規か非正規により逆向きの影響をもたらす可能性が示された．度数比較からも，「とりあえずフリーターでも良い」の割合は，非求職型が非希望型（10.6％）の半分（5.3％），求職型が約3分の1（3.6％）であり，前項における予測に矛盾しない．

　他方，「とりあえず収入が欲しい」は1.0〜2.5％と，おしなべて低水準であり，表7-1で確認した，親との同居率の高さと無関係ではないことが推察された．注目すべきは，「なんとなく」という就業に対する曖昧心理が非希望型（20.2％）で突出する点である．すなわち，「何をしたら良いかもわからず，具体的にどこがどうだからと言えない漠然とした感覚」（労働政策研究・研修機構，2010b）という状態性の強い曖昧さを不安や迷いが先行しがちな非希望型に顕著な心理傾向と特徴付けることができる．

7.4.2　とりあえず無業の概念構造

　次に，曖昧な心理の背景にある具体的事情を表す内容に基づいた心理的な概念構造を明らかにする．曖昧さ耐性（tolerance of ambiguity）の視点から分析した西村（2007）では，曖昧さに対する態度尺度が「享受」「不安」「受容」「統制」「排除」の多次元構造を有することを確認する．しかし，必ずしも就業場面に焦点化した分析フレームワークにはなっていない．そのため，本章では，曖昧な就業・目的意識で無業の状況に陥る状態を「とりあえず無業」（図7-1の網掛け領域に布置される対象）と定義した上で，議論を進めることとする[6]．

　表7-3は「とりあえず無業」の概念構造について，因子分析を行った結果である．無業状態に対する認知面・意識面・行動面からの特徴を表す21項目に関して，探索的因子分析（最尤法，プロマックス回転）を行い，二重負荷や無負荷の項目を削除していく作業を繰り返し行った結果，固有値が1.0以上の潜在変数は3つであり，3因子構造を得た（表7-3）．

　第1因子については，「やりたいことを優先させたい」「自分らしい生き方を優先させたい」「夢や理想を追求しない人生は無意味だ」という理想の実現を重視する志向性であるため，労働政策研究・研修機構（2006）を踏まえ，「夢追求」と名付ける（α=.766）．

　第2因子は，「急いで社会人になりたくない」「社会で働けるかどうか不安である」「自分のことに自信が持てない」「自分でどうしてよいか分からない」と

表7-2 就業に対する曖昧な意識 （無業類型別）

	全体 (508)	求職型 (82)	非求職型 (322)	非希望型 (104)	検定
とりあえず 正社員になりたい	75.1%	78.0%	76.1%	71.2%<u>*</u>	$\chi^2(2)=5.1^*$
とりあえず フリーターでも良い	6.5%	3.6%<u>**</u>	5.3%	10.6%**	$\chi^2(2)=16.6^{**}$
とりあえず 収入が欲しい	1.6%	1.0%	2.5%	1.2%	$\chi^2(2)=3.2$
なんとなく	14.9%	12.2%	12.4%	20.2%**	$\chi^2(2)=14.9^*$

注1：*は当該数値が期待値よりも高いことを示し，下線付きの場合は低いことを意味する．**$p<.01$，*$p<.05$
注2：「なんとなく」とは，無業状態であることに対する理由項目である．
資料出所：「若年者（フリーター・ニート）のキャリア形成に関する意識調査」2016年．

表7-3 とりあえず無業の概念構造 （探索的因子分析）

(N=508)

項 目	第1因子 夢追求	第2因子 結果プライベート優先	第3因子 とりあえず
やりたいことを優先させたい*	.999	.002	.000
自分らしい働き方を優先させたい*	.622	.063	.012
夢や理想を追求しない人生は無意味だ	.331	.076	.132
急いで社会人になりたくない*	−.093	.590	.116
仕事よりプライベートを優先したい	.012	.397	.146
自分でどうしてよいか分からない*	−.226	.654	−.317
食うに困らない（親が面倒みてくれる）*	−.156	.435	−.052
社会で働けるかどうか不安である*	−.170	.678	−.507
自分のことに自信が持てない*	−.099	.669	−.471
生活を大きく変えたくない*	−.079	.493	−.030
なんとなく*	−.134	.563	.049
必ずしも本意ではないが安心できる*	.152	.231	.606
必ずしも本意ではないが次のステップになる*	.198	.123	.618
社会に貢献できる仕事に就くことこそ価値がある	.225	−.108	.184
固有値	5.05	2.65	1.31
Cronbach の α	.766	.820	.707
分散の%	20.23	10.61	5.06
累積%	20.23	30.84	35.90

注1：因子負荷0．30以上に網掛け．
　2：プロマックス法（回転数：11回で収束）．
　3：曖昧なキャリア心理の11項目には（*）を付した．
出所：筆者作成．

表7-4　各因子の平均点（分散分析）

	全体	求職型	非求職型	非希望型	グループ間
夢追求 （第1因子）	3.56	3.66	3.74	3.27	F=1.11，　有意確率:.340　G2>G1>G3
結果プライベート優先 （第2因子）	3.08	3.08	2.86	3.54	F=1.97，　有意確率:.002　G3>G1>G2
とりあえず （第3因子）	3.33	3.46	3.38	3.14	F=2.25，　有意確率:.018　G1>G2>G3

注：学歴区分（中学卒・高校卒・短大／専門学校卒・大学卒）を要因に用いており，G1は求職型，G2は非
　　求職型，G3は非希望型を表す.
出所：筆者作成.

いう複合的なネガティブ項目に加え，その結果として，「仕事よりもプライ
ベートを優先したい」「食うに困らない」「大きく生活を変えたくない」「なん
となく」という仕事よりプライベートを優先したい気持ちを生じていると考え
られるため，「結果プライベート優先」とする（α=.820）

　第3因子は，「必ずしも本意ではないが次のステップになる」「必ずしも本意
ではないが安心できる」の2項目から構成されるため，中嶌（2013）の時間的
要素の概念を援用し，「とりあえず（狭義）」とする（α=.707）.

　今回，クロンバックのα係数が第1〜3因子で0.7以上であったことから内
的整合性を有すると判断した.

　加えて，第1〜3因子の平均値間に有意差があるかを調べるために一元配置
分散分析（一元配置ANOVA）を行った. 表7-4の分析より，結果プライベー
ト優先（第2因子），および，とりあえず（第3因子）はF値が有意に大きく（第
2因子：p=.002，第3因子：p=.018），各群間の母平均は有意水準5％で有意に異
なる. したがって，無業者の類型により，「とりあえず無業」の背景要因が異
なること，すなわち，無業類型ごとにキャリア意識への異なる影響が示唆され
た. しかし，どの群同士が異なるのかは一元配置分散分析の結果だけでは明ら
かにならない.

　そこで，次項では，多項ロジット回帰分析を用いて，無業者類型がどのよう
な要因に規定されるかについての検討を行う.

7.4.3　無業類型の規定要因

　では，「とりあえず無業」という明確な理由もなく就業を望まない心理状態
には，どのような背景要因が存在するのだろうか. 表7-5は，多項ロジス

表7−5　無業類型の規定要因（多項ロジスティック回帰）

無業類型（a）	B	標準誤差	Wald	自由度	有意確率	Exp(B)	Exp（B）の95%信頼区間	
							下限	上限
2.00　　切片	.735	1.108	.440	1	.507			
年齢	−.008	.033	.059	1	.808	.992	.930	1.058
非求職型								
性別(1=男性,2=女性)	.640	.308	4.322	1	.038	1.896	1.037	3.464
親との同居(1=あり,2=なし)	−.583	.350	2.784	1	.095	.558	.281	1.107
インターン(1=あり,2=なし)	.736	.345	4.553	1	.033	2.088	1.062	4.108
正社員経験(1=あり,2=なし)	1.358	.348	15.262	1	.001	3.889	1.967	7.687
身近な相談者(1=あり,2=なし)	.871	.289	9.071	1	.003	2.390	1.356	4.214
3.00　　切片	.751	1.213	.383	1	.536			
年齢	−.021	.036	.325	1	.568	.980	.912	1.052
非求職型								
性別(1=男性,2=女性)	.549	.341	2.595	1	.107	1.732	.888	3.378
親との同居(1=あり,2=なし)	.167	.407	.170	1	.680	1.182	.533	2.623
インターン(1=あり,2=なし)	−.196	.401	.240	1	.622	.822	.374	1.804
正社員経験(1=あり,2=なし)	1.218	.382	10.136	1	.001	3.379	1.597	7.150
身近な相談者(1=あり,2=なし)	.359	.317	1.286	1	.257	1.432	.770	2.246

注：参照カテゴリーは1.00（求職型）である.
出所：中嶌（2021c）.

ティック回帰モデルで，参照カテゴリーを求職型（1.00）とし，非求職型（2.00）・非希望型（3.00）の規定要因を推定した結果である．従属変数には無業類型（カテゴリカル変数），独立変数には「性別」「親との同居」「インターンシップ経験」「正社員経験」「身近な相談者」の各因子，および，共変量（年齢）を投入した．

　まず，モデルの適合度情報については，尤度比検定の結果，有意確率 p＝0.001（疑似決定係数：Cox & Snell＝.160, Nagelkerke＝.187）であり，概ね十分なモデルの適合度を確認することができた．

　次に，表7−5のパラメーター推定値を確認する．非求職型（2.00）の結果より，「求職型」と比較した場合，女性（性別＝2）であるほど，オッズ比1.896倍で非求職型である確率が高まる（有意確率 p＝.038）．同様に，インターンシップの経験がない場合（なし＝2）や身近な相談者がいない場合（なし＝2）であるほど非求職型となる確率が高まる．すなわち，インターンシップや正規就業の経験が乏しく，かつ，身近に相談できる者がいない無業者は，意図して就業を求めない傾向（＝非求職型）が強まることを端的に表している．

　また，正社員の経験（経験なし＝2）については，非求職型（2.00）・非希望型

（3.00）で有意確率 P = .001であり，かつ，オッズ比が共に 3 倍以上であった．確かに，非希望型の「正社員経験」は B = 1.218より，正社員の未経験（増分 1）に対して非希望型の確率のロジットも1.218増加する．e のベキ乗 (e^B) を求めると，2.7181.218 = 3.379倍（= EXP (E)）となる．このことから，非希望型の 7 〜 8 割が未就業経験者とする指摘（内閣府，2005）に関して，就業経験が乏しい無業者については，求職型と比べて非求職型と同程度（約 3 倍）の確率で非希望型にもなりやすいことが示された．

　ここでの解釈は，過去に就業経験を一切持たない場合，無業確率が上昇するだけでなく，非希望になる確率の高さを指摘した玄田（2007）に対して，曖昧な心理状況の中においても同様の効果が認められたことになる[7]．

　一方で，**表 7 - 5** の非希望型（3.00）では，正社員経験以外の説明変数で有意値が得られておらず，就業に向けた希望の有無については，背景に複雑な事情が存在することも考えられるため，慎重な解釈を行わなければなるまい．

7.4.4　とりあえず心理のキャリア意識への影響

　本章の探索的因子分析（**表 7 - 3**）で得られた因子と仮説モデルで設定した潜在変数が一致したため，各因子の項目を観測変数として共分散構造分析（最尤法）を行い，「とりあえず無業の背景要因（3 因子）→現状納得度・他責性→とりあえず正社員」という仮説モデルの妥当性の検証を行う（**図 7 - 3**）．このモデルの適合度指標は，$\chi^2 = 58.73$，$p < 0.001$，GFI が0.90，AGFI が0.89，CFI が0.90，RMSEA が0.071であり，Hair *et al.*（2010）の基準値（GFI，AGFI，CF > 0.90，RMSEA ≦ 0.70）を若干満たさないものがあった．そこで，本モデルを採用する際，AIC（Akaike Information Criterion）を用いて複数モデルとの比較で最も値が低いものを採用し，相対的適合の良さを確認した．

　さて，本研究の目的を達成するためには，明確な進路・目的意識が乏しく無業状態にある者の「とりあえず心理」が就業・キャリア意識とどのような関係にあるのかを無業類型ごとにそれぞれ検討しなければならない．それ故，多母集団同時分析を行った（**図 7 - 3**）．

　図 7 - 3 より，求職型・非求職型において，無業の背景要因から現状納得度への共通効果が認められた．夢追求（パス1）で正効果，結果プライベート優先（パス3）で負の効果が共に示されており，夢を追求していたり，あるいは，不安や自信のなさ・迷い（自分でどうしてよいか分からない）といった複合的

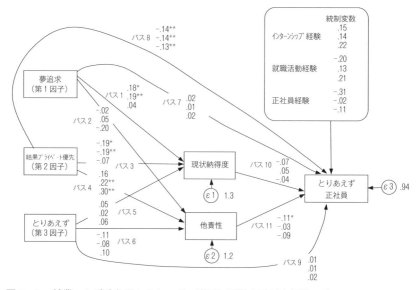

図7-3　就業への曖昧心理からキャリア意識に影響を及ぼす仮説モデル(多母集団同時分析)
注1：**$p<0.01$，*$p<0.1$
注2：パス係数の3段の表示は，上段が求職型，中段が非求職型，下段が非希望型であることを表す.
出所：中嶌 (2021c).

なネガティブ感情が小さい場合ほど希望を保持しやすくなる傾向が高まる.

　一方，非求職型・非希望型においては，「結果プライベート優先」から「他責性」への正の共通効果が確認できた（パス4）.すなわち，「急いで社会人になりたくない」，「生活を大きく変えたくない」という現状維持の意向や家庭的要因（親が面倒をみてくれる）の思いが強まる背景事情として，社会参加への不安や自分自身に対する自信喪失が少なからず関係している.つまり，若年労働市場の厳しい雇用情勢を強く感じる他責的な意識を併発する心理の裏側には，1つの解釈として，明確な進路や目的がないまま無職・無業の状態にある自分を自己正当化することと関連付けられる.

　他方，第3番目の無業の背景要因である「とりあえず（狭義）」（第3因子）から現状納得度（パス5）や他責性（パス6）へは有意な効果は確認できなかった.また，現状納得度から「とりあえず正社員」への正効果も有意ではない（パス10）

　ただし，パス11については，求職型のみにおいて有意な負の影響が確認され

ており，無業である現状に対して自責の念が強い求職型の者ほど，「とりあえず正社員」を強く志向するという解釈が可能である．すなわち，就業を希望し，求職活動を継続している者が社会参加への活路を見出す手がかりの1つとして，「とりあえず正社員」という行動実践に基づくキャリア意識が示されている．換言すれば，「とりあえず」の形式であっても，自分事として向き合う機会を持つことが現状からの脱却に有効であると考えられる．

ただし，「とりあえず無業（第3因子）」から「とりあえず正社員」への直接効果の正パス（パス9）は有意でないことから，同じ正規就業を目指す上でも，正社員経験者やフリーターとは社会との距離感が異質である可能性が高い．また，就職活動を行った結果，あるいは，社会参加の経験を通して自らの就業能力を当事者がどのように意味づけをしているかが大きな鍵となる．「結果プライベート優先（第2因子）→「とりあえず正社員」への負の直接効果（パス8）の強度を踏まえると，正規就業に向けた個別的支援の重要性が示唆される．

ここで得られた特定の類型のみにおける統計的有意性は，等値制約を課さないモデルが採用された場合，無業3類型の間で，各潜在変数が他の潜在変数に及ぼす影響が等しいということにならないことを意味している．

そこで，3つの無業類型間で標準化間接効果に有意差があるかを検証した結果が表7-6である．まず，求職型の「現状納得度→とりあえず正社員」の間接効果において負で有意（−.0.044）が示された．つまり，十分な納得が得られない現状を正規就業に向けた発奮材料（Crandall, 1969；西村, 2007）へと転化する点は，求職型において曖昧要因が動作性を高めるとした7.3.4の仮説と矛盾しない．

加えて，非求職型と非希望型との間で共通する有意な負の効果が2つ認められた．第一に，「プライベート優先→とりあえず正社員」の間接効果である．すなわち，「とりあえず」という曖昧な心理状態のまま無業状況にある背景には，不安や自信喪失，先行き不透明感という複合的なネガティブな気持ちが高まる結果，プライベートを優先する意向が強くなると同時に，「とりあえず正社員」は低下するという関連性を見出すことができた．その効果は非希望型においてより顕著であった．

第二に，「他責性→とりあえず正社員」の間接効果である．就業できない現状に対して，若年労働市場の雇用情勢の悪化という他責的な理由に原因を求めがちな傾向は，「とりあえず正社員」という意識を弱める効果をもたらす．こ

表7-6　現状納得度と他責性の間接効果（従属変数：とりあえず正社員）

		標準化間接効果	標準誤差	Z	P>|Z|
求職型 (82)	夢追求→とりあえず正社員	0.001	0.015	0.01	0.924
	プライベート優先→とりあえず正社員	−0.0058	0.056	−1.05	0.295
	とりあえず（無業）→とりあえず正社員	−0.021	0.024	−0.87	0.385
	現状納得度→とりあえず正社員	−0.044*	0.015	−1.81	0.021
	他責性→とりあえず正社員	−0.041	0.039	−1.05	0.295
非求職型 (322)	夢追求→とりあえず正社員	0.003	0.013	0.32	0.752
	プライベート優先→とりあえず正社員	−0.066***	0.024	−2.84	0.005
	とりあえず（無業）→とりあえず正社員	−0.014	0.011	−1.14	0.254
	現状納得度→とりあえず正社員	−0.012	0.009	−1.03	0.301
	他責性→とりあえず正社員	−0.045**	0.013	−2.55	0.011
非希望型 (104)	夢追求→とりあえず正社員	0.008	0.043	0.20	0.843
	プライベート優先→とりあえず正社員	−0.205***	0.072	−3.45	0.001
	とりあえず（無業）→とりあえず正社員	−0.067	0.039	−1.69	0.091
	現状納得度→とりあえず正社員	−0.041	0.035	−1.01	0.312
	他責性→とりあえず正社員	−0.085**	0.033	−1.94	0.052

注：***$p<0.01$，**$p<0.05$，*$p<0.1$
出所：中嶌（2021c）．

　の効果においても，非希望型の方が寄与度は大きい．

　ここでも，非希望型ほど曖昧要因の状態性の影響を受けやすく，キャリア意識に負効果をもたらすという仮説と整合的な結果が得られた．

　以下，本章において明らかとなった推定結果を踏まえ，「とりあえず無業」という曖昧なキャリア心理とキャリア形成に関する意識（「とりあえず正社員」）との関連を通して，無業者の3類型のそれぞれに対する望ましい支援策について総合考察を行う．

　まず，無業類型ごとに異なる反応が示された本分析の結果は，多様な背景事情や諸問題を抱える若年無業者が個々の状態に応じた働き方を通して，暮らしていける環境や機会を整備していくために，行政・教育機関や若者支援現場の担当者が日々の研鑽を通して，若年無業者への個別の対応から学び続ける姿勢が肝要であることを示唆するものであった．

　具体的な関わり方として，求職型については，現状納得度の「とりあえず正社員」への負の効果，つまり，動性の強い曖昧心理との関連が示唆された点を踏まえれば，行動・動作の意味付けや中長期的な夢・希望を短いスパンの具

体的目標に落とし込むようなキャリア形成支援（キャリアコンサルティング）が効果的であると思われる.

　他方，非求職型・非希望型に対しては，希望を失わないための自信回復や意識改善といった心理的支援（Hartman, *et al.*, 1983；労働政策研究・研修機構, 2010b）に加えて，夢を追い求める積極性を育みながら，内的準備状態を維持する支援のあり方が，「とりあえず無業」のような，曖昧な心理状態のまま所属がない状況下であっても希望を喪失しないための有効策になり得るだろう.

7.5 結　　語

　本章では，若年無業者の実態に関する不十分な理解が支援サービスの低捕捉率と合わせて課題とされてきた現状（宮本, 2017）を鑑みて，曖昧なキャリア心理のまま無業状態にある層に着目し，内的準備状態の観点から，「とりあえず無業」の背景要因とキャリア意識との関連を実証した.

　さまざまな背景事情を抱える15〜34歳の若年無業者のデータ（N＝508）を用いて，求職型・非求職型・非希望型の３つの無業類型に分類して分析を行った結果，漠然としたまま無業状態にある心理の背景には，「夢追求」「結果プライベート優先」「とりあえず（狭義）」の３つの構成概念を有することが示された. とりわけ，非希望型で「結果プライベート優先」，求職型で「とりあえず（狭義）」という背景要因が顕著であった（表7-4）.

　また，就業への曖昧心理がキャリア意識に及ぼす仮説モデルの検討より，求職型・非求職型において，夢・目標を追い求めている場合，あるいは，不安や自信喪失度が小さい場合ほど，無業である現状に納得しやすいこと，その反面，不安が募り，自信を失った結果として，プライベートを優先する心理は，他責性との関連が見出され，「とりあえず正社員」というキャリア意識を低下させることが判明した.（図7-3）.

　これらの結果を踏まえて，「とりあえず」「なんとなく」という曖昧な心理で無業状態にある者に対する就労促進施策（心理的支援・就職支援・キャリア形成支援）を無業類型の内面的特徴を踏まえて指摘した点については，若年無業者に対する適切な支援にとっても意義があるものと考える[8]. 就職困難に伴い，就業経験のないまま非労働力化が若年層で進行することは，職業観・職業能力開発機会の逸失という面でも重大な問題であろう.

～補　論～

「とりあえず何もしない」若者の進路保障教育を考える

　第7章で着目してきたニート（NEET : Not in Education, Employment or Training）は，イギリス発祥の概念といわれる．1980年代前半のイギリスでは若年失業率が20％に迫り，政府は職業訓練政策に力を入れ，義務教育修了後に上級学校に進学せず，就職もしない16～18歳の若者には，職業訓練を受けるよう誘導する政策を採ってきた．しかし，一度ニート状態に陥った若者は，その後も教育訓練に参加せず，長期的キャリア形成の可能性が低く，税金納入者ではなくさまざまな社会福祉給付受給者になる可能性が高いことから，こうした下層階級は将来的な社会的排除に繋がりやすい点が指摘されてきた（小杉，2004）．

　一方，日本では，ニートは働く意欲のない若者と一般的に理解されており，その数は約60万人前後で推移している．完全失業者（無業ではあるが，働く意思があり，職は探している者）とは区別されるため，調査対象期間に職探しをしなかったニートは完全失業者とは見なされず，統計上に直接反映されない．そのために彼らの姿は見えにくい．小杉（2004）では，日本型ニートを「15～34歳の非労働力のうち，主に通学でも，主に家事に従事でもない者」と定義づけており，就労，学校，家庭，ソーシャル・ネットワークのそれぞれの事情が相互に結びついた複雑な問題に起因することから，各組織が連携して包括的に解決を図っていく必要性を主張する．

　確かに，ニートの増加は憂慮すべき社会問題である．しかし，ニートに限定した局所的な議論は「働く意欲のない若者」論に陥り，若年雇用状況の悪化や教育問題などの問題の本質を見落とすことがないよう注意が必要である．そもそも若年失業は日本経済の構造に根ざした問題である（太田，2010）．

　本補論では，「とりあえず何もしない」若者の事例を取り上げ，ニート・若年無業者の問題を教育面から論考する．教育社会学の分野では「教育の職業的意義（レリバンス）」というテーマで活発に議論されている．つまり，教育が仕事に役立つものになっているかという論点である．第6回世界青年意識調査（1998）によれば，最後に経験した教育機関について，職業的技能の習得という点で意義があったと答えた比率を高校卒・大学卒別にみると，日本はいずれも最下位であり，日本の高等教育における職業的意義は著しく低い（本

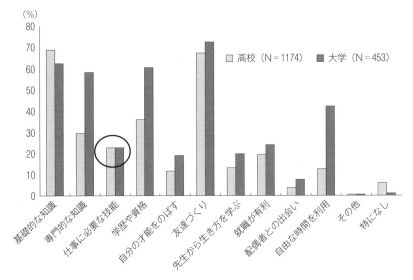

図7-4　教育の意義 (高校・大学別)

出所：本田 (2008).

田, 2008). 専門学校 (職業高校) の比率の低さ, および, 高校段階において職業科 (商業科・工業科・農業科・水産科) で学ぶ生徒の割合が少ないことが最大の要因となっている.

　加えて, 今や同世代人口の過半数が進学するようになった大学における教育の職業的意義の低さが著しい (濱口, 2013). ちなみに, 筆者が2016年に行った「フリーター・ニートのキャリア形成に関する調査 (調査③)」では, 「学校での勉強は, 仕事をする時に役に立たない」という主観的評価を5件法で尋ねており, 全体では4人に1人 (25.5%) が「強くそう思う」・「少しそう思う」のいずれかを回答している. また, 学歴別では, 大学卒の方が高卒以下よりも2ポイント高く, 就業状況別では, 未就業状態の方が就業状態にあった者よりも3ポイントほど高くなる. ちなみに, 学校の勉強が役立ったと教育の意義を認める者 (「ほとんど思わない」・「まったく思わない」の合計割合) は全体の半数に満たない (40.1%). 図7-4は, 教育の意義について多面的に尋ねた先行調査の結果であるが, 高校卒・大学卒とも「仕事に必要な技能」が著しく低いことが見て取れる.

　こうした職業進路の選択に関する若者の気がかりを背景として, 新規高卒者

の5人に1人が何も選択をしない選択を行うという構図が生まれる（高木，2002）．「何をしたいか分からない」「やりたいことがない」「やりたいことはあるけれど，それをできるところがない」「社会に出ていく能力があるか自信がない」等々，理由は多種多様であろう．耳塚（2004）は「有効な求人票が残っていても労働市場に入って行かない，あるいは入っていけない」タイプが目立ってきている背後に「高校生文化の変容」，つまり，学校生活の重要度が低くなる反面，校外生活（アルバイト）を通した消費文化への接近が強まる傾向を指摘する．1カ月のアルバイト代が4～5万円ともなれば，経済的には一人前の消費生活者であり，フリーター予備軍となる者も少なくない．仮に，とりあえず大学進学をした者であっても，大卒未内定者や中途退学者になれば，ニート・フリーター予備軍との親和性が一気に高まる[9]．

　さまざまな紆余曲折を経て，自分の意志で何の進路先も決めないまま，卒業時点で，「自分は何ができるのか？」「自分が何に向いているのか？」「自分は何がしたいのか？」という自問に対する答えを見出せない若者たちが「とりあえず何もしない」という選択に靡いていくことが考えられる[10]．

　しかしながら，当人たちも居候は良しとは考えておらず，世間体もあるため，やがて，自分の小遣いくらいは稼がなければと，「とりあえず」重い腰を上げるのである（第2章の図2-7では，「進路・目的意識の重圧」と第3軸で表現した）．「とりあえずフリーター」「とりあえず日雇い」「とりあえずパート」「とりあえず派遣」は，ある種，出入り自由で時間的拘束も限定的であるため，束縛嫌悪型・生活資金の獲得型にとっては好都合な面を併せ持つ．また，「とりあえず働いてみるが，この仕事が自分の仕事ではない」という感覚は職種こだわり型・好きなことを仕事にする型ほど強まることが考えられる．これらは，第6章の表6-1（「希望進路＝フリーター」の内訳）の肯定派・否定派に分類され，自分の可能性や将来を自分事として見通せるようになることとも関係する．つまり，仕事（就職）を選ぶのは自分ではなく採用する側であること念頭に置けば，（答えが見つかる保障のない）自分自身（自己概念）を探し求めるのではなく，「自分」を「考え」「志向」「人」「目的」等の具体的事物と結びつけて示せるようになることが第一歩になろう（詳細は，第8章補論の図8-3を参照）．そのためには，自己回顧の機会を提供し行動実践を誘発するような機会の提供が重要になる．そうした生徒・学生一人ひとりの個性を重んじた職業教育を各種機関が実践し，相互に連携を図っていくことが，ひいては，若者就労支援の捕

捉率を高めることにも寄与することになる.

　2000年以降, 奇しくも日本では中学, 高校から大学に至るまでキャリア教育[11]が盛況である. 筆者自身も大学1年生向けの「キャリアデザイン」授業を担当するが, 日本型雇用システムの特徴を説明する際, 非正規労働と正規労働の生涯所得の差, あるいは,「フリーター＝不利」という言説を用いることがあり, 学生の「何が何でも正社員」という就業意識を煽っている面は否定できない. 就職力・エンプロイアビリティ（自己市場価値）を高める就活スキル教育は, 受けた学校教育が職業キャリアに大きな影響を与えるわけではないという意味で「教育と学校の密接な無関係」（濱口, 2013）と揶揄される. とりわけ文科系大学において, 教育の職業的意義の見直しが囁かれる所以である.

　上述の通り, 日本型雇用システムと日本の教育システムの密接な無関係な関係により, 学校で学んだ中身ではなく「人」という潜在能力が評価基準となる採用現場において, われわれ教員側が生徒・学生の職業展望に寄与できる手立ての1つは,「自覚」させることではなかろうか. 文字通り, 心の内側から自ら覚る経験をいかに養うかが鍵になる. それは, 彼らに自信をつけさせること, あるいは, 自己責任の意識を植え付けることとも若干毛色が異なるように思われる.

　表6−1の三類型のうち, 肯定派・否定派以外の「とりあえず派」の各タイプをどう養育するかを具体的に検討することは,「とりあえず何もしない選択」をする若者の進路保障教育に向けた糸口になると筆者は考える.「とりあえず何もしない」という一番大きな理由が「私」に自信がないことである（高木, 2002）. そうであるならば,「なかなか本気になれない型」「暗中模索型」は, 未だ重要な気づきを得られていない可能性があるため, 自分自身の置かれている状態や環境を理解させる訓練（自己覚知）が有効かもしれない.「足踏み型」に対しては, 例えば, 思うようにいかない自分が許せないと思ってしまう自分の価値観を受け止めることができず, 苦悩の連鎖に落ち込んでいるような場合には, 伴走型の就労支援[12]が必要になることもあるだろう. ただし, ここで重要なことは,「自分とはどういう存在であるか（自己概念）」「仕事に対する金銭目的以外の特別な意味」という問いの答えを過度に求め過ぎないことである.

　こうした地団駄を踏むような若者（学生）に出会うたびに, とりあえずの第一歩を踏み出すのに必要な「生きる力」を授けてやりたいと念じつつ, 日々若者たちと接していきたいと思う毎日である.

付記

　本章は，中嶌（2015c）・中嶌（2021c）の研究成果を基本としている．

注

1）通常，若年無業者とは「高校や大学などに通学しておらず，独身であり，ふだん収入
になる仕事をしていない，15歳以上35歳未満の個人（予備校や専門学校に通学している
場合も除く）」（内閣府，2005）と定義される．一方，フリーターの定義（内閣府）は，
「15～34歳で，男性は卒業者，女性は卒業者で未婚の者」，かつ，「パート」か「アルバイ
ト」をしている者，もしくは，探している仕事や希望する形態が「パート・アルバイ
ト」である完全失業者や家事も通学もしていない者である．

2）労働政策研究・研修機構（2010b）の調査によれば，高校によって，動向が把握され
ている高卒未就職者は2割以下に過ぎないという．

3）内閣府（2005）の無業類型を用いてキャリアレディネスや精神健康（WHO‐5）を
分析した安保（2011）では，人生キャリアレディネスの「真摯性」「具体性」，および，
職業キャリアレディネスの「積極性」「準備性」において類型間（求職群＞非求職群＞
非希望群）の有意差を見出している．

4）曖昧なキャリア心理の11項目は，表7‐3の注3に示す通りである．無業の認知に
は，「正社員よりも無業の方が良い」「できることなら仕事はしたくない」「自分に合わ
ない仕事はしたくない」「仕事よりプライベートを優先したい」「社会に貢献できる仕事
につくことこそ価値がある」「夢や理想を追求しない人生は無意味だ」の6項目を用い
た．無業に対する考えは，「自分のやりたいことを探すために無業になるのは良い」「無
業になるのは本人が無気力なせいだ」「誰でも無業になるかもしれない」の3項目であ
る．行動面は，1年前の就業状態が「仕事・通学・教育訓練以外」（1項目）である．

5）本調査は，全国の若者就労支援機関（わかものハローワーク，ジョブカフェ，地域若
者サポートステーション，大学キャリアセンター，職業訓練校，フリースクール）を通
じて，学校卒業後の15～44歳の学卒無業者・フリーター・ニート（一部，過去における
経験者を含む）を対象に郵送調査を実施した．実施手順は，各種支援機関の窓口担当者
に調査対象者へ配付してもらう方法で行った．配布数6788，有効回答数855（有効回答
率：12.6％），である．

6）例えば，若年無業者の就業意欲を精神健康度の観点から分析した安保（2011）は，
「積極性」「準備性」で無業類型間の有意差を確認するが，「曖昧性」では有意な差は認
められていない．

7）玄田（2005）では，非希望型の増加要因として，就職活動に対する挫折，希望する就
業機会の乏しさ，自らの就業能力に対する自信喪失に加え，病気や怪我を理由として就
業を断念するケースの増大を指摘する．

8）社会的排除に陥りやすい若者の移行プロセスが，失業，職業訓練，雇用の間を行きつ
戻りつの非線形の移行パターンを辿ることから，宮本（2004）は若年支援対象が求職型
へ偏重することに警鐘を鳴らす．

9）　近年，大卒未内定者や中途退学者を直接のターゲットとした9月入学の専門学校

（ビジネス専攻コース）が出現している．クラス担任制で一人ひとりの強み・個性を踏まえた就職教育を行っている．また，内定後も内定先アンケートに基づく職種別の専門教育を実施するだけでなく，入社後のスタートダッシュ支援にまで乗り出す（参考：https://www.atpress.ne.jp/news/46972, 2021年2月10日取得）．

10)　子供の意思決定における親の意向の影響は決して小さくはない．筆者が受け持つ大学ゼミでは，就職活動が本格化する3年生の保護者宛てにレターを送付するようにしている．2013年にディスコが行った『採用活動に関する企業調査』によると，「親から連絡をもらったことがある」という企業は15.9％であり，「何か力になりたい」と過干渉になる傾向は後を立たない．子供に手を掛けすぎて「いつまでも自分の言いなりになる」と過信する親は本末転倒であり，子供の成長や自立には，お互いが自由に意見が言い合える適切な親子の距離感が大切である．

11)　1999年の中央教育審議会（答申）において，「望ましい職業観・勤労観および職業に関する知識や技能を身につけさせるとともに，自己の個性を理解し，主体的に進路を選択する能力・態度を育てる教育」と公表され，現在においても職業観・勤労観といった職業意識に関する教育，および，職業に関する知識や技能を身につけさせる職業教育が各種学校で実施されている．

12)　発達障がい，精神疾患，身体障がい，依存性，アダルトチルドレン等，生きづらさを抱える対象者に対する一対一の個別支援が，全国各地のNPO法人・就労支援機関で取り組まれている．明確な定義はないものの，支援者が相談者と同じ目線に立ち，一緒に物事を考えるスタンスをとることが多いとされる．

第*8*章

とりあえず志向の国際比較（日米韓）
――キャリア選択過程における曖昧心理の要因分析

8.1 問 題 意 識

　本章では，キャリア選択に関連する曖昧心理を「とりあえず正社員」意識を媒介させ，「認知可能な曖昧不安の部分」と「曖昧な認知のまま残る部分」に分けて捉え直し，それらが意思決定とどう関連するのかを統計学的に明らかにすることを目的とする．認知できる曖昧要素を「何となく漠然とした不安」という操作的に定義した変数として導入し，認識可能な要素と認識が困難な要素の両観点から，キャリア選択上の曖昧さへの対処に関する限定的な把捉を試みる．

　「とりあえず正社員」という意識を進路選択時の曖昧要因と仮定した上で，10個の不安尺度と共に，日本・米国・韓国の３カ国における大卒正社員を対象としたキャリア選択に関する曖昧な不安要因の影響について分析を行う．

　米国と韓国を取り上げた狙いは，「韓国と同様に，新卒一括採用制度が残る日本のキャリア教育が米国式の影響を受けてきた」という三村（2010）の指摘を踏まえ，日本と共通項が見出せる韓国，および，労働市場が対照的な米国を比較対象とすることで，当該問題の雇用・キャリアにおける曖昧性の対処の在り方を見出す点にあった．

　なお，「労働市場の不安定度」（OECD, 2019）が異なる米韓の両国[1]を考慮に入れた分析は，曖昧な不安心理を未内定者（学卒無業者）や早期退職者を含んだ初期キャリア形成の問題とどのように関連づけるべきなのかという論点に対し，新たな示唆を与え得る問題であり，かつ，これまで十分に議論されていない課題であった．壮年の非正規雇用者（35〜44歳）や中高年フリーター（35〜54歳）が顕在化し，より長期的な視点からキャリア形成の在り方を問い直す機運が高まっている昨今，キャリア形成上の不透明感や曖昧性を念頭に置いた研究を行う意義は決して小さくないだろう（内閣府, 2016；労働政策研究・研修機構, 2019）[2]．

8.2 方　　法

8.2.1 調査概要

　本章の分析で使用するデータは，インターネットリサーチ会社のアンケート
パネルに登録している民間企業（初職）に勤務する入社後10年目までの20代・
30代の男女正社員にインターネットを通じて行った3つのアンケート調査によ
り得た．第一の調査は，2017年8月31日から9月5日に日本の正社員を対象に
初職選択時の意思決定に関わる調査（『若手社員の就業に関する心理行動調査』，以
下，日本調査）である．第二・第三の調査は，2018年8月23日から9月1日に米
国人・韓国人の同社登録モニターに対してウェブサイトを通じて依頼された
Web アンケートである[3]．これらの調査は，目標回答数に達すると調査が打ち
切られる形で行われた．日本調査2000件，米国調査516件，韓国調査543件の計
3059人から回答を得たが，高卒労働市場と大卒労働市場の間における二極化の
実態（宮本，2012）を踏まえて，本分析の対象を新規大卒正社員に限定する．そ
の結果，使用する変数に欠損のない者は1989人となり，その内訳は日本1412
人，米国213人，韓国364人であった．

8.2.2 調査内容

　本調査の質問項目の中には，内定企業に対する入社前の曖昧意識を尋ねる質
問も含まれ，同じ正社員内定者の間でも，国ごとに曖昧意識の比率差がみられ
た（表8-1）．「a. この会社で定年まで働き続けたい」の割合は米国が日本・
韓国の2倍近くに上る．新卒一括採用制度がない米国では中途採用市場が発達
しており，自己キャリアを吟味した上で初職に就くケースが背景にあることも
推察された．
　「b. とりあえず安心できるのでこの会社で働く」については3国間で有意
差はないが，韓国人の4人に1人は「c. とりあえず次のステップになるので
この会社で働く」という意識を抱いて入社しており，もっとも明確に将来を展
望する．一方，日本では「d. 状況次第で別の会社に転職する」「f. わからな
い」が顕著であり，優柔不断な特性がうかがえた．
　さらに，キャリア選択時に認識できる曖昧意識の厳密な意味付けを行うため
に，「曖昧不安に関する認知可能尺度（10項目）」を設けた．具体的には，Alder-

表 8-1　内定企業に対する入社前の曖昧意識 （新規学卒時，大卒）

項　目	日本 N=1412	米国 N=213	韓国 N=364
a.　この会社で定年まで働き続けたい	207（14.6）	65（30.5）**	64（17.6）
b.　とりあえず安心できるのでこの会社で働く	504（35.7）	77（36.1）	117（32.1）
c.　とりあえず次のステップになるのでこの会社で働く	240（16.9）	38（17.8）	93（25.5）*
d.　状況次第で別の会社に転職する	289（20.5）**	22（10.3）	65（17.8）
e.　その他	29（2.0）	4（1.9）	3（0.8）
f.　わからない	146（10.3）*	7（3.3）	22（6.0）

注：**p＜.01　*p＜.05　丸括弧内は比率.
出所：「若手社員の就業に関する心理行動調査」2017–2018年.

表 8-2　曖昧不安の認知－対応尺度 （10項目）

	［曖昧さへの短期的対応（S）］	［曖昧さへの中長期的対応（L）］
生存 （E）	自分だけが他の就活生から取り残されないかの不安（ES）	履歴に空白期間（生計を立てる手段を失うこと）がないかの不安（EL）
関係 （Ra）	本当に自分にあった会社に巡り合えるかの不安（RaS）	社会人として上手く人間関係を築いていけるかの不安（RaL）
関係 （Rb）	まず1社から正社員内定がもらえるかの不安（RbS）	安定的なキャリアを築いていけるかの不安（RbL）
成長 （Ga）	自分の能力やスキルが仕事に生かせるかの不安（GaS）	入社後のライバル競争で優位に立てるかの不安（GaL）
成長 （Gb）	本命の会社で内定を獲得できるかの不安（GbS）	入社後，仕事で自分のやりたいことや夢を実現できるかの不安（GbL）

出所：筆者作成.

fer（1969）のERG理論の3分類に基づきMaslow（1943）の5段階階層により，5つの尺度で捉える（Existence,Relation（a）（b），Growth（a）（b））．これらは，曖昧さに対する「認知面」からの捉え方である．加えて，曖昧さへの「対応面」に関して，短期的対応と中長期的対応の2視点から捉える[4]．ここでの認知尺度と対応尺度を掛け合わせた計10個の尺度変数（5件法）を用いる．具体的には，表8-2に示す通りである．

表 8-3　認知可能な曖昧不安 – 対応尺度 (探索的因子分析，最尤法・プロマックス回転)

項　目	日本(N=1412)				米国(N=213)				韓国(N=364)			
	1	2	3	平均値(標準偏差)	1	2	3	平均値(標準偏差)	1	2	3	平均値(標準偏差)
自分の能力やスキルが生かせるか	.73	.08	.00	3.45(1.54)	.54	.23	.10	3.51(1.34)	.72	.11	.02	3.74(0.89)
将来ライバル競争で優位に立てるか	.52	-.04	.24	3.05(1.94)	.71	.06	.13	3.46(1.31)	.44	-.05	.15	3.36(0.96)
安定的なキャリアを築いていけるか	.21	.54	.09	3.47(1.52)	.30	.58	.05	3.62(1.18)	.14	.56	.10	3.74(0.91)
本当に自分にあった会社に巡り合えるか	.22	.64	.08	3.70(1.29)	-.00	.74	.12	3.55(1.23)	.24	.42	.12	3.89(0.94)
自分だけ周りの就活生から取り残されないか	-.03	.32	.60	3.49(1.50)	.07	.13	.70	3.30(1.32)	.09	-.02	.66	3.71(1.01)
将来の履歴に空白期間を作ることがないか	.06	.35	.42	3.23(1.76)	.11	.05	.69	3.10(1.39)	.04	.14	.60	3.72(1.04)
因子間相関第2因子	.87				.86				.89			
第3因子	.68	-.03			.81	.05			.83	.11		

注：累積寄与率は，日本76.01%，米国66.92%，韓国78.10%である．
資料出所：「若手社員の就業に関する心理行動調査」2017-2018年．

8.3　推 定 結 果

8.3.1　「認知可能な不安 – 対応尺度」に関する信頼性と妥当性の検証

　本調査における認知可能な不安尺度の候補15項目に対して，探索的因子分析（最尤法）を行った[5]．次に，固有値の減衰状況と因子の解釈可能性から3因子解を採用し，再度因子分析（最尤法，プロマックス回転）を行った．さらに，因子負荷量3.5以上，かつ，複数因子に4.5以上で重複しないという基準に合致しないものをすべて削除し，6項目を選定し，再び因子分析を行った最終的な結果を表 8-3 に示す．固有値が2.5以上の解は3つ得られ，3因子構造であることがわかった．すなわち，表 8-2 の10個の認知可能な不安 – 対応尺度うち，生存面（ES&EL）・関係面（RaS&RbS）・成長面（GaS&GaL）の3つの分類すべてで各2因子ずつ把捉できたことからも，ERG理論の想定と符合する．

　対応尺度については，生存面（E）と成長面（G）では，短期（S）・中長期（L）の間で対処方法に個人差が生じやすいことが示された．ただし，関係面（R）では，他者との関係構築により多大な影響を受ける部分が大きいことからも短期的対処（RaS&RbS）に集中した．

　加えて，内的一貫性の観点からクロンバックの α 係数を算出したところ，第１因子～第３因子の順に，.70，.69，.76（日本），.84，.75，.86（米国），.66，.72，.75（韓国）であり，信頼できる内的整合性を有すると判断できた．また，本尺度の弁別力を検討するために全15項目について，平均値＋1/2SD 以上を上位群（G群），平均値－1/2SD 以下を下位群（P群）として G－P 分析を行ったところ，すべての項目が有意（t(24～28)＝7.66～17.33, p＜.005）であり，尺度の程度を弁別する有意性も有していた．

　第１因子は，「自分の能力やスキルが生かせるかの不安」「将来ライバル競争で優位に立てるかという不安」の２項目であり，能力適性や内部労働市場における昇進（キャリアコース）に関わる項目であるため「能力発揮の曖昧不安」と命名する．

　第２因子は「安定的なキャリアを築いていけるかという不安」「本当に自分にあった会社に巡り合えるかという不安」の２項目で，継続的に会社組織に所属することや職業キャリアの縦断的側面を重視する項目であるため「安定キャリアの曖昧不安」と命名する．

　第３因子は「自分だけ周りの就活生から取り残されないかという不安」「将来の履歴に空白期間を作ることがないかの不安」の２項目であり，就職活動を独力で上手く乗り切れるか，あるいは，新規学卒時以降で職務経歴に空白期間が生じることを危惧する項目であるため「キャリア自律の曖昧不安」と命名する．なお，因子間相関係数は日本・米国・韓国とも第１因子と第２・３因子との間で r＝.68～.89であった．

8.3.2 「とりあえず正社員」と曖昧不安の相関関係

　8.3.1における分析より，曖昧な進路選択意識と仮定した「とりあえず正社員」の下位尺度として，認知可能な不安尺度が３つ考えられた．各尺度項目の合計を求め項目数で除したものを尺度得点として使用し，「能力発揮の曖昧不安」，「安定キャリアの曖昧不安」，「キャリア自律の曖昧不安」と「とりあえず正社員」との相関係数，および，平均値，α 係数を表８−４−１～表８−４−３に示す．

　表８−４−１と表８−４−３より，日本と韓国では，「能力発揮の曖昧不安」「安定キャリアの曖昧不安」「キャリア自律の曖昧不安」に関して「とりあえず正社員」はいずれも弱い～中程度の正の相関がみられる（日本：r＝.26～.41, p

表 8-4-1　「とりあえず正社員」と曖昧不安との相関関係（日本）

	1	2	3	4	平均値 (標準偏差)	α
1．とりあえず正社員	－	.264	.413**	.236*	4.43(0.83)	.80
2．能力発揮の曖昧不安		－	.509**	.527**	3.27(0.92)	.79
3．安定キャリアの曖昧不安			－	.657**	3.67(0.89)	.78
4．キャリア自律の曖昧不安				－	3.41(1.01)	.80

表 8-4-2　「とりあえず正社員」と曖昧不安との相関関係（米国）

	1	2	3	4	平均値 (標準偏差)	α
1．とりあえず正社員	－	.174	.219*	.148	4.51(0.82)	.81
2．能力発揮の曖昧不安		－	.816**	.708**	3.49(1.24)	.90
3．安定キャリアの曖昧不安			－	.732**	3.49(1.13)	.84
4．キャリア自律の曖昧不安				－	3.21(1.27)	.80

表 8-4-3　「とりあえず正社員」と曖昧不安との相関関係（韓国）

	1	2	3	4	平均値 (標準偏差)	α
1．とりあえず正社員	－	.348**	.627**	.399**	4.34(0.87)	.80
2．能力発揮の曖昧不安		－	.538**	.539**	3.56(0.80)	.79
3．安定キャリアの曖昧不安			－	.618**	3.73(0.83)	.76
4．キャリア自律の曖昧不安				－	3.73(0.83)	.80

注：**$p<.01$，*$p<.05$
出所：筆者作成．

<.01，韓国:r＝.34～.52，p<.01）．とりわけ，韓国では「安定キャリアの曖昧不安」と「とりあえず正社員」の関連が強く，「安定キャリアの曖昧不安」は「キャリア自律の曖昧不安」と強い相関がある（r＝.61，p<.01）．韓国人にみられる曖昧な進路選択に対する不安の大きさは，教育に対する過度な期待と格差の大きさを物語る危機意識の表れであるとする平田（2015）に通じる結果である．[6]

　一方，表 8-4-2 の米国では，「とりあえず正社員」と下位尺度の間で弱い相関が示された（.14～.21，p<.05）．したがって，疑似相関である可能性も考慮し，それぞれの影響を統制した上で，認知されにくい曖昧な心理要因の影響

にも着目する.

8.3.3 「とりあえず正社員」意識の規定要因 (国際比較)

　本節では,「能力発揮の曖昧不安」・「安定キャリアの曖昧不安」・「キャリア自律の曖昧不安」という認知可能な曖昧尺度を統制した際に,「何となく漠然とした不安」という曖昧な不安心理が「とりあえず正社員」意識に対してどのくらいの説明力を持つのかを検証するため, 順序ロジスティック回帰分析を行った (表8-5).

　被説明変数には「とりあえず正社員」を用いる. ただし,「とりあえず正社員」というフレーズは,「とりあえず」と「正社員」の合成語であり, どちらに反応して回答するかは回答者の判断に委ねられてしまうため, 厳密性が下がる点に注意を要する. そこで, 調査者の意図通りのサンプルデータに近づけるための次善策として,「とりあえず正社員」の五段階尺度 (「1. まったくない」「2. ほとんどない」「3. どちらでもない」「4. 少しあった」「5. かなりあった」) と「内定企業に対する入社前の曖昧意識」(表8-1) を結合した合成データを用いる. すなわち, 五段階尺度の「5」または「4」, かつ, **表8-1**の「b. とりあえず安心できるのでこの会社で働く」「c. とりあえず次のステップになるのでこの会社で働く」のいずれかを回答している場合のみを,「とりあえず正社員 (あり)」とカウントした. なお, それ以外の場合を「3. どちらでもない」と修正し,「とりあえず正社員 (なし)」に含めた. 説明変数には, ステップ1では曖昧な進路選択の下位尺度である「能力発揮の曖昧不安」「安定キャリアの曖昧不安」「キャリア自律の曖昧不安」に, 性別 (1 = 男性, 0 = 女性), 家族 (1 = 親との同居あり, 0 = なし), ロール・モデル (1 = 1人または複数人, 0 = いない) を統制変数として投入する.

　次いで, ステップ2では, 就職活動期間 (新卒時) に関する調査項目として,[7]「何となく漠然とした不安」に関する5件法の回答のうち,「かなりあった」・「少しあった」= 1, それ以外 = 0 とした二値変数を追加投入する. なお, 変数の選定には, キャリア意思決定に関する TA (曖昧さ耐性) の役割を縦断的に分析した Xu (2017) を参考にした.

　表8-5より, 新卒一括採用制度が残る日本と韓国の間で幾つかの共通する結果が得られた. まず,「安定キャリアの曖昧不安」が高くなるほど「とりあえず正社員」という曖昧なキャリア選択が促される可能性は共通して高まる.

表8-5　「とりあえず正社員」の規定要因（日米韓）

被説明変数： とりあえず正社員 の有無 説明変数	日本		米国		韓国	
	ステップ1 Coef. （Z値）	ステップ2 Coef. （Z値）	ステップ1 Coef. （Z値）	ステップ2 Coef. （Z値）	ステップ1 Coef. （Z値）	ステップ2 Coef. （Z値）
能力発揮の曖昧不安	−.168** （−2.40）	−.118 （−1.66）	.201 （1.07）	.196 （1.03）	.259 （1.61）	.235 （1.45）
安定キャリアの曖昧不安	.588** （6.93）	.592** （6.95）	−.243 （−1.14）	−.228 （−1.05）	.756** （4.72）	.698** （3.87）
キャリア自律の曖昧不安	−.091 （−1.24）	−.043 （−.58）	−.022 （−.15）	−.030 （−.19）	−.143 （−.96）	−.177 （−1.18）
何となく漠然とした不安		.511** （4.17）		−.110 （−.41）		.376 （1.55）
性別	−.406** （−3.87）	−.384** （−3.65）	.533** （1.98）	.531** （1.98）	−.413** （−2.02）	−.388* （−1.89）
親との同居	−.162 （−1.54）	−.173 （−1.64）	−.165 （−.37）	−.176 （−.39）	−.038 （−.19）	−.048 （−.24）
ロール・モデル	.178 （1.56）	.202* （1.87）	−.638 （−1.82）	−.632 （−1.80）	−.157 （−.61）	−.164 （−.73）
Number of obs	1411	1411	213	213	364	364
LR chi2(8)	91.34	108.81	9.02	9.18	43.06	45.45
Prob > chi2	0.0000	0.0000	0.2514	0.3271	0.0000	0.0000
Pseudo R2	0.1300	0.1357	0.0182	0.0186	0.0504	0.0532
Log Likelihood	−1478.964	−1470.229	−242.915	−242.832	−405.953	−404.760

注：**$p<.01$，*$p<.05$
資料出所：「若手社員の就業に関する心理行動調査」2017-2018年.

　加えて，日韓両国では，女性であるほど「とりあえず正社員」意識が高く，内閣府（2016）を踏まえると，結婚・出産等に伴う離職・転職やキャリア継続の問題に対する相対的な不安の大きさの表れと解釈できる[8]．米国では，男性において有意値が示されているのは中途採用市場が発達していることとも無関係ではあるまい．

　他方，日本では「能力発揮の曖昧不安」で有意な負効果が得られており，「適性がありそう」や「出世が望めそう」という主観的な見込みが，とりあえずの進路選択であっても「正社員」という条件が許容範囲内という考え方の後ろ盾になっている可能性がある．

　なお，日本のみにおいて，「何となく漠然とした不安」の正の有意性が認められ，韓国は有意でなかったことを鑑みれば，ロール・モデルの存在の影響度の大きさを看取できる（日本のみで有意な正効果）．ここでの結果より，日本で

表8-6 「とりあえず正社員」の職業キャリア意識への影響（日米韓）

説明変数	被説明変数（職業キャリアに関する意識）											
	日本（N=1412）				米国（N=213）				韓国（N=316）			
	自覚性		計画性		自覚性		計画性		自覚性		計画性	
	Coef.	z値	Coef.	z値	Coef.	z値	Coef.	z値	Coef.	z値	Coef.	z値
男性［女性］	.18	2.83	.17	2.88	.05	.31	.16	1.20	−.29	−2.31	−.21	−1.75
有配偶［なし］	−.08	−1.18	−.07	−1.10	−.11	−.69	−.06	−.50	.00	.04	−.03	−.12
時間選好性	−.05	−.82	−.06	−.97	.11	.65	−.14	−.94	.05	.36	.13	.92
時間順序の選択性	−.09	−1.05	.07	.93	.21	.95	−.39	−2.06	.13	.86	.06	.40
能力発揮の曖昧不安（因子1）	.08	1.83	.20	4.56	−.12	−1.06	.08	.80	.11	1.26	.18	2.12
安定キャリアの曖昧不安（因子2）	−.15	−3.04	−.09	−2.04	.04	.32	.05	.51	−.18	−1.85	−.14	−1.47
キャリア自律の曖昧不安（因子3）	.08	1.76	.06	1.49	.05	.41	.06	.59	.03	.39	.02	.28
何となく漠然とした不安	−.27	−3.64	−.34	−4.65	−.15	−.82	−.34	−2.06	−.16	−1.08	−.04	−.28
ロール・モデル	.32	4.74	.47	7.18	.27	1.37	.30	1.77	.32	2.43	.38	2.98
仕事内容満足度	.66	7.92	.44	5.59	.78	3.86	.39	2.06	.60	4.12	.45	3.16
待遇満足度	.78	12.07	.56	8.90	.74	4.22	.24	1.45	.65	4.99	.74	5.79
職場環境満足度	.35	4.30	.41	5.20	1.02	4.49	.85	3.98	.29	1.92	.26	1.77
やりがい	.87	11.36	.70	9.65	.72	3.90	.74	4.39	.83	6.03	.57	4.19
定数項	−1.77	−14.9	−1.45	−13.14	−1.71	−5.49	−1.25	−4.59	−1.23	−6.11	−1.17	−5.88
Pseudo R2	0315		0.252		0.334		0.202		0.280		0.233	

注：$**p < .01$，$*p < .05$
資料出所：「若手社員の就業に関する心理行動調査」2017−2018年.

は，ロール・モデルが存在せず，当事者意識を持ちづらい者ほど「何となく漠然とした不安」が広がりやすく，さらに，新卒一括採用のスケジュールとタイミングが合わない者ほどその傾向を強めると解することができる．

8.3.4 「とりあえず正社員」意識が職業キャリア意識に及ぼす影響（国際比較）

前項では，日本と韓国において「安定キャリアの曖昧不安」「能力発揮の曖昧不安」「何となく漠然とした不安」が「とりあえず正社員」意識を規定することを確認した．本項では，それらの不安変数を説明変数に投入し，「職業キャリアに関する意識」への影響を推定した（表8-6）．被説明変数には「自分のキャリアの見通しは明るく希望が持てる（以下，自覚性）」，「将来，こうしていきたいという具体的イメージを持っている（以下，計画性）」の二値変数を採用する．

　まず，３カ国において共通する結果として，就業満足度（仕事内容・待遇・職場環境）・やりがいが職業キャリア意識を有意に高める．また，日本と韓国では「ロール・モデル」の存在が自覚性・計画性に対して有意な正効果が認められる．とりわけ，日韓両国では，「能力発揮の曖昧不安」の計画性への効果性がみられることから，本分析で使用する複数の曖昧不安の間で自己キャリア意識への結び付きやすさに違いがある可能性を指摘できる．つまり，能力発揮の有無は内部労働市場におけるキャリア形成とも関わりが強いことから，計画性に寄与しやすくなるという解釈が可能である．

　ただし，日本で明らかとなった，「安定キャリアに対する漠然とした不安」の自覚性・計画性への有意な負効果から，キャリアを安定させることに漠然と不安を持つだけの在り方では，自己のキャリア形成に効果的な影響は望めないという，過度に安定志向を求める日本の若者に対する教訓として把捉できる．

8.4　考　　　察

　本章では，キャリア選択における曖昧な不安心理の下位尺度として，「能力発揮の曖昧不安」「安定キャリアの曖昧不安」「キャリア自律の曖昧不安」の３つを抽出した．さらに，これらの具体的に認知可能な不安心理の影響を統制した上で，「何となく漠然とした不安」という認知可能な曖昧不安要因がどの程度説明力を持つのかを検討することを目的とした．改良されたモデル（ステップ2）では，日本のみにおいて，「何となく漠然とした不安」が「とりあえず正社員」意識を有意に高める効果が認められた．（表8-5）．

　一見，「何となく」という心理は将来に向けたビジョンや価値観が乏しく，現状認識の欠如を招く一因になることが思考された．一方で，曖昧な心理状態を当事者が自己認識することで，感情のしがらみからの脱却を図ろうとする認知的不協和という状況を生み出す面はユング（1975）や河合（2017）により指摘されてきた．[9]

　本分析対象である日本と韓国に残る新卒一括採用制度に照らし合わせれば，「認知可能な曖昧不安心理」は「認知できない曖昧不安」の一部分を補完し得ることが考えられ，曖昧な不安心理に対する自己認識が行動実践の足かせになるものばかりではなく，むしろ「（大学卒なら新卒時点で）とりあえず正社員くらいには就いておかなくてはいけない」という，不十分な進路・目的意識が「正

社員になれる－なれない」の曖昧さを排除するために行動の第一歩として機能している可能性がある．そのことは，表8-5で有意な効果が汲み取れなかった「キャリア自律の曖昧不安」の下位尺度である「自分だけ周りの就活生から取り残されまいか (ES)」が日本（表8-4-1）と韓国（表8-4-3）のみで「とりあえず正社員」と正の相関であったことが示唆している．表8-6では，日本の「安定キャリアの漠然とした不安」が自覚性や計画性に有意な負効果を与えていたことからも，キャリアを安定させることに漠然と不安を持つだけの在り方では，自己のキャリア形成に効果的な影響は望めず，以下の教育面に関する示唆が得られた．

　従来の日本のキャリア教育現場では，明確な進路・目的意識を保有し，確固たる目標に向けて努力を重ねることが推奨されてきた．その背景には，明確な目的意識こそが行動を促すという固定化された観念が少なからずあったと思われる．しかし，本章で明かされた実証結果からは，必ずしも目的意識の明確さを問わず，"とりあえず"の形で行動実践（キャリア選択）に繋げられる可能性を示したことになる．換言すれば，確固たる進路・目的意識に過度に縛られることはキャリア形成上の進路転換を難しくし，一時的な仮の状態ですら容認できないような柔軟さに欠ける生きづらさに繋がることに対する警鐘を暗示するものであった．少なくとも，本結果からは「確固たる進路・目的意識がないことを理由に，行動に移せないことに縛られてはいけない」という教訓が得られたことになる．

8.5 結　　語

　以上，本章ではキャリア選択場面における曖昧さの多様性を考慮して，認知可能な曖昧要因と認知が困難な曖昧要因に切り分け，「とりあえず正社員」という曖昧な進路選択意識を介して，不安心理の対処にどのような影響をもたらすのかを検証した．改めて2つの主要分析結果を整理した上で今後の課題を言及する．

　第一に，20〜30歳代の日米韓の大卒正社員データを用いた分析より，いずれの国においても曖昧不安の認知尺度は，生存（E）・関係（R）・成長（G）の下位尺度で把捉可能であることを確認した．その上で，具体的に認知可能な不安要因の影響を統制し，「何となく漠然とした不安」という認知可能な曖昧不安要

因が「とりあえず正社員」という進路選択にどの程度説明力を持つのかを実証
した．順序ロジスティック回帰分析より，日本のみにおいて，「何となく漠然
とした不安」の有意な正効果が認められた点が第二番目の結果である．すなわ
ち，認知可能な曖昧不安要因を操作的に切り分け，「とりあえず正社員」とい
う行動実践に向けた固有の効果が看取できたことは，限定的ではあるものの，
曖昧要素の本質的部分がもたらすキャリア選択への影響を示したことになる．

　本章における政策的含意は，キャリア選択事由が不鮮明なままフリーターや
ニート状態である正社員希望者のキャリア形成を促進することである．一般的
に，就職に向けて困難に陥る者は，明確な就業意識やビジョンを持っていない
ことの方が多い (Raaum *et al.*, 2009)．確かに「やりたいこと」が見つからず，採
用場面でも「やりたいこと」を表現できないことが，未就業者を就業から遠ざ
けてきた面がある．しかし，本分析を通じて，「何となく漠然とした不安」と
いう曖昧な不安心理が「とりあえず正社員」意識を通じて，行動実践（キャリ
ア選択）に繋がる可能性を提示したことは，就職困難層に対するキャリア支援
に一筋の光を照射するものであった．

～補　論～

「とりあえず正社員」（自由記述回答）に関する
テキストマイニング分析（日韓比較）

本補論では「とりあえず正社員」に関する自由記述を用いて形態素解析を行う．形態素とは，言葉の意味を持つまとまりの最小単位のことであり，「とりあえず」がどのような自然言語と結合するかに注目し，内容分析を行う．

(a) 調査概要

使用するデータは２つのアンケート調査「若手社員の就業に関する心理行動調査−日本調査」(2017) および「若手社員の就業に関する心理行動調査−韓国調査」(2018) により収集した．前者（日本調査）は，民間企業に勤務する入社後10〜15年までの20代・30代の男女正社員を対象に Web 調査法と郵送法を併用して行った．有効回答は2216件（Web 調査法：2000，郵送法：216）である．

韓国調査については，Web 調査法のみにより20代・30代の男女正社員を対象に実施した（有効回答数は543）．両国の調査の質問項目は同一であり，現在の職場における就業意識を問う質問が大問４問，および，「就職活動を開始した時期」「最終進路決定時期」「新卒時における納得度」等の最初に行った就職活動（新卒時）の進路選択意識を問う質問（５問）を含む計25問を尋ねた．ここでは，「とりあえず正社員」に関する自由記述形式の回答（１問）を分析に用いる．

(b) 特徴語の検討

図８−１・８−２の多次元尺度法の結果より，出現率の高かった「良い」が確かに原点（０，０）付近に付置されており，日本・韓国ともにポジティブな場面での使用の多さがうかがえる．

次に，ポジティブな「とりあえず（志向）」の使用法について，両国間で違いがあるのかを検討する．次元１をみると，おおよそ値が小さいとぼんやりとした曖昧な群，値が高いと明確な目的意識に関連するもの（就職・目標・勉強）が付置されている（図８-１の実線の楕円）．また，図８−２の実線の楕円部分からは，「経験」「キャリア」「会社」が右側，「人生」「生きる」は左側にくることから，次元１は「キャリア観」に対応すると考えられる．

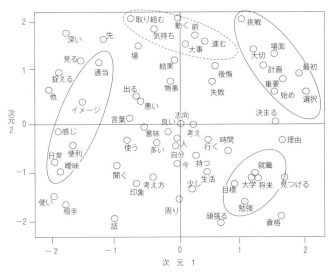

（多次元尺度法）

図8-1　全文単位でマイニングした多義的曖昧語の関係（日本）
出所：中嶌（2019）.

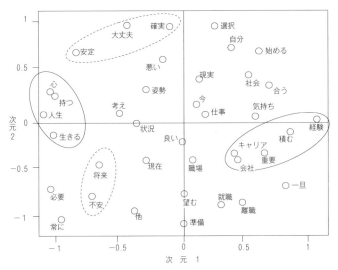

（多次元尺度法）

図8-2　全文単位でマイニングした多義的曖昧語の関係（韓国）
出所：中嶌（2019）.

すなわち，左方向ほどライフ（人生キャリア），右方向ほどワーク（職業キャリ
ア）というキャリア観を強める．加えて，ライフとワークで左右両サイドに鮮
明に分割されているのは図8-2であることから，「とりあえず」という志向の
意味内容による使い分けは韓国人の方が明確であり，日本の場合，多義的かつ
曖昧な使用が多いと推察できる[10]．

　次元2については，おおよそ値が低いと不安，値が高いと安心感が示されて
いることから「曖昧さ耐性」を示していると解釈できる（図8-1・8-2の点線
の楕円）．こちらも図8-2の方が明確に区分けされている．表2-7より，頻度
4位が「不安」である韓国の若者ほど，曖昧さに対する耐性の個人差が顕著で
あることを表している．

　先行きの不透明感と安定志向の高まりには一定の相関がある（Derr, 1986）．
実際，安定志向が強いとされる日本の若者の間では「安定」の出現率が95位
（出現回数21），韓国においても39位（出現回数14）であり，この言葉は上位に位置
していなかった．すなわち，安定を求める人が「とりあえず」の姿勢で行動す
るばかりではないという点で曖昧性の複雑さがうかがえる．

(c) 共起出現頻度の検討

　使用パターンの傾向や関連語を見出すために，出現した語と語の関係（共
起）を明らかにする必要がある．ここでは，「とりあえず」に関する自由記述
回答データを用いて，共起出現頻度の違いより，日韓両国の比較を行う．共起
ネットワーク分析とは，対象文章における諸々の単語と単語の間の共起の強さ
を図示し，視覚的に分析していく方法である．図8-3・8-4は，共起の強い
語り（文書）のペアから順に60組を線で結んだものを示す[11]．

　また，共起関係の強さには Jaccard 係数[12]を用いており，太線―実線―点線の
順で関係性の強さを表している．ここでは，図8-1・8-2において2つの次
元で捉えられた「キャリア観（次元1）」「曖昧さ耐性（次元2）」に注目する．

　まず，図8-3の日本では，「自分」「良い」を中心に「考え」「志向」「行
動」と点線で複雑に繋がっている．次元の高さ（つながりの多さ）から，複雑な
思考の中にも自己キャリアに対する前向きな意識を抽出することができる．一
方，韓国では，「キャリア」を中心に「積む」「就職」「会社」「離職」と繋がっ
ており，具体的なライフイベントとの結びつきが強い（図8-4）．すなわち，
「とりあえず」という曖昧意識とキャリア観の関係性について，キャリアを形

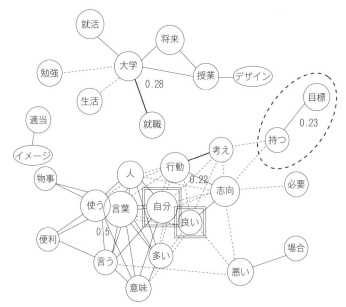

図8-3　頻出語・共起ネットワーク（日本）

注：太線箇所のみ Jaccard 係数を表示した.
出所：中嶌（2019）.

成していくための前向きな方法論と捉える前者（日本）と「とりあえず○○」
という形で目的事物化する後者（韓国）という明らかな相違が認められた. た
だし, いとう（2013）が指摘するように, 具体物としての現象（＝単語）がない
からといって, 本質が存在しないということではないという点には留意する必
要がある[13].

　次に, 曖昧さ耐性について考察する. 図8-3・8-4で共通する共起関係の
状況は見当たらない. そこで, 逆に, 共に出現している語から共起の仕方の違
いを探ってみる. 例えば, 「持つ」に注目すると, 日本では「目標」と太線で
繋がっており, 「とりあえず」の姿勢で目標を持つきっかけにしている（図8-
3の点線枠）. ところが, 図8-4では「持つ」は「不安」「心」「考え」が太線
で繋がっており, かつ, 「考え」―「始める」―「社会」の強固な結びつきよ
り, 韓国の若者は国内就労事情が不安視される中で, 行動ベースのきっかけに
している可能性が高い. 換言すれば, 「とりあえず」という曖昧な姿勢を中長

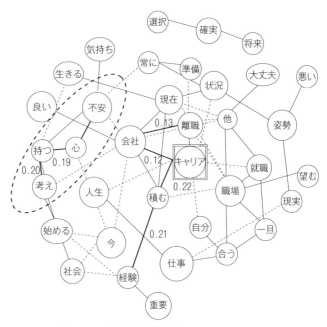

図 8-4　頻出語・共起ネットワーク（韓国）

注：太線箇所のみ Jaccard 係数を表示した.
出所：中嶌（2019）.

期的視点からの目標づくりの契機にしている日本と比べて，韓国は曖昧さに対する備えが厳格であり，目の前の目標・目的に対する即応的な姿勢や危機意識の高さを看取できる．その意味において，韓国の方が日本の若者よりも曖昧性に対して即応的な対処を行う傾向が強いと解釈することが可能である.

　加えて，もう1つの共通出現語は「自分」である．こちらは，日本の方が多くの語が密集しており中心性（次数）が圧倒的に高い（図8-3）．一方，韓国では「自分」と「キャリア」「合う」が直接繋がっているのみである（図8-4）．"自分事"として取り組む契機に繋がりやすい日本における傾向は，「とりあえず」という志向性がキャリア意識の醸成手段としての馴染みやすさを端的に示している.

　以上，本補論では，新卒一括採用制度が残る日本と韓国の若手正社員の語り（自由記述）に基づき，テキストマイニング手法を用いてキャリア選択過程の背

景について検討した．とりわけ，制度の背景にある心理的・社会的要因を考慮して，多義的曖昧性への対処法について日韓両国の比較検討を行った．「とりあえず」という曖昧な姿勢についての自由記述データを分析した結果，「良い」が「悪い」を大きく上回り，肯定的評価が圧倒する共通点を確認した．また，韓国において，「キャリア観（次元1）」「曖昧さ耐性（次元2）」の2つの次元で明確に把捉できた．反面，キャリア形成に向けた手段としての活用がみられた日本に対し，韓国は目的対象物として事物化するという傾向の違いも確認した．職業経験の少ない若年層で共通の社会問題を抱える両国であるが，国の雇用システムといった社会経済的要因，文化的差異，国民性（自己責任感），徴兵制の有無等の相違点が背景要因として推考された．

　しかし，本分析のような文字データによるテキストマイニング手法では少数意見は結果に反映されにくいという点，または，語と語の繋がりの行間を読むことが難しく，背後にあるロジックの詳細な検討ができない点については，分析過程における課題として客観性の確保の問題と併せて語用論的な限界といえる．

　上記のような一定の限界はあるものの，不安や曖昧さが残る中でキャリアを切り拓こうとする彼らの語りを，キャリア教育や進路指導に携わる教員は教育現場でどのように応用するべきであろうか．本章の分析結果から，以下のような指導やアドバイスを提案することができる．

・指導例1：
〈日本で得られた知見の韓国側への反映可能性〉
　"とりあえず"に基づく行動は必ずしも曖昧な状況から逃れることではなく，自分を知ることであり，完全に見通すことは難しいキャリアの中に自分自身を位置づけることである．選択肢を絞って何らかの選択をしたり，何かを始めるきっかけを見つけることが中長期的視点から見たキャリア形成の第一歩になる．手軽にできることから着手するという自分に負荷をかけすぎない姿勢そのものが，自分らしいキャリアを築く「手段」として有効である．[14]

・指導例2：
〈韓国で得られた知見の日本側への反映可能性〉
　将来の自己キャリアを完全に100％思い描くことは現実的ではない．"今この

時"が瞬時に過去の事象として移り変わるように，さまざまなことが派生して次々と新しいことが生まれる状況下では，目の前の身近なことを「目標」に掲げ，"とりあえず"実践してみることが大切である[15]．ただ，過去の延長や惰性で進路を決めるほど危険なものはない．常に，何でもやろうとする貪欲さは不確かなものや不安と向き合う姿勢の表れであり，曖昧さへの対処の仕方を熟練させる．つまり，「目的」を持つと同時に，即実践に移すことが重要である．実行に伴って生じる結果に一喜一憂せず，それを受け止める生き方が自覚的なキャリアの築き方にとって有効である．

このように図8-3・図8-4の頻出語・共起ネットワークにおいて，日韓両国で得られた異なる分析結果から，他国の状況を互いに教訓として教育現場にフィードバックすることは，グローバル視点を学生に涵養するという意味においても教育的意義が高いと思われる．海外展開の多い業界や外資系の希望者に対する進路指導用のRJP指標として機能する可能性が期待できよう．

付記

本章は，中嶌（2019）の議論に基づき加筆修正したものである．

注

1） Labor Market insecurity は，4.45の日本よりも上位の米国は6.62であるのに対して，韓国は3.07となっている．

2） 例えば，内閣府調査（2016）では，学校や仕事に行かず，半年以上自宅に閉じこもっている15〜39歳の「引きこもり」が全国で54万1000人であり，引きこもりの長期化・高年齢化が「親子」共倒れリスクとともに報告される．

3） 調査票については，日本版と米国版に加え，研究協力者で韓国人の周炫宗氏（日本大学）に，日本版のハングル翻訳を依頼した上で3バージョンにて実施した．なお，3つの調査票はすべて同一項目である．

4） TAの低い人ほど同じ対象者に対する両義的な現実的共存が認知できないという小林（1984）の指摘は，曖昧な不安心理の処理の在り方を期間の長さで捉えることの妥当性を示唆するものと考える．

5） 15個の項目から除去された5項目は「企業人事側の採用動向が読めないための不安」「縁故やコネもなく知人の社員もいない不安」「本当にやりたいことがないことからくる不安」「何となく漠然とした不安」「進路決定から入社までの間の不安（内定ブルー）」である．

6） 韓国における進学熱の凄まじさは周知の事実であるが，平田（2015）の調査によれば学歴効果や男女差の効果は実は日本よりも弱い．すなわち，男女とも学歴に関係なく非正規の仕事に就かざるを得ないリスクが高く，二極化が進行する一因とされている．

7 ）　「何となく漠然とした不安」が「まったくない」「ほとんどない」以外，かつ，**表 8-1**の認知可能な不安10個のうち該当数が 6 個以下である場合を「何となく漠然とした不安（あり）」とし，それ以外を「なし」とした変数である．

8 ）　内閣府（2016）の「青少年（18 - 24歳）の転職に対する考え方」では，日本と韓国では「職場に強い不満があれば転職もやむを得ない」よりも「できるだけ転職せずに同じ職場で働きたい」が約 5 〜15ポイントほど優勢であるのに対し，米国では両者が拮抗する．

9 ）　河合（2017）は，アドラー心理学を援用し，劣等感の存在は人間にとって根源的なものであり，劣等なことを劣等であると認識することはコンプレックスを消滅させるための第一歩になると指摘する．

10）　大まかな傾向として，日本の若者はキャリア形成の方法論としてとりあえず志向の具体的内容を語るのに対して韓国の若者は目下の行動目標（例：会社でキャリアや経験を積む）と捉えている．このことは，「キャリア」という語が韓国（**図 8-2**）だけに出現することが物語っている．

11）　実際，マイニング単位を大きくするほど共起する度合は高まる．つまり，意味のある重要な語と語の組み合わせの見逃しを回避するというメリットと同時に，膨大な無意味な語の組み合わせを抽出してしまう結果，重要な共起関係を見えにくくしてしまうというデメリットが併存する．

12）　2 つの集合の共通部分の元の個数を（ 2 集合の）和集合で除したものである．ただし，語の出現回数は問題にしていない点に注意する必要がある．

13）　韓国のように，「とりあえず」が「就職」，「離職」等と合わさって目的化する場合，「目標」という語そのものが出現しなくなることが多いと考えられる（日本では出現）．このことから，出現回数が少ない（ゼロに近い）ことの裏側に含まれるメッセージ性を考慮することが肝要であると筆者は考える．

14）　本意の就職先でなくとも次のステップに繋がる職場に就くことから得られる安心感，すなわち，自分が目標を達成すべく活動していることに確信が持てる状況は，中嶌（2015a）の「目的論的安心」に相当する．

15）　就活生で例示すると，まず 1 社内定を獲得することから得られる安心感，すなわち，自分がここに存在している理由に自分で確信が持てるという「存在論的安心」に該当する（中嶌，2015a）．

第9章
全体的結論と今後の研究課題

9.1 総合考察

　本章では，これまでの第2～8章で展開してきた内容を整理した後に，「とりあえず」研究の学術的意義と実証的意義に触れていきたい．最後に，本研究の限界と今後の発展的研究課題について論及する．

　第2章の理論研究では，言語学・心理学・哲学・社会学・行動経済学における先行研究のサーベイを行い，日本の若者に特有の「とりあえず志向 (For the Time Being Orientation ; FTBO)」概念を「時間選好性 (いち早く安心したい)」と「時間順序の選択性 (次のステップになる)」という「とりあえず性」の2要素で構成される概念として定義した．前者はあれこれ詮索する時間的余裕がない不安から，一刻も早く解放されたいと思う心理がベースとなる．職業キャリアの文脈で捉えれば，「少しでも早く安定した職業に就くことでいち早く安心を得たい」という心理状態となり，これが「とりあえず志向」の第一義である．後者の時間順序の選択性には「持続性，リラックス感」のニュアンスが含まれ，ある行為に先んじて行うという意図があり，「さらに重要なことが後に控えている」という感覚が基盤となる．例えば，「将来起業したい希望があるが，その可能性を残しながら，まずはどこかに就職して起業に備えよう」という心理状態が典型例である．

　しかしながら，人生の大きな分岐点となる就職段階の新規学卒者にとって，初めて経験する就職活動では，新奇性による曖昧さを伴う点 (Budner, 1962)，および，就職内定が労使間の交渉条件的な不確実事象である点が，適切な構造化やカテゴリー化を困難にし，曖昧さに対する研究の阻害要因となってきた (西村，2007)．つまり，従来の先行研究においては，「とりあえず」の意識で正社員や公務員等を目指す曖昧な姿勢・態度の検討が不十分であり，新卒正社員に対して，"漠然としたまま受け入れられる"という次元と"正社員であるか

ら最低条件を満たしている”という先行要因とが混同されてきたという問題点
が残されていた.

　こうした行動実践の重要性を念頭に置く「とりあえず」というキャリア志向
性の検討について，第6章では若年フリーターが抱く「とりあえずフリー
ター」(リクルート，2000) という意識と正規就業意欲との関連を分析し，「とり
あえずフリーター」の中に「自己回顧の機会を提供し，行動実践を誘発する可
能性を高める」という積極的な側面を確認した.こうした知見は，正社員への
移行過程で若年フリーターにみられる「とりあえず，いつか，きっと」という
認識を危機意識の欠如 (上西，2002) とするような，明確な就業意識の有無とい
う一次元の志向性として「とりあえず正社員」を捉えるのではなく，多次元的
に取り扱うべき概念であることを示唆された.

　そこで，2.2では，Gati *et al.* (2010) に基づき，とりあえず正社員態度の多次
元尺度を作成し，探索的因子分析 (4.2) を行った.その結果，就業前の「とり
あえず正社員」は，「地元志向」「安定志向」「希望実現志向」「曖昧不安」「安
心志向」の5因子構造であること，就業後の「とりあえず正社員継続」は「時
間順序の選択性」「生活基盤の安定化」「日和見的・希望的観測」の3因子から
構成されることを示した.

　第3章では，地方公務員 (一般行政職) を対象に，キャリア選択における安定
志向や曖昧性選好が職業キャリア意識とどう関連するかを検討した.「とりあ
えず公務員」で入庁した一般行政職員に対する量的調査の分析から，「公務員
＝安定」に基づく「とりあえず志向」は，入職後の職業人生の見立てや将来ビ
ジョンの思い描きに効果的であるばかりでなく，「次のステップになる」とい
う意味合いで「とりあえず」の就職をする場合，人生の道筋やビジョンを鮮明
にする効果の有意性を確認した (中嶌，2013a).しかし，こうした知見は「とり
あえず定職 (正規職)」の影響の一側面のみを一次元的に反映したものに過ぎな
かった.

　そこで，第4章では，新規学卒者が正社員 (正規職) を目指す際の目的・動
機の多様性に着目し，「とりあえず正社員」概念の確認的因子分析を行った.
とりわけ，新卒入社時と入社6カ月後の2時点を追跡したパネルデータ (N＝
184) を用いて多母集団同時分析を行い，「とりあえず志向」が希薄になること
とキャリア成熟との関連性を跡付けた.また，労働需給両面から仮説検証を
行った結果，両側面で関連が認められ，就職困難な状況で卒業期を迎える若者

が，自らを信じて困難状況を乗り越えることで，就職活動を通した人間的成長が見込めるばかりか，そこで培われた知識や経験は会社内の良好な職場環境の維持のためにも有効な面があることが示された．また，人事評価・処遇やキャリア開発支援の充実等の労働需要側の要因によってさらに引き伸ばすことが可能な要因であることを見出した．

　加えて，第4章補論では，とりあえず正社員志向の多次元性に関する発展的研究として，「とりあえず正社員」の意識バイアス（時間選好・曖昧選好・社会的選好・リスク選好）とキャリア成熟との関連性に着目した．その結果，正規職にこだわる志向性と最も関連深い要因は時間選好バイアスと判明した．とりわけ，現在志向バイアスの低い者が，本命就職ではない正規職から段階的にキャリアアップを図るような場合（「時間順序の選択性」を強く抱く場合），職業キャリアの自律性・関心性・計画性と繋がりやすいことを確認した．

　続く第5章では，大学生縦断調査のデータ（N＝50）を用いて，「とりあえず進学→とりあえず正社員→とりあえず初職決定→とりあえず初職継続」という「とりあえず志向」の4時点間の発達的変化に着眼し，一連の正パスを確認した．また，学習状況を媒介とする「とりあえず初職決定」への効果の影響から，資格や検定対策を通じた主体的な学びが学生自身に当事者意識を植え付ける結果，正社員就職内定という具体的目標の設定や企業選びという行動実践を促進されるというロジックを示した．こうした知見より，モラトリアム志向で「とりあえず進学」をした学生に対して，大学側の適切な就職・キャリア教育支援により，段階的かつ計画的なキャリア意識の涵養に寄与できるという点でキャリア教育実践における職業的意義を認識した．

　第6章では，進路や目的意識が不明確なまま，積極的に正規希望を表明しない非正規労働者（フリーター）に着目し，働くことに対する意識への「とりあえずフリーター」という曖昧心理の介在効果の影響を実証した．結果として，やりたいことを上手く表明できない理由として，働くことへの消極性が認められ，「とりあえず正社員になりたい」という意識が乏しく，フリーター脱却に時間を要する傾向がみられた．その一方，「とりあえずフリーター」の状態が続く者の心理状態として，必ずしも完全に希望を失墜しているわけではなく，「とりあえず」の形を取りながら困難を乗り越えるための態勢を整えたり，曖昧な選択を回避しながら，自己キャリアに対する当事者意識を高める積極性も確認できた．他方，現実感覚を欠く夢の実現のために「とりあえず」意識で漠

然とフリーター生活を続けることへのマイナス面の大きさについて警鐘を鳴らした.

　第7章では，15〜34歳の無業者データを用いて，「とりあえず無業」という曖昧心理の背景要因を無業類別（求職型・非求職型・非希望型）に検討した. 漠然としたまま無業状態にある心理の背景には，「夢追求」「結果プライベート優先」「とりあえず（狭義）」の3つの構成概念を有することが示された. なかでも，非希望型で「結果プライベート優先」，求職型で「とりあえず（狭義）」が顕著であった. また，とりあえず心理とキャリア意識の因果構造の検討より，求職型・非求職型において，夢・目標を追い求めていたり，不安や自信喪失度が小さい場合ほど，無業である現状に納得しやすいこと，その反面，不安が募り，自信を失った結果としてプライベートを優先する心理は，他責性との関連が見出され「とりあえず正社員」意識を引き下げることを確認した.

　第8章では，日本・米国・韓国の大卒正社員について，「漠然とした曖昧不安（生存面・関係面・成長面）」と「とりあえず正社員」意識の関連を検討した. とりわけ，日本と韓国では「安定キャリアの曖昧不安」と「とりあえず正社員」の相関性が強く，「能力発揮の曖昧不安」が職業キャリアの計画性に正効果をもたらすことが分かった. 反面，安定志向が強いとされる日本の大卒正社員では，「安定キャリアの曖昧不安」が自覚性・計画性に負の影響を及ぼすことから，安定進路や明確な目的が見い出せないことを理由に「とりあえず」の行動さえ起こさないことの問題の深刻性について示唆を得た.

　ここで，本節の総括として，「とりあえず正社員（以下，Ⅰ群）」「とりあえずフリーター（以下，Ⅱ群）」「とりあえずニート（以下，Ⅲ群）」の下位概念構造を横断的に比較し，それらの間で曖昧さを介して何が異なるのかを総合考察する. 図9-1より，上記3群の「とりあえず××」の下位構成概念には若干の相違がみられた.

　Ⅰ群は他の2群にない安定志向・安心志向が抽出されており，希望実現志向を勘案すれば，まず定職に就いて生活を安定させ，ゆとりある状況下で自己実現のための手段を段階的に考えながら実践していく姿勢が汲み取れた.

　また，Ⅱ群では，自信喪失と夢の追求という両義的な概念が混在しており，野望と失望という両極の狭間で曖昧納得という姿勢が生じやすい構造であることが思考された. その背景には，Ⅰ群と比べて，就社意識よりも職業選択への拘りが強く，フリーター卒業が必ずしも本当にやりたかった職業に結び付かな

	[I群] とりあえず 正社員	[II群] とりあえず フリーター	[III群] とりあえず ニート
下位構成概念	地元志向 安定志向 希望実現志向 曖昧不安 安心志向	自信喪失 夢追求 モラトリアム 曖昧納得	夢追求 結果プライベート優先 とりあえず（狭義）

見える部分		
積極性 ←――――――――――――――→ 消極性		
機動性 ←――――――――――――――→ 非機動性		

見えない部分		
（低い） ←―――― 猶予の必要性 ――――→ （高い）		
就社意識 ←―――― 職業選択意識		
（近い） ←―――― 夢・目的・野望 ――――→ （遠い）		
（鮮明） ←―――― やりたいことの方向性 ――――→ （不鮮明）		
（多い） ←―――― 具現化のための情報量 ――――→ （少ない）		

図9-1 「とりあえず志向」の下位構成概念の比較（正社員・フリーター・ニート）

出所：厚生労働省職業能力開発局（2001）を参考にして，筆者作成.

い現実とも関連することが推察された.

　III群は，3つの中で最も消極的，かつ，非機動的なタイプであり，夢・野望を固持する場合だけでなく，不安が募り，自信を失ってしまう結果として，プライベートを優先する心理が働き，大きな生活環境の変化を拒み，現状維持の姿勢が強まる傾向が見られた．こうした就労困難者の不活発さは国・政府による就労支援策における低捕捉率（宮本，2017）と関連しており，厚生労働省職業能力開発局（2001）の判断基準に従えば，「目に見える部分」（図9-1の中段）がフォーカスされてきた．しかし，本書では，むしろ，「目に見えない部分」（図9-1の下段）の特徴がより多く導き出されており，曖昧な心理を抱く若者の内的洞察を行った本研究の意義を端的に表している．例えば，III群では，消極的・非機動的であると同時に，不安や自信喪失などの複合的なネガティブ心理が蓄積した結果，プライベートを優先したい気持ちが強まるため，長い猶予期間を必要とするというメカニズムが明らかになった．なお，限定的な職業範囲の中で矮小化した見方をする傾向が強く，かつ，やりたいことの方向性も十分に整理できずに漠然としたまま夢見る姿勢が，二の足を踏む原因になり得ると

いう解釈ができた.

　他方，3群の間で共通する下位概念も見られた. 例えば，Ⅰ群において希望実現志向，Ⅱ群とⅢ群では「夢追求」が抽出されているものの，一連の調査・実証を行ってきた筆者は似て非なるものという感覚を持っている.

　夢追求については，Ⅱ群は「やりたいことを優先させたい」「自分らしい生き方を優先させたい」「必ずしも本意ではないが次のステップになる」という3つのインディケータ (質問項目) から構成される反面，Ⅲ群の構成要素は「やりたいことを優先させたい」「自分らしい生き方を優先させたい」「夢や理想を追求しない人生は無意味だ」から成る. つまり，前者のⅡ群では，Ⅲ群にはない「必ずしも本意ではないが次のステップになる」が含まれており，納得できる仕事を模索する過程において，現実を見つめながら冷静に判断していく素養が備わってくることが見受けられた. 故に，Ⅰ群で抽出された安定志向・安心志向のような現実的視点がⅢ群よりも芽生えやすいタイプと考察できる.「とりあえずフリーター」の中に「曖昧納得」という形が出現する背景にはこうした内面的な洞察があったものと考えられる.

　ただし，曖昧さを示す下位概念として，曖昧不安 (Ⅰ類)・曖昧納得 (Ⅱ類)・とりあえず (Ⅲ類) と類型間で曖昧心理の背景事情に相違がみられた. Ⅰ類の不安要因については，「ブラック企業じゃないこと」「就職活動時の何とも言えない不安」という自らの行動に対する結果を不安視するものであった. それに対して，Ⅱ類の曖昧納得では，「自信喪失」「モラトリアム」という個人要因をコントロールした上で，「なんとなく」という極めて曖昧な状態性の強い感情が抽出された. Ⅱ・Ⅲの両群とも，「必ずしも本意ではないが安心できる」が含まれ，社会人になることへの覚悟が不足気味である点では共通するものの，後者のⅢ群ほど，「どうしてよいか分からない」という自己キャリアを見通せない不安や「食うに困らない (親が面倒見てくれる)」という精神的その日暮らしが，猶予期間の必要性を高めている. こうした精神的未成熟さの部分が「結果プライベート優先」という形で「とりあえずニート」に表出しやすく，ニート脱却期間の長期化とも関連が深いことが思考された.

9.2 「とりあえず志向」研究の学術的意義

　以上の本研究により得られた知見が，どのような学術的意義を持つのかにつ

いて考究する.

第一に，自覚的なキャリア形成という不確実性や曖昧性を含む現実世界の問題を抽象世界の分析枠組みに昇華させ，真正面から取り扱った点である．まず，「とりあえず」という日常的かつ無意識的に使用されがちな概念を重要な心理的要因として，労働経済学・心理学・言語学・哲学・教育社会学・行動経済学等，広範な領域における知見を援用しながら整理し，理論的な定義づけを行った．とりわけ，萌芽的な「とりあえず志向」研究の分析結果をまとめた拙著『とりあえず志向とキャリア形成』（日本評論社，2015年）では，時間論の観点から「時間選好性」・「時間順序の選択性」に大別し，「とりあえず志向」の有無や高低という一次元的な変数概念の把握にとどまる研究であったのに対して，本書では多次元尺度の構成概念という観点から照射し，下位構成概念をカテゴリー（正社員・フリーター・ニート）ごとに明確化した．その上で，カテゴリーごとの「とりあえず志向」に内包される曖昧要素が持つ共通性や相違点を横断的に分析した点である（図9-1）.

第二に，「とりあえず」という多義性を伴う心理的概念尺度の使用法の改善である．上述の拙著（2015a）の調査時点では，「とりあえず」という文言をそのままインディケータに使用しており，被験者（回答者）の主観が介入する余地が残されていたため，多義性が発生しない分析レベルまで落とし込む必要があった．本書の2.2では，Gati *et al.*（2010）のキャリア意思決定プロフィール（CDMP）の11次元尺度，および，Budner（1962）の曖昧さ耐性（TA）の概念尺度を援用し，「とりあえず正社員志向」の心理面を具体的に表す50個の質問項目（表2-9）を作成した上で，分析尺度としての内的整合性を確認した（表2-10）．測定に際して，十分な信頼性が担保されていることは重要な条件である．また，曖昧心理に関する理論的研究蓄積をベースに多次元モデルを構築し，母集団ごとの因果関係の構図の違いを明確にした（図4-1・図4-2）.

第三に，時間的な遠近によって，事象の解釈レベルが異なるという時間的非整合の問題について，「時間順序の選択性」という心理的概念の導入にとどまらず，測定された尺度を文脈の中で解釈可能にし，経験的世界（曖昧なキャリア選択）の理解を深めた点である．第4章補論では，若者の「とりあえず正社員」意識においては，「意思決定バイアス」（Holland, 1997；Super, 1980；Lent *et al.*, 2020）・「思い描きバイアス」（Blustein and Phillips, 1988）という2つのバイアス要因を導入し，キャリア成熟との関連から，思い描きバイアスに内包されるリス

ク選好や社会的選好の影響度の大きさを看取した.

　第四に，印象やイメージで語られることが多かった，「とりあえず志向」の若者の内的状況について，「曖昧性」概念に基づき具体的に数値化することを通じて，個人差や個性を捉え直し，より客観的な視点から若者の成長促進を考えることにも繋がる点を例証した点である. 例えば，昨今，新規学卒時点で正社員（正規就業）に就かない状況（例：「とりあえずフリーター」「とりあえずニート」「とりあえず専業主婦」）に対して，世間一般の認識はどうであろうか. 本研究では，決して固定概念や先入観で一刀両断するのではなく，概念とインディケータの関係について慎重に操作的な定義づけを行った. 分析結果として，「とりあえずフリーター」とは働く意欲を失っている者という概念だけでは捉えきれず，構成要素として曖昧納得が重要な概念の１つであり，内的な洞察も浅薄ではないこと（第6章），あるいは，非求職型・非希望型の無業者にとって「とりあえずフリーター」の状況が内的準備状態として有意義な面があること（第7章）を実証した. とりわけ，無業の三類型のうち，非求職型から非希望型に陥らないようにするためには，「なんとなく」という曖昧心理が強いまま自分自身で納得してしまったり，プライベート優先で自分の殻に閉じこもってしまうことを回避することが鍵になるという教訓も得られた（表7-6）. ここでの知見は，まさに「一見，曖昧かつ不明確な志向性の中に，自己回顧の機会を提供し，行動実践を誘発する可能性を高めるという」という教訓を得たことになる.

9.3 「とりあえず志向」研究の実践的意義

　続いて，本研究の実践的意義を３つの視点から言及する.

　第一に，本研究における一連の成果と「教育の職業的意義」との関連からは，従来の米国型のキャリア理論が念頭に置くような「自分らしさ」「やりたいこと」の探求により明確なビジョン（正解）が得られなくとも，「とりあえず」に基づく行動実践が人生を切り拓くための起点になり得ることが示唆された. 実際に筆者が大学4年間を通してキャリア教育を指導したゼミ生（卒業生）の追跡データを用いた縦断的分析（第5章）の結果が，「とりあえず」の姿勢・思考が自覚的に人生を生き抜くための手がかりになり得ることを雄弁に語ってくれた.「とりあえず進学」で入学した学生が筆者の担当するキャリア

デザインゼミに入り，環境変化に上手く順応し，資格／検定対策を契機として，「とりあえず正社員」→「とりあえず初職決定」の成長過程を通して化けるケースが典型例であろう．その背景には，過去の学習面での成功体験の稀少さがあり，かつ，就職の段階で不本意入学 (彼らの中では人生の選択) を大きく挽回できる最後のチャンス (自分を大きく飛躍させられる好機) と位置づけられている状況があった．こうした層では，目標の切り替えが上手く，進学動機の具体化 (例：国家資格・公務員) が比較的早期に行われているという共通の特徴がみられることからも，曖昧なキャリア志向性を抱く若者に対して，"気づき"や"自分事"という形でいかに演繹的に個別具体的な対応策へと繋げられるか (Krumboltz and Levin, 2004) が重要であり，キャリア介入の在り方については若者支援者側の力量が問われるところであろう．この論点は，正規就業を到達目標に掲げる日本のキャリア教育や就職支援のあり方を再考する機会をもたらし得る点でも意義深い．「やりたいこと」の探求から職業社会への適応力を高める支援に向けた教育改善の材料にもなり得るだろう．

　すなわち，カナダの精神分析医であるE. バーンが言う被支援者を「分ける (精査・分析) ≒分かる (理解)」という側面が，キャリア支援者に限らず，会社組織等の指導者・評価的立場の者にも求められる基本姿勢であることを例証した．例えば，高校の先生向けの学生・生徒への促しについては，「学部・学科選択時に職業選択 (希望職) に基づいた進路選びをした人」，もしくは「偏差値 (入学可能性) で進路選びをした人」により，適切な指導方針は異なる面も出てくるだろう．前者の場合，学部・学科がキャリア形成を制約しないような幅広い視点をもつこと (業界・企業研究) の重要性を伝えることも大切であるし，後者の場合には，実社会と結びつきを重視した体験学習 (インターン・ボランティア・アルバイト等) を強調することもきっかけ作りには有効となるだろう．

　第二に，本書における一連の成果と「自覚的なキャリア形成」との関連からは，「とりあえず」という姿勢で就職する場合であっても，自己キャリアを自覚的に豊かにする可能性を「とりあえず」の両義的かつ多次元的な有意性から明かした点は，明確な見通しの有無に拘りすぎないことの大切さを暗示している．つまり，就活準備が遅れ，上手く就職活動に乗り切れず就業困難に陥る層に対する多角的視点からの就労支援を考える余地を示唆しており，その際に再チャレンジ可能な要素を若年労働市場に付与したり，当事者が漠然と抱える理想と現実 (労働市場) の仲裁役を担うことで就職機会をつかむ可能性を高める

ような官民による相談支援・取組の強化が有効になるだろう.

　第7章では，そうした提言の背景にある根拠を曖昧な不安心理の観点から分析した. つまり，「とりあえず」が「なんとなく」にとどまっていくか, 当事者にとってポジティブに開拓されていくかの分岐の考察を, キャリア形成の反応傾向という側面から行った. 状態性の強い曖昧心理（漠然と感じられる様子）の強さがキャリア形成の反応傾向を弱めるリスク要因になることが判明した. つまり，自信を喪失し, キャリア意識が未成熟なまま「とりあえず」で非正規職や無職であり続けることが問題を深刻化する側面を明確にした. 具体的には，「なんとなく」でその日暮らしの生活することで人生キャリアの希望を次第に失っていく確率（リスク）は，「とりあえずフリーター」意識により正業希望を喪失する確率の2倍程度であり，未熟なキャリア意識のまま曖昧な理由で事態を先送りすることのリスクは大きいと言える.

　したがって，状態性の高い曖昧心理として「なんとなく」, 動作性との関連が強い曖昧心理として「とりあえず」と峻別できた本研究の結果を踏まえれば, とりあえず志向とキャリア形成の関係について，「ひとまず定職に就き, 生活を安定させ, ゆとりある状況下で自己実現のための手段を段階的に考え実践している方法が着実な道である」という帰結を得たことになる. したがって，進路検討場面に携わるキャリア支援者に対して，「なんとなく, 大きく生活を変えたくない」という自分の殻に閉じこもる傾向が強い層に対しては, 個人の尊厳に配慮しながら, 具体的な自己改善課題を段階的に提示し, 機動性を高める指導方法が有効となるという提言が可能となる. 一見，「何も選択しない」「社会と関係性を持とうとしない」若者に対して, 一方的, かつ一面的なラベル付けをするのではなく, 諸事情に応じた段階的支援の効果を探究する意義を示唆するものである.

9.4　今後の「とりあえず志向」研究の課題と展望

9.4.1　「とりあえず志向」の理論定義の精緻化
　本書では，職業キャリアの不透明感が高まる中で, さまざまな不安要素を抱える若者の初期キャリア問題に対して, キャリア選択場面における「とりあえず」という若年層の不鮮明なキャリア意識に内包される共通要素を，「とりあえず公務員」「とりあえず正社員」「とりあえず地元」「とりあえずフリー

ター」「とりあえずニート」とカテゴリーごとに分けて特徴付けた. その一方で，データ制約もあり，とりあえず志向概念の外縁に関する検討が課題として残された4.2の「とりあえず正社員」の多次元構造分析では，「絶対に正社員になりたい」を「とりあえず正社員」の下位尺度とみなして因子分析を行ったが，仮に両者が相反する概念であるならば，「絶対に正社員になりたい」が高いサンプルを除去する方法もあり得る. ただし，「とりあえず正社員」群の対極の概念が「絶対正社員」群になるか否かは必ずしも断言できず，カテゴリーの曖昧さが残る. 例えば，家計補助的な「とりあえずパート」「とりあえず派遣」等の存在が考えられるため，正規・非正規の両方を含む全体データを用いて，「とりあえず正社員」の外縁に着目した統制群との比較検討を行う必要がある.

それ以前に，そもそも曖昧さを特定の概念として限定的に定義することは，「曖昧さの1つを発見すること」には役立つが，曖昧さそのものの発見や確認には有効ではないという議論がある. こうした課題を解決するためには，とりあえず志向概念の内外両面からの検討が肝要であり，さまざまな要因との因果関係を明らかにすることが測定尺度の開発にも寄与する. そのような研鑽は「とりあえず研究」の立ち位置を明確化し，より汎用的，かつ，自覚的なキャリア志向性概念へと押し上げることに繋がるだろう. というのも，本研究を通して一貫して捉えてきた「とりあえず志向」の主観的側面は[1]，理解に個人差（ズレ）を生じやすく，キャリア支援者と被支援者との間で共有が困難になる可能性が高いと考えられるからである.

また，第2章補論では，生涯における効用最大化問題を提示したFlyerモデル（Flyer, 1997）を援用し，「時間選好性」と「時間順序の選択性」の2側面をモデルに取り込み，曖昧概念が導入し得ることを確認したに過ぎない. また，経済的価値の検討についても一企業キャリア（転職なし）の想定にとどまっており，さらなる拡張の余地が残される.

9.4.2 「とりあえず志向」の発達的変化の解明

第二に，社会調査データのデザインについてである. 本書では，4.2と第5章以外の実証分析では横断的なクロスセクションデータを使用したため，推定結果の検討の多くが特定の時点における分析にとどまる点である. したがって，仮に，消極的に一時的な猶予期間を置くために「とりあえずニート」を選

択した者が積極的な姿勢・立場に転じるような場合の効果出現のタイミングまで詳解されていない．この点を改良するには，個人の発達的変化を複数時点で追跡する縦断的デザインが望ましい．個人差の検討をするためのリサーチデザインを含めた改善課題である．昨今のキャリア教育の低年次化の動向を踏まえれば，中学校・高等学校まで遡り，キャリア発達の成長〜探索段階（15歳〜）を含んだ，より長期間にわたり同一対象を追跡するパネルデータの整備が不可欠である．加えて，意識面の成熟と行動実践面との関わりに関する個人差を明確に記述するためには，外部環境要因も十分に踏まえた質的アプローチが有効であり，インタビュー調査の被験者を拡充する必要があろう．

　第5章では，大学4年間を通してキャリア教育を受講した学生の発達的変化を「とりあえず進学→とりあえず正社員→とりあえず初職選択→とりあえず初職決定」の4時点で捉えた結果，「とりあえず志向」の一連のパスの繋がりは確かに示されたものの，体系的なキャリア教育支援を通して関連付けられたわけではない．また，4時点の追跡データは厳密には測定間隔が一定ではなく，変数の時間的安定性にも問題がないわけではない．統計的有意性のみから因果関係の有無を解釈すること自体が一定の限界でもある．変数間には時間的な前後関係が介在するため，さらに短い時間間隔で細かな就職・キャリア教育支援の内容を取り込んだ縦断調査データを整備することも真の因果関係の解明にとって必要な作業であろう．こうした詳細な研究蓄積をキャリア教育現場や各種若者支援機関の支援現場に還元することにより，早期就労支援対策の有効性という点で，躓きのタイミングの検討や時機を逸しない支援体制の強化に繋げることが期待される．

9.4.3　臨床場面における「とりあえず志向」の応用可能性

　第三に，キャリア形成支援ツールとしての活用法についてである．本書を通して，若者が抱く「とりあえず志向」にかなりのバリエーションがあることはご理解いただけたものと思う．以下では，キャリアコンサルタントの立場から筆者が過去に相談を受けたキャリアコンサルティングの具体的内容に基づき，ケーススタディを通して応用可能性について模索してみたい．

　以下の相談事例①〜③の主訴の中には，いずれも「とりあえず」という修飾語が含まれており，クライアント（来談者：CL）の主観性が強い点に注意が必要である．そのため，標準化されていないインフォーマル・アセスメントとし

て採用し，クライアントに主導権を与えるアプローチが考えられるだろう．ただし，アセスメントツールを使用する際，具体的な利用目的があって初めてその効果が発揮される点に留意しなければならない．ここでは，利用目的を「とりあえず」というフランクな状態（心のハードルを引き下げた状態）で，自己の内部における新たな意識の高まり（emerging higher consciousness）を通して，より具体的な自己理解や仕事理解（職業・職務理解）に向けたアクションへと繋げていくことと仮定しよう．

相談事例①：Ａさん（18歳）の場合

　高校教師は，日々，さまざまな悩みを抱える生徒から相談を受ける．わが国では，近年，高等学校卒業者のうち，専修学校も含めると約70%が進学をする．さて，新年度を迎え，あなたは３年生40人クラスの担任を任されることになった．新学期が始まってからしばらく経ったある日の放課後，あなたはＡさんの進路相談を受けることになった．すると，相談会が始まるや否や，Ａさんは，開口一番，「とりあえず大学に進学したいです」と言い放った．……

相談事例②：Ｂさん（21歳）の場合

　大学キャリアセンター（就職課）で働いているあなた（キャリアコンサルタント：CC）のところには，日々，多くの学生達がやってくる．なかには，お得意様として，決まった曜日・時間帯に顔を出す就活生もいる．そんな中，やや緊張した面持ちのＢさんが初めてキャリアセンターを訪問してきた．不安げな表情を浮かべながら，しばらく沈黙の時間が流れた．そして，Ｂさんは，ポツリと「とりあえず就職はしておいた方が良いんですよねぇ……」と半信半疑で尋ねてきた．……

相談事例③：Ｃさん（27歳）の場合

　ここ４年間，総務部で働いてきたあなたは，EAP（従業員支援プログラム；Employee Assistance Program）の一環で会社の中に新設されたキャリア相談室に配属されました．毎日，さまざまな部署の従業員が相談にやってくる．そんなある日，突然Ｃさんが来室してきた．さんざん業務内容や人間関係に対する不満をぶちまげた挙句，投げやり気味に「とりあえず，とっとと転職したいんです！」と語気を強めた．……

　図9-2のFTBOチェックシートとは，進路・就職指導の場面において教員・キャリア支援者が，支援対象者の思索の成長を通してアクションに繋げる

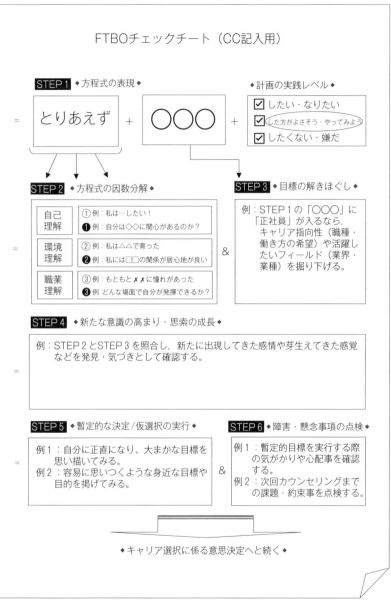

図9-2　「とりあえず志向」に関する方程式の因数分解（FTBO チェックシートの活用例）

出所：筆者作成.

支援を効果的に行うためのアセスメントツールである．相談者である学生・生徒が他者（教員・キャリア支援者）からの問いかけに答えることで自分自身を客観視し，気づきを得ながら思索を深めることができ，アクションを具体的に進める意思表示を促すように工夫されている．

図9-2の記入例は，「とりあえず志向（FTBO）」を抱くクライアント（CL）に対するカウンセリング場面でのキャリア支援者（CC）の活用例をサンプル表示したものである．なお，このシートの利用は，複数回の面談を想定している．キャリアカウンセリングの流れの大まかなガイドラインであり，STEP 1～6の手順で進めることで聞き取り・記録が速やかに行える．クライアントが学生・生徒本人，シートの記入はキャリア支援者，教員，キャリアコンサルタントの役目となる．また，展開に応じて臨機に修正を加えていくものである．

なお，STEP 1で記入すべき「○○○」が信号機のように見えるため"心のシグナル（信号モデル）"と命名する．心と信号を統合して捉える背景は，本ワークシートを活用しながら，自己との対話を通して，「（自分自身に）気が付く」≒「黄色がつく」から転じて，「止まるか」「進むか」の黄色信号の判断は，「選ぶか」「選ばないか」という岐路に自分を立たせるということ，すなわち，行動実践ありきの実行へと徐々に移すという筆者の意図が込められている．こうした一連の思索プロセス自体が自覚的なキャリア形成に通じるものである．

最後に，図9-2の具体的な活用法として，チェックシートの記入方法を紹介する．

【FTBOチェックシートの記入方法】

＊STEP 1 「とりあえず＋○○○」⇒ここには本人の目標や目指す志向を記入する．

例）■■社内定，△△検定合格，・・資格取得

＊STEP 2 「方程式の因数分解」⇒Schlossberg（1981）の4Sに倣い，自己（self）・環境（situation/support）・職業（strategies）の3側面からの理解を促すために，慎重かつ丁寧なアプローチが必要となる．白丸と黒丸の厳密な使い分けは，思索の段階分けを表している．自己理解で例示すると，①（自己覚知）→❶（自己認識）へと段階的にソフトランディングさせながら，成長の軌道を明確化・安定化していくイメージである．

＊STEP 3「目標の解きほぐし」⇒本人の“とりあえずの願望”を具体的に考える問いかけをし，その時点で想像できる目標への到達上のかみ砕きを話題にし，内容を記録する．経過時間によっては，ここでインテーク面談（初回）を終了することも可能である．

＊STEP 4「新たな意識の高まり・思索の成長」⇒本人との対話で出てきたポイントを整理し，CL 本人にも置かれた状況の客観視を促す．場合によっては，ここでの軌道修正もあり得る．つまり，CL 自身が他者（対話者）からの問いかけに答えることで自分自身を客観視しつつ，アクションを具体的に進める意思表示や振り返り支援を小刻みに継続的に実施することが要点である．

＊STEP 5「暫定的な決定／仮選択の実行」⇒本人の「とりあえず目標」を具体的にアクションベースで考えることを支援する．例えば，遠い目標へ繋がるステップの刻み方，あるいは，CC と CL 双方で合意できたことを記録する．

＊STEP 6「障害・懸念事項の点検」⇒目標の実行・行動に向けた調整を行う．もしくは，直近の課題の再確認を行い，元の目標・志向の軌道修正や微調整があれば記録する．

　なお，活用上の留意点としては，1）結果・結論（進路決定・キャリア選択）を求めることが主目的ではないこと，2）CL 主導を守り，CC の主観を入れないこと，3）CL が自分のことを理解できるのは自分自身であることを再認識できるように助言・指導することだろう．

注
1）　例えば，質問票で「『とりあえず×××になりたい』はどの程度ありましたか？」という教示文の下，5段階尺度（1．かなりある，2．少しある，3．どちらでもない，4．ほとんどない，5．まったくない）を設定した場合，×××に係る「とりあえず」に被験者（回答者）の主観が介入する余地が残されている設問の設定であれば，厳密性が下がってしまう．この問題点に対して，第4章では，「とりあえず」自体を使用しない形で多義性が発生しない概念・尺度まで落とし込んだ50個のインディケータ（質問項目）を通して改良データを得た．

追　　記

　本書は，筆者が同志社大学大学院経済学研究科博士後期課程（経済政策専攻）を単位取得した後，研究生であった2006年頃から15年の歳月をかけて続けてきた研究の成果をまとめたものである．本書の基をなす博士論文は，当初から同志社大学へ学位請求論文として審査依頼する明確な予定があったわけではなく，内容的に経済学というよりも心理学や社会学の色彩が濃く，また指導教官（中尾武雄名誉教授）のご退官という時期とも重なり，申請先探しに苦慮したため，学位請求に時間を要した．

　この過程において，筆者は2013年に，『日本労働研究雑誌』への投稿論文「とりあえず志向と初期キャリア形成——地方公務員への入職行動の分析」が労働政策研究・研修機構（JILPT）の第14回労働関係論文優秀賞の栄誉に浴する機会に恵まれ，大いなる激励を賜った（表彰式：2013年10月30日，於，学士会館）．

　その後，主査の八木匡教授（同志社大学大学院経済学研究科）とは，2017年12月10日に母校・同志社大学今出川キャンパスで開催された第11回行動経済学会にて口頭発表をした際に再会を果たした（報告タイトル：「多義的曖昧性に関する一考察——『とりあえず就業』行動からの接近」）．また，同日，大学院時代の先輩にあたる木下信准教授（龍谷大学経済学部）とキャンパス内で偶然出会ったことは，まさに，J. クランボルツ博士のプランド・ハプンスタンス理論を絵に描いたような出来事であった．

　博論審査においては，主査の八木匡教授，副査の竹廣良司教授（同志社大学大学院経済学研究科），同じく，副査の中田喜文教授（同志社大学大学院総合政策科学研究科），さらには，大学院時代の先輩である木下信准教授・宮本大教授（同志社大学経済学部）他，多くの先生方に大変お世話になった．

　2019年（令和元年）10月24日の予備審査，同年12月2日の本審査を経て，2020年（令和2年）1月25日（土）に学位申請論文試問会（於，同志社大学今出川キャンパス，良心館RY440教室）が実施された．その試問会にて，主査・副査の審査委員からは，主に次の3点をご指摘いただいた．第一に，多義性を類型化して，「とりあえず」の意味を明確化する必要性がある．第二に，「とりあえず正社

員」と「とりあえずフリーター」における「とりあえず」の意味合いが曖昧さを介してどう異なるのかを明示する必要がある．第三に，「とりあえず」に多義性を与えながら，調査票の項目に「とりあえず」を入れていることで厳密性を低下させている．

　諸先生方からは，本研究をより発展させるための要点と課題を的確にご教授いただいた．提起された幾つかの課題に対するリプライについては，本書の中に次の３本の論文を所収することで代替させていただく．①「新規学卒者における『とりあえず正社員』志向の要因分析」『アジアデザイン文化学会論文集』(2021年)，②「正規就業を積極的に表明しない心理の概念構造——『とりあえずフリーター』意識からのアプローチ」『日本労務学会誌』(2021年)，③「若年無業者の曖昧心理がキャリア意識に及ぼす影響——『とりあえず』『なんとなく』という心理状態の概念構造の検討」『キャリアデザイン研究』(2021年)．

　なお，本書を構成する各章の内容は，次のような初出論文を基にしている．

　　第１章　書き下ろし
　　第２章第１節　「進路選択における『とりあえず』志向の発生因——若手公務員への聞き取り調査結果を手がかりに」『神戸国際大学紀要』第76号，2009年．「進路選択における潜在意識の研究——大学生の自由記述回答の分析」『千葉経済論叢』第48号，2013年．「多義語における歴史的変化とその展開——キャリア語義の分析」『千葉経済論叢』第51号，2014年．『とりあえず志向とキャリア形成』日本評論社，2015年．「就業プロセス・キャリア意識の違いから何を学ぶか——日本・韓国の若手正社員を対象にした自由記述分析」『経済教育』第38号，2019年．
　　第２章第２節　「新規学卒者における『とりあえず正社員』志向の要因分析」『アジアデザイン文化学会論文集』第15巻，2021年．
　　第２章第３節　書き下ろし
　　第２章第４節　「多義的曖昧性とキャリア選択——若手社員の『とりあえず正社員』意識の持続的影響」『日本労務学会全国大会研究報告集』第48号，2018年．
　　第３章　「とりあえず志向と初期キャリア形成——地方公務員への入職行動の分析」『日本労働研究雑誌』第632号，2013年．

第4章　「多義的曖昧性に関する一考察——『とりあえず就業』行動からの接近」『第11回行動経済学会発表論文集』2017年．「若手社員の「とりあえず正社員」意識と職業キャリア意識の関連——労働需給両面からの検討」『千葉経済論叢』第62号，2020年．「新規学卒者における『とりあえず正社員』志向の要因分析」『アジアデザイン文化学会論文集』第15巻，2021年．

第5章　「大学生の曖昧な進路選択とキャリア成熟に関する縦断的研究——「とりあえず進学」「とりあえず正社員」「とりあえず初職決定」「とりあえず初職継続」の4時点間の検討」『千葉経済論叢』第63号，2020年．"Longitudinal Study of University Graduates' Ambiguous Career Path Choices and Career Maturation", *Bulletin of Asia Design Culture Society Issue*, No. 14, 2020.

第6章　「正規就業を積極的に表明しない心理の概念構造——『とりあえずフリーター』意識からのアプローチ」『日本労務学会誌』第21巻第3号，2021年．

第7章　「若年就業における潜在意識に関する一考察——『とりあえず未就業』行動からの接近」『第9回行動経済学会発表論文集』，2015年．「私見卓見OPINION "とりあえず" でも就業促進を」『日本経済新聞』2017年5月10日号［朝刊］，経済教室面 (28面)．「若年無業者の曖昧心理がキャリア意識に及ぼす影響——「とりあえず」「なんとなく」という心理状態の概念構造の検討」『キャリアデザイン研究』第17号，2021年．

第8章　"Comparison of coping behaviors in Japan and Korea for career choice ambiguity" *Bulletin of Asian Design Culture Society ISSUE*, No. 13, 2019.

第9章　書き下ろし

　本研究はJSPS科研費17K03704〔就職困難者の「とりあえず」就業行動に関する理論的実証的研究 (基盤研究C)〕および，JSPS科研費21K01545〔「とりあえず」進路選択者のキャリア形成と雇用促進に関する実証研究 (基盤研究C)〕の研究成果の一部である．また，研究の成果は筆者自らの見解に基づくものであって，所属研究機関，資源配分機関，および，国の見解を反映するものでは

ない．なお，本書の刊行にあたって令和 2 年度千葉経済大学学術図書刊行助成費の助成を受けた．本書の内容が公表され，日本の若年労働問題・キャリア研究を再考する一助となれば幸いである．

2021年 6 月吉日

中嶌　　剛

参考文献一覧

[邦文献]

アリエリー，D.（2014）『お金と感情と意思決定の白熱教室——楽しい行動経済学』早川書房．

安保英勇（2011）「若年無業者の心理的特性——就業への意欲とキャリアレディネス・精神健康」『東北大学大学院教育学研究科研究年報』第60巻第1号，pp. 317–329．

五十嵐敦（2018）「大学生のキャリア発達と進路不安についての研究——大学3年生の進路意識と学生生活の観点からの検討」『福島大学総合教育研究センター紀要』第24号，pp. 39–46．

五十嵐敦・佐藤公文（2011）「高校生の大学進学動機の類型化とキャリア発達との関連について」『福島大学総合教育研究センター紀要』第10号，pp25–32．

磯貝英夫・室山敏昭（1989）「とりあえず」『類語活用辞典』東京堂出版，p. 415．

いとうたけひこ（2013）「テキストマイニングの看護研究における活用」『看護研究』第46巻第5号，pp. 475–484．

稲垣誠一・小塩隆士（2013）「初職の違いがその後の人生に及ぼす影響——LOSEF個票データを用いた分析」『経済研究』第64巻第4号，pp. 289–302．

乾彰夫（2006）「『フリーター・ニート』概念の問題性」乾彰夫編著『不安定を生きる若者たち——日英比較フリーター・ニート・失業』大月書店，pp. 16–27．

猪木武徳・勇上和史（2001）「国家公務員への入職行動の経済分析」猪木武徳・大竹文雄編『雇用政策の経済分析』東京大学出版会，pp. 75–103．

入不二基義（2000）「時間とは何か，何でありうるか」『山口大学哲学研究』第9巻，pp. 2–15．

入不二基義（2002a）『時間は実在するか』講談社．

入不二基義（2002b）「無関係という関係」『本』第27号–7，pp. 49–51．

入不二基義（2003）「『とりあえず』ということ」『本』第28号–1，pp. 58–60．

入不二基義（2010）「『とりあえず』ということ」『足の裏に影はあるか？ないか？』朝日出版社，pp. 110–115．

上西充子（2002）「フリーターという働き方」小杉礼子編『自由の代償／フリーター——現代若者の就業意識と行動』日本労働研究機構，pp. 55–74．

植村善太郎（2001）「あいまいさへの耐性と集団同一性が新入成員への寛容的反応に及ぼす効果」『性格心理学研究』第10巻第1号，pp. 27–34．

江崎雄治（2007）「地方圏出身者のUターン移動」『人口問題研究』第63巻第2号，pp. 1–13．

榎本博明（2002）「物語ることで生成する自己物語」『発達』第23巻第91号，pp. 58–65．

エン・ジャパン（2020）『22卒業生600名に聞く「オンライン就活」意識調査』en News Release，3133，〈https://corp.en-japan.com/newsrelease/2020/23122.html〉（2020年9月30

日取得).

太田聰一（2005）「若年無業の決定要因都道府県別データを用いた分析」『青少年の就労に関する研究会報告』内閣府，pp. 27-39.

太田聰一（2006）「地域労働市場と『世代』の経済学」『地銀協月報』第557号，pp. 2-11.

太田聰一（2010）『若年者就業の経済学』日本経済新聞出版社.

太田聰一・玄田有史・近藤絢子（2007）「溶けない氷河——世代効果の展望」『日本労働研究雑誌』第569号，pp. 4-16.

大原瞠（2011）『公務員試験のカラクリ』光文社.

大森荘蔵（1996）『時は流れず』青土社.

荻野登（2006）「若年層の労働意識の変化と雇用管理——『納得』と『人材育成』がキーワードに」『地銀協月報』第557号，pp. 12-22.

奥田栄（1987）「『取り合えずの真理』としての科学」『科学基礎論研究』第18巻第2号.

小倉一哉（2010）「会社を辞めない人はどんな人か？」『日本労働研究雑誌』第603号，pp. 27-43.

小倉一哉（2013）『「正社員」の研究』日本経済新聞出版社.

加賀美常美代（2008）「日韓の女子大学生の国際交流意識とキャリア形成の比較——お茶の水女子大学の国際意識調査から」『人文科学研究』第4号，pp. 107-123.

神谷拓平（2004）「パートタイム労働者就業動機の構造」『茨城大学地域総合研究所年報』第37号，pp. 43-60.

香山リカ（2004）『就職がこわい』講談社.

苅谷剛彦（2001）『階層化日本と教育危機——不平等再生産から意欲格差社会』有信堂高文社.

苅谷剛彦・本田由紀編（2010）『大卒就職の社会学——データからみる変化』東京大学出版会.

河合隼雄（2017）『無意識の構造改版』中央公論新社.

河合隼雄・中沢新一（2003）『「あいまい」の知』岩波書店.

北山修（1988）『心の消化と排出』創元社.

北山修・西村佐彩子（2004）「臨床における曖昧さのこなし方」『心理学ワールド』第27号，pp. 5-8.

木村周（2018）『キャリアコンサルティング理論と実際——5訂版』雇用問題研究会.

轡田竜蔵（2011）「過剰包摂される地元志向の若者たち——地方大学出身者の比較事例分析」『若者問題と教育・雇用・社会保障』法政大学出版局，pp. 183-211.

國廣哲彌編（1982）『ことばの意味3——辞書に書いてないこと』平凡社.

玄田有史（2004）「若者急増する"ニート"決定的対策はあるか」『週刊ダイヤモンド』第93巻第1号，p. 158.

玄田有史（2005）『働く過剰』NTT出版.

玄田有史（2007）「若年無業の経済学的再検討」『日本労働研究雑誌』第567号，pp. 97-112.

玄田有史（2010）『希望のつくり方』岩波書店.

玄田有史・堀田聰子（2010）「『最初の3年』は何故大切なのか」佐藤博樹編『働くことと学

ぶこと——能力開発と人材活用』ミネルヴァ書房，pp. 33 - 57.

玄田有史・曲沼美恵（2004）『ニート——フリーターでもなく失業者でもなく』幻冬舎.

ごいしろう（1981）「ことばの意味（88）トリアエズ・イチオウ」『月刊百科』第226号，pp. 42 - 43.

厚生労働省職業能力開発局編（2001）『エンプロイアビリティの判断基準等に関する調査研究報告書』.

小島貴子（2005）「地方自治体におけるキャリアと就業支援の実践——彩の国キャリア塾について」『日本労働研究雑誌』第539号，pp. 68 - 78.

小杉礼子（2002）「学校から職業への移行の現状と問題」小杉礼子編『自由の代償／フリーター』日本労働研究機構.

小杉礼子（2004）「若年無業者増加の実態と背景——学校から職業生活への移行の隘路としての無業の検討」『日本労働研究雑誌』第533号，pp. 4 - 16.

小杉礼子（2010）『若者と初期キャリア——「非典型」からの出発のために』勁草書房.

小杉礼子（2018）「近年の大都市の若者の職業キャリア『第4回若者ワークスタイル調査より』」（2018年1月23日講演資料）.

小杉礼子・堀有喜衣（2002）「若者の労働市場の変化とフリーター」小杉礼子編『フリーター／自由の代償』日本労働研究機構，pp. 15 - 35.

小杉礼子・堀有喜衣（2004）「若年無業・周辺的フリーター層の現状と問題」『社会科学研究』第55巻第2号，pp. 5 - 28.

小林哲郎（1984）「Ambiguity Tolerance 研究の展望」『京都大学教育学部紀要』XXX，pp. 297 - 308.

斉藤浩一（2002）「大学志望動機が入学後のストレッサーおよび大学嫌いに及ぼす影響」『進路指導研究』第21巻第1号，pp. 7 - 14.

坂爪洋美（2008）『キャリア・オリエンテーション』白桃書房.

坂柳恒夫（1991）「進路成熟の測定と課題」『愛知教育大学教科教育センター研究報告』第15号，pp. 269 - 280.

坂柳恒夫（1996）「大学生のキャリア成熟に関する調査——キャリア・レディネス尺度（CRS）の信頼性と妥当性」『愛知教育大学教科教育センター研究報告』第20号，pp. 9 - 18.

坂柳恒夫・竹内登規夫（1986）「進路成熟態度尺度（CMAS-4）の信頼性および妥当性の検討」『愛知教育大学研究報告』第35号，pp. 169 - 182.

佐藤直樹（2011）『なぜ日本人はとりあえず謝るのか——「ゆるし」と「はずし」の世間論』PHP研究所.

下村英雄（2002）「フリーターの職業意識とその形成過程——『やりたいこと』志向の虚実」小杉礼子編『フリーター／自由の代償』日本労働研究機構，pp. 75 - 99.

下村英雄（2013）「現代青年の社会意識と職業意識——20～30代若年就労者の正社員・フリーターに対する意識をもとに」『青年心理学研究』第24号，pp. 149 - 164.

下村英雄・八幡成美・梅崎修・田澤実（2013）「キャリア意識の測定テスト（CAVT）の開発」梅崎修・田澤実編『大学生の学びとキャリア——入学前から卒業までの継続調査の

分析』法政大学出版局, pp.17－40.

社会経済生産性本部（2007）『ニートの状態にある若年者の実態および支援策に関する調査研究報告書』社会経済生産性本部.

新谷康浩（2006）「若年者就職支援施設における若者へのまなざしの地域間比較」『横浜国立大学教育人間科学部紀要I教育科学』第8号, pp.51－64.

鈴木哲也（2007）「大学生の職業意識と公務員志向」『高知女子大学文化論叢』第9号, pp.35－49.

高木典子（2002）「新しい進路保障教育の展開——特集：進路を切り拓き, 生き抜く力をどう育てるか『とりあえず何もしない』」『解放教育』第30巻第2号, pp.9－13.

高戸ベラ（2001）『悩んだときは, とりあえず笑っとこう』明日香出版社.

辻本彰・冨安慎吾・上森さくら・橋爪一治・畑智子（2015）「現入試体制にみる島根大学教育学部生の状況——就職状況と入試形態, 教職志向性, GPA, 1000時間体験学修との関連」『島根大学教育臨床総合研究』第14号, pp.37－49.

寺澤康介（2012）「2カ月遅れの影響はどう出たか？ 2013年新卒採用の深層分析＆2014大胆予測」（パソナグループ大学職員向けセミナー配布資料）HRプロ株式会社.

内閣府（2005）『青少年の就労に関する研究会報告』.

内閣府（2012）『若者の考え方についての調査（ニート・ひきこもり・不登校の子ども・若者への支援等に関する調査）』.

内閣府（2016）『平成28年度年次経済財政報告』.

中嶌剛（2008）「公務員志望学生へのキャリア教育実践の試論的考察——『とりあえず公務員』意識に注目して」『経済教育』第27号, pp.124－133.

中嶌剛（2009a）「進路選択における『とりあえず』志向の発生因——若手公務員への聞き取り調査結果をてがかりに」『神戸国際大学紀要』第76号, pp.25－41.

中嶌剛（2009b）「ERG理論にもとづく安定就業行動の研究：文献展望」『神戸国際大学紀要』第77号, pp.31－46.

中嶌剛（2010）「若手公務員の安定志向と職業キャリア意識の関連」『キャリア教育研究』第29巻第1号, pp.1－11.

中嶌剛（2012）「若年者の地元志向とキャリア形成との関連——地方公務員に対する志望要因の分析を手がかりに」『キャリアデザイン研究』第8号, pp.21－33.

中嶌剛（2013a）「とりあえず志向と初期キャリア形成——地方公務員への入職行動の分析」『日本労働研究雑誌』第632号, pp.87－101.

中嶌剛（2013b）「進路選択における潜在意識の研究——大学生の自由記述回答の分析」『千葉経済論叢』第48号, pp.23－39.

中嶌剛（2014）「地元愛着の階層性と就業構造」『経済學論叢（中尾武雄教授古稀記念号）』第65巻第4号, 同志社大学, pp.351－374.

中嶌剛（2015a）『とりあえず志向とキャリア形成』日本評論社. .

中嶌剛（2015b）「女性公務員の主観的キャリア意識に関する実証研究」『学苑（昭和女子大学紀要）』第893号, pp.67－78.

中嶌剛（2015c）「若年就業における潜在意識に関する一考察——『とりあえず未就業』行動

からの接近」『第9回行動経済学会発表論文集』(2015年11月28日，於近畿大学) 所収.

中嶌剛 (2017a)「多義的曖昧性に関する一考察——『とりあえず就業』行動からの接近」『第11回行動経済学会発表論文集』(2017年12月9‐10日，於同志社大学) 所収.

中嶌剛 (2017b)「私見卓見 OPINION "とりあえず" でも就業促進を」『日本経済新聞』2017年5月10日号［朝刊］，経済教室面 (28面).

中嶌剛 (2018)「多義的曖昧性とキャリア選択——若手社員の「とりあえず正社員」意識の持続的影響」『日本労務学会全国大会研究報告集』第48号，pp. 147‐154.

中嶌剛 (2019)「就業プロセス・キャリアの違いから何を学ぶか——日本・韓国の若手正社員を対象にした自由記述分析」『経済教育』第38号，pp. 148‐155.

中嶌剛 (2020a)『若年者のキャリア選択における多義的曖昧性研究——『とりあえず志向』の実証的探究』博士学位論文 (同志社大学，乙343号).

中嶌剛 (2020b)「若手社員の『とりあえず正社員』意識と職業キャリア意識の関連——労働需給両面からの検討」『千葉経済論叢』第62号，pp. 25‐50.

中嶌剛 (2020c)「とりあえず志向とキャリア成熟の関連——大学生の『とりあえず進学』『とりあえず正社員』『とりあえず初職決定』『とりあえず初職継続』を通じた縦断的研究」『千葉経済論叢』第63号，pp. 35‐55.

中嶌剛 (2021a)「正規就業を積極的に表明しない心理の概念構造——『とりあえずフリーター』意識からのアプローチ」『日本労務学会誌』第21巻第3号，pp. 63‐75.

中嶌剛 (2021b)「新規学卒者における『とりあえず正社員』志向の要因分析」『アジアデザイン文化学会論文集』第15巻 SPRING & AUTAMUN 合併号 (近刊).

中嶌剛 (2021c)「若年無業者の曖昧心理がキャリア意識に及ぼす影響——「とりあえず」「なんとなく」という心理状態の概念構造の検討」『キャリアデザイン研究』第17号，(近刊).

長嶋善郎 (1982)「トリアエズ・イチオウ」国廣哲彌編『ことばの意味3』平凡社，pp. 179‐185.

長須正明 (2006)「若年無業者の生活」『教育と医学』第637号，pp. 30‐37.

長塚美恵 (2000)「副詞『とりあえず』について」『外国語雑誌』第29号，大東文化大学外国語学会，pp. 91‐102.

なだいなだ (2002)『人間、とりあえず主義』筑摩書房.

西村佐彩子 (2007)「曖昧さへの態度の多次元構造の検討——曖昧性耐性との比較を通して」『パーソナリティ研究』第15巻第2号，pp. 183‐194.

日本経済新聞社 (2009a)『日本経済新聞』2009年1月12日 (朝刊) 第27面.

日本経済新聞社 (2009b)『日本経済新聞』2009年6月16日 (夕刊) 第13面.

日本経済新聞社 (2011)『日本経済新聞』2011年3月9日 (朝刊) 第36面.

日本放送協会放送世論調査所編 (1979)『日本人の職業観』日本放送出版協会.

日本労働研究機構 (1994)『JIL 調査研究報告書』第57号.

日本労働研究機構 (1999)「変化する大卒者の初期キャリア——「第2回」大学卒業後のキャリア調査より」『JIL 調査研究報告書』第129号，日本労働研究機構.

日本労働研究機構 (2000)「進路決定をめぐる高校生の意識と行動——高卒「フリーター」

増加の実態と背景」『JIL 調査研究報告書』, 第138号.

日本労働研究機構 (2001a)「日欧の大学と職業——高等教育と職業に関する12カ国比較調査結果」『JIL 調査研究報告書』第143号.

日本労働研究機構 (2001b)「大都市の若者の就業行動と意識——広がるフリーターの経験と共感」『JIL 調査研究報告書』第146号, 日本労働研究機構.

長谷川誠 (2016)『大学全入時代における進路意識と進路形成——なぜ四年制大学に進学しないのか』ミネルヴァ書房.

濱口桂一郎 (2013)『若者と労働』中央公論新社.

早川昌範 (1985)「政治的態度構造における強度の次元の分析」『愛知学院大学文学部紀要』第15号, pp. 53 - 57.

樋口耕一 (2014)『社会調査のための計量テキスト分析——内容分析の継承と発展を目指して』ナカニシヤ出版.

平尾智隆 (2019)「自然実験によるキャリア教育の効果測定——キャリア教育が大学生のキャリア意識に与える影響」『日本労働研究雑誌』第707号, pp. 79 - 92.

平田周一 (2015)「日韓の若者にみる非正規雇用とジェンダー」岩上真珠編『国際比較若者のキャリア——日本・韓国・イタリア・カナダの雇用・ジェンダー政策』新曜社.

渕上克義 (1984)「大学進学決定に及ぼす要因ならびにその人的影響源に関する研究」『教育心理学研究』第32号, pp. 65 - 69.

堀田聡子 (2010)「企業における人材確保策の多様化と人材ビジネス」佐藤博樹編『実証研究日本の人材ビジネス』日本経済新聞出版, pp. 407 - 428.

堀有喜衣 (2007)『フリーターに滞留する若者たち』勁草書房.

本田由紀 (2008)「高校教育・大学教育のレリバンス」谷岡一郎・仁田道夫・岩井紀子編『日本人の意識と行動——日本版総合的社会調査 JGSS による分析』東京大学出版会.

本田由紀・内藤朝雄・後藤和智 (2006)『「ニート」って言うな!』光文社.

本田由紀・堀田聡子 (2006)「若年無業者の実像——経歴・スキル・意識」『日本労働研究雑誌』第556号, pp. 92 - 105.

増田真也 (2004)「曖昧性が好まれるとき」『心理学ワールド』第27号, pp. 17 - 20.

増田真也・坂上貴之・広田すみれ (2002)「選択の機会が曖昧性忌避に与える影響——異なる種類の曖昧性での検討」『心理学研究』第73巻第1号, pp. 34 - 41.

松井栄一編 (2008)「とりあえず」『ちがいがわかる——類語使い分け辞典』小学館, p. 365.

松井賢二 (2015)「大学生のキャリア成熟に関する縦断的研究 (Ⅱ)」『新潟大学教育学部研究紀要』第7巻第2号, pp. 239 - 246.

三浦展 (2010)『ニッポン若者論』筑摩書房.

耳塚寛明 (2002)「高卒無業者への道フリーターと社会階層」『労働の科学』第57巻第1号, pp. 10 - 18.

耳塚寛明 (2004)「高卒無業問題から読み解く日本社会の変容」『生活経済政策』第90号, pp. 10 - 15.

三村隆男 (2010)「わが国のキャリア教育の現状とこれから」『Business Labor Trend』第3

号，pp. 7 − 10.

宮本みち子（2004）「社会的排除と若年無業──イギリス・スウェーデンの対応」『日本労働研究雑誌』第533号，pp. 17 − 26.

宮本みち子（2012）『若者が無縁化する──仕事・福祉・コミュニティでつなぐ』筑摩書房.

宮本みち子（2015）「若者の移行期政策と社会学の可能性」『社会学評論』第66巻第 2 号，pp. 204 − 221.

宮本みち子（2017）「若年無業者政策と課題」『日本労働研究雑誌』第678号，pp. 72 − 75.

森田良行（1989）「いちおう」『基礎日本語辞典』第二版，角川書店，pp. 134 − 135.

文部科学省（2006）『高等学校におけるキャリア教育の推進に関する総合的調査研究協力者会議報告書──普通科におけるキャリア教育の推進』.

山口源・堀井俊章（2017）「高校生の『とりあえず進学』と進路選択自己効力との関連に関する分析」『教育デザイン研究』第 8 号，pp. 80 − 87.

山本直治（2009）『公務員入門』ダイヤモンド社.

山本雄三（2011）「非正規就業する若者が正社員へ移行する要因は何か」小杉礼子・原ひろみ編『非正規雇用のキャリア形成──職業能力評価社会をめざして』勁草書房，pp. 80 − 124.

ユング，C.G（1975）『人間と象徴〈上〉──無意識の世界』河出書房新社.

葉懿萱（2004）「『たちまち』と『あっという間に』の意味分析」『日本語・日本文化研究』第14号，大阪外国語大学日本語講座，pp. 111 − 118.

リクルート（2000）「「希望進路＝フリーター」をどうする」『リクルートキャリアガイダンス』第32巻第 5 号，pp. 57 − 85.

リース，R.（1987）「とりあえずの文化が長寿の秘訣」『月刊国民生活』第17巻第12号，pp. 36 − 37.

労働省（1991）『労働白書』

労働政策研究・研修機構（2005）「若者就業支援の現状と課題──イギリスにおける支援の展開と日本の若者の実態分析から」『労働政策研究報告書』第35号.

労働政策研究・研修機構（2006）『大学生の就職・募集採用活動等実態調査結果Ⅱ「大学就職部／キャリアセンター調査」および「大学生のキャリア展望と就職活動に関する実態調査」』JILPT 調査シリーズ，第17号.

労働政策研究・研修機構（2007）「中学生，高校生の職業レディネスの発達──職業レディネス・テスト標準化調査を通して」『労働政策研究報告書』第87号.

労働政策研究・研修機構（2008）「勤労生活に関する調査──第 5 回（2007）」『JILPT 調査シリーズ』第41号.

労働政策研究・研修機構（2010a）「非正規社員のキャリア形成──能力開発と正社員転換の実態」『労働政策研究報告書』第117号.

労働政策研究・研修機構（2010b）『高校・大学における未就職卒業者支援に関する調査』JILPT 調査シリーズ，第81号.

労働政策研究・研修機構（2018）『若年者就職支援とキャリアガイダンス──個人特性に配

慮した進路選択の現状と課題』JILPT 第3期プロジェクト研究シリーズ6.

労働政策研究・研修機構（2019）『若年者の就業状況・キャリア・職業能力開発の現状③――平成29年版「就業構造基本調査」より』JILPT 資料シリーズ，No. 217.

若林直樹・山岡徹・松山一紀・本間利通（2006）「成果主義的人事制度改革と組織帰属意識の変化――関西電機メーカー3社調査に於ける組織コミットメント変化と心理的契約の分析」『京都大学大学院経済学研究科 Working Paper』J－51.

若松養亮（2009）『大学生の職業・進路未決定の教育心理学的研究――一般学生における意思決定遅延の解明』博士学位論文（東北大学）.

[洋文献]

Acock, A. C., (2013) *Discovering Structural Equation Modeling Using Stata*, Stata Press Books.

Alderfer, C. P., (1969) "An empirical Test of a New Theory of Human Needs", *Organization Behavior and Human Performance*, 4, 142－175.

Bandura, A., (1977) "Self-efficacy : Toward a unifying theory of behavior change", *Psychological Review*, 84, 191－215.

Bartholomew, K., and Horowitz, L. M., (1991) "Attachment styles among young adults : A test of a four-category model", *Journal of Personality and Social Psychology*, 61, 226－244.

Bazerman, M. H., and Moore, D. A., (1994) *Judgment in Managerial Decision Making*, Wiley.

Blustein, D. L., and Phillips, S. D., (1988) "Individual and contextual factors in career exploration," *Journal of Vocational Behavior*, 33, 203－216.

Bricker, K. S., and Kerstetter, D. L., (2000) "Level of Specialization and Place Attachment : An Exploratory Study of Whitewater Recreationists", *Leisure Sciences*, 22, 4, 233－257.

Briñol, P., Pettey, R. E., and McCaslin, M. J., (2009) "Changing attitudes on implicit versus explicit measures : What is the difference?" In R. E. Petty, R. H. Fazio, and P. Briñol (Eds.), *Unintended Thought*, 212－252.

Budner, S., (1962) "Intolerance of ambiguity as a personality variable", *Journal of Personality*, 30, 29－50.

Caliendo, M., Fossen, F. M., and Kritikos, A. S., (2009) "Risk attitudes of nascent entrepreneurs―new evidence from an experimentally-validated survey", *Small Business Economics* 32, 2, 153-167.

Crandall, J. E., (1969) "Self-perception and interpersonal attraction as related to tolerance-intolerance of ambiguity", *Journal of Personality*, 31, 1, 127－140.

Derr, C. B., (1980) "More about career anchor", *Work, Family and the Career*, New York, Praeger, 166－187.

Derr, C. B., (1986) "Five definitions of career success : implications for relationship", *International Review of Applied Psychology*, 35, 415－435.

Dietrich, J., and Kracke, B., (2009) "Career―specific parental behaviors in adolescents' development", *Journal of Vocational Behavior*, 75, 2, 109－119.

Flyer, F. A., (1997)"The influence of higher moments of earnings distributions on career decisions," *Journal of Labor Economics*, 15, 4, 689－713.

Fox, C. R., and Tversky, A., (1995)"Ambiguity aversion and comparative ignorance", *Quarterly Journal of Economics*, 110, 585－603.

Frenkel-Brunswik, E., (1949)"Intolerance of ambiguity as an emotional and perceptual personality variable", *Journal of Personality*, 18, 108－143.

Frese, M., Fay, D., Hilburger, T., Leng, K., and Tag, A., (1997)"The concept of personal initiative : Organization, reliability and validity in two German samples", *Journal of Occupational and Organizational Psychology*, 70, 139－161.

Furnham, A., (1994)"A content, correlational and factor analytic study of four tolerance of ambiguity questionnaires", *Personality and Individual Differences*, 16, 403－410.

Gati, I., (1986)"Making career decisions : a sequential elimination approach", *Journal of Counseling Psychology*, 33, 408－417.

Gati, I., Landman, S., Davidovitch, S., Asulin-Peretz, L., and Gadassi, R., (2010)"From career decision-making styles to career decision-making profiles : A multidimensional approach", *Journal of Vocational Behavior*, 76, 277－291.

Gelatt, H. B., (1989)"Positive uncertainty : A new decision making framework for counseling", *Journal of Counseling Psychology*, 36, 252－256.

Gould, S., and Penley, L. E., (1984)"Career strategies and salary progression : A study of their relationships in a municipal bureaucracy", *Organizational Behavior and Human Performance*, 34, 244－265.

Hair, J. F., Black, W. C., Babin, B. J., and Anderson, R. E., (2010) *Multivariate Data Analysis* Seven Edition, Upper Saddle River, New Jersey : Prentice Hall.

Hartman, B. W., Fuqua, D. R., and Hartman, P. T., (1983)"The construct validity of the career decision scale administered to high school students", *The Vocational Guidance Quarterly*, 31, 250－258.

Hall, D. T., and Associates, (1986) *Career Development in Organizations*, San Francisco : Jossey-Bass.

Heider, F., (1946)"Attitudes and cognitive organization", *Journal of Psychology*, 21, 107－112.

Heindel, R., Adams, G. A., and Lepisto, L. (1999)"Predicting bridge employment : A test of Feldman's (1994) hypotheses", *Paper presented at the 14th annual conference of the Society for Industrial and Organizational Psychology*, Atlanta, GA.

Holland, J. L., (1997) *Making vocational choice : A theory of vocational personalities and work environments*, 3rd ed., Prentice-Hall（渡辺三枝子・松本純平・舘暁夫訳『職業選択の理論』雇用問題研究会，1990年）.

Ikeuchi, K., and Fukao, K., (2021)"Establishment Size, Workforce Composition and the College Wage Gap in Japan", RIETI Discussion Paper Series 21-E-022, 1－29.

Kahneman, D., and Tversky, A., (1979)"Prospect Theory : an analysis of decision under risk", *Econometrica*, 47, 2, 263－291.

Kim, S., and Feldman, D. C., (2000) "Working in retirement: The antecedents of bridge employment and its consequences for quality of life in retirement", *Academy of Management Journal*, 43, 1195 – 1210.

Krueger, B. A., (1988) "The determinants of queues for federal job", *International and Labor Relations Review*, 41, 4, 567 – 581.

Krumboltz, J. D., and Levin, A. S., (2004) *Luck Is No Accident: Making the Most of Happenstance in Your Life and Career*, Atascadero, CA: Impact Publishers.

Kusuma, H. E., (2008) *Attachment to Urban Settlement and Environmental Responsibility, International Symposium on Climate Change and Human Settlements*, RCHS Indonesia & NILIM Japan, Denpasar, Indonesia.

Kusuma, H. E., (2009) "Working base and Place Attachment", *Parallel Session* E-010 (Education and Theoretical Discourse on Creative Communities), 10 – 18.

Latack, J. C., and Havlovic, S. J., (1992) "Coping with job stress: A conceptual evaluation framework for coping measures", *Journal of Organization Behavior*, 13, 479 – 508.

Lauwereyns, S., (2002) "Hedge in Japanese conversation: The influence of age, sex, and family", *Zanguage, Variation and change*, 14, 239 – 259.

Lazarus, R. S., and Folkman, S., (1984) *The handbook of behavioral medicine*, Wiley.

Leibowitz, Z., and Schlossberg, N., (1981) "Training managers for their role in a career development system", *Training and Development Journal*, July, 72 – 79.

Lent, R. W., and Brown. S. D., (2020) "Career decision making, fast and slow: Toward an integrative model of intervention for sustainable career choice," *Journal of Vocational Behavior*, 120, 1 – 15.

London, M., (1983) "Toward a theory of career motivation", *Academy of Management Review*, 8, 4, 620 – 630.

Maslow, A. H., (1943) "A theory of human motivation", *Psychological Review*, 50, 4, 370 – 396.

McFadden, D., (1974) "Conditional logit analysis of qualitative choice behavior", In P. Zarembka (Ed.), *Frontiers in Econometrics*, New York: Academic Press.

Mctaggart, J. E., (1908) "Psychology and philosophy", *Mind*, 457 – 474.

Moore, R. L., and Graefe, A. R., (1994) "Attachments to recreation settings: the case of trail users", *Leisure Sciences: An Interdisciplinary Journal*, 16, 1, 17 – 31.

Nakashima, T., (2018) "Ambiguity Tolerance in Career Decision Making among the Youth: Comparative Analysis used Behavioral and Psychological Research of South Korea and Japan", *Bulletin of Asia Design Culture Society Issue*, 12. (accepted September 30, 2018).

Nakashima, T. and Choo, H., (2019) "Comparison of coping behaviors in Japan and Korea for career choice ambiguity", *Bulletin of Asia Design Culture Society*, Issue, 13, 255 – 263.

Nauta, M. M., (2010) "The environment, evaluation, and status of Holland's theory of vocational personalities: Reflections and future directions for counseling psychology", *Journal of Counseling Psychology*, 57, 1, 11 – 22.

Neapolitan, J., (1992) "The Internship experience and clarification of career choice", *Teaching*

Sociology, 20, 222 – 231.

Noe, R. A., (1996)"Is career management related to employee development and performance?", *Journal of Organizational Behavior*, 17, 199 – 133.

Norton, R. W., (1975)"Measurement of ambiguity tolerance", *Journal of Personality Assessment*, 39, 607 – 619.

OECD （2010）"Off to a Good Start? Job for Youth : OECD Publishing"（OECD 編，浜口桂一郎監訳，中島ゆり訳『日本の若者と雇用——OECD 若年者雇用レビュー：日本』明石書店，2010年）

OECD （2019）"OECD Employment Outlook 2019", OECD Publishing.

Ozaki, M., (1987)"Labour relations in the public services : Method of determining employment conditions", *International Labour Review*, 126, 3, 277 – 299.

Phillips, S. D., and Strohmer, D. C., (1982)"Decision-making style and vocational maturity", *Journal of Vocational Behavior*, 20, 215 – 222.

Porfeli, E. J., and Savickas, M. L., (2012)"Career Adapt-Abilities Scale-USA Form : Psychometric properties and relation to vocational identity", *Journal of Vocational Behavior*, 80, 3, 748 – 753.

Quinn, R. E., and Spreitzer, G. M., (1997)"The road to empowerment : seven questions every leader should consider", *Organizational Dynamics*, 26, 2, 37 – 49.

Raaum, O., Rogstad J., Roed, K., and Westkie, L., (2009)"Youth and out : An application of a prospects-based concept of social exclusion", *The Journal of Socio-Economics*, 38, 173 – 187.

Rehmus, M. C., (1974)"Labour Relations in the Public Sector in the United States", *International Labour Review*, 109, 3, 199 – 216.

Ryan, R. M., and Deci, E. L., （2000）"Intrinsic and extrinsic motivations : Classic definition and new directions", *Contemporary Educational Psychology*, 25, 1, 54 – 67.

Sagiv, L., （1999）"Searching for tools versus asking for answers : A taxonomy of counselee behavioral styles during career counseling", *Journal of Career Assessment*, 7, 19 – 34.

Santos, P. J., and Coimbra, J. L., (2000)"Psychological separation and dimensions of career indecision in secondary school students", *Journal of Vocational Behavior*, 56, 346 – 362.

Sauter, S. L., Lim, S. Y., and Murphy, L. R., （1996）"Organizational health : a new paradigm for occupational stress research at NIOSH", 『産業精神保健』 4, 248 – 254.

Savickas, M. L., （1997）"Career adaptability : An integrative construct for life-span, life-space theory", *The Career Development Quarterly*, 45, 247 – 259.

Savickas, M. L., （2005）"The theory and practice of career construction", In S. Brown and R. W.Lent （Eds.）, *Career Development and Counseling : Putting theory and Research to Work*, New York : John Wiley.

Savickas, M. L., and Porfeli, E. J., （2012）"Career Adapt-Abilities Scale : Construction, reliability, and measurement equivalence across 13 countries", *Journal of Vocational Behavior*, 80, 3, 661 – 673.

Scandura, T. A., and Schriesheim, C. A., (1994) "Leader-member exchange and supervisor career mentoring as complementary constructs in leadership research", *Academy of Management Journal*, 37, 6, 1588 – 1602.

Schlossberg, N. K., (1981) "A model for analyzing human adaptation to transition", *The Counseling Psychologist*, 9, 2, 2 – 18.

Schregle, J., (1974) "Labour Relations in the Public Sector", *International Labour Review*, 105, 5, 381 – 404.

Smithson, M., (1989) *Ignorance and Uncertainty : Emerging Paradigms*, New York : Springer.

Sortheix, F. M., Chow, A., and Salmela-Aro, K., (2015) "Work values and the transition to work life : A longitudinal study", *Journal of Vocational Behavior*, 89, 162 – 171.

Srivastava, A., Bartol, K. M., and Locke, E. A., (2006) "Empowering leadership in management teams : effects on knowledge sharing, efficacy, and performance", *Academy of Management Journal*, 49, 6, 1239 – 1251.

Stumpf, S. A., Colarelli, S. M., and Hartman, K., (1983) "Development of the career exploration survey (CES)", *Journal of Vocational Behavior*, 22, 191 – 226.

Super, D. E., (1980) "A life-span, life-space approach to career development", *Journal of Vocational Behavior*, 16, 3, 282 – 298.

Super, D. E., (1984) "Perspectives on the meaning and value of work", In N. C. Gysbers (Ed.), *Designing careers : Counseling to enhance education, work, and leisure*, San Francisco : Jossey-Bass, 27 – 53.

Supiot, A., (1996) "Work and the public/private dichotomy", *International Labour Review*, 135, 6, 653 – 663.

Trope, Y., and Liberman, N., (2000) "Temporal construal and time-dependent changes in preference", *Journal of Personality and Social Psychology*, 79, 6, 876 – 889.

Walker, T.L., and Tracey, T. J. G., (2012) "The vole of future time perspective in career decision—making", *Journal of Vocational Beharior*, 81, 2, 150 – 158.

Xu, H., (2017) *Career Decision Ambiguity Tolerance : A Longitudinal Examination of its Relation to Career Indecision*, Arizona State University, Dissertation.

Xu, H., and Tracey, T. J. G., (2015) "Career Decision Ambiguity Tolerance Scale : Construction and initial validations", *Journal of Vocational Behavior*, 88, 1 – 9 .

附表：調査票

【調査①】「若手公務員の就業意識調査（調査票）」(2011年5〜7月実施)

〈フェイスシート〉

・入庁年度 ☐☐☐☐ 年度　　・最終学校卒業年度 ☐☐☐☐ 年度

・生まれ年（西暦）☐☐☐☐ 年

・性別
| 1 | 男 |
| 2 | 女 |

・配偶者
| 1 | あり |
| 2 | なし |

・親との同居
| 1 | あり |
| 2 | なし |

・出生順位
1	1番目
2	2番目
3	3番目
4	4番目以下

・出身地（都道府県名）☐

・職種（現在）☐
例：行政事務, 技術系, 資格免許職（保育士・栄養士など), 公安系（警察官・消防官など)

・出身地類型
1	県庁所在地
2	一般市
3	町
4	村

・公務員試験の採用学歴区分
1	大学卒
2	短大卒
3	高校卒
4	区分なし

・内定公務員の志望順位
1	第1志望
2	第2志望
3	第3志望
4	第4志望
5	第5志望以下

・勤務地（現在）
1	出身地・最終学校地とも同じ（地元就職）
2	出身地のみと同じ（出身地Uターン就職）
3	最終学校地のみと同じ（他出型の就職）
4	出身県内の他の自治体に就職（Jターン就職）
5	出身地・最終学校地とも異なる（Iターン就職）

・（公務員試験準備のための）スクーリング経験
例：公務員予備校, 専門学校
1	なし（独学）
2	あり（通学：専門学校生）
3	あり（Wスクール：大学生）
4	あり（その他, 学内講座など)

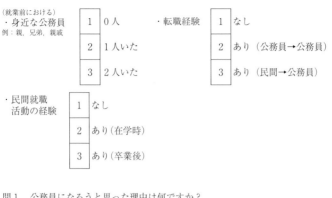

（就業前における）
・身近な公務員
例：親，兄弟，親戚

1	0人
2	1人いた
3	2人いた

・転職経験

1	なし
2	あり（公務員→公務員）
3	あり（民間→公務員）

・民間就職
　活動の経験

1	なし
2	あり（在学時）
3	あり（卒業後）

問1　公務員になろうと思った理由は何ですか？
　　　（1番目および2番目に強くあてはまるものを1つずつ選択）

1. 堅実で安定している　　　　2. 公共のための仕事ができる
3. 自分の性格や能力にあっている　4. 仕事内容に興味がある
5. 自分の専攻が生かせる　　　6. 昇進などに将来性がある
7. 民間に比べて時間に余裕がある　8. 給与などの勤務条件がよい
9. 地元で働きたい　　　　　　10. その他（　　　　　　　）
11. なし

| 第1理由 | |
| 第2理由 | |

問2　公務員内定を得る前の，あなた自身の「公務員になること」に対する意識（逼迫感）として，
　　　もっとも近いものはどれでしたか。（1つを選択）

1. 絶対になるしかない（それ以外の選択の余地はなし）
2. 何が何でもなりたい
3. なれればよい（なれるに越したことはない）
4. 採用試験に受かればいく
5. 採用試験に受かれば，いくかどうかを考える
6. わからない

問3　「とりあえず公務員になりたい」という意識はありましたか？

かなりあった　少しあった　どちらでもない　あまりなかった　全くなかった
　　　5 ——— 4 ——— 3 ——— 2 ——— 1

問4　民間就職ではなく，公務員進路を選択した【就労面】からの理由として，以下のものについて
　　　5段階評価で答えてください．

かなり　　少し　どちらで　ほとんど　全く
あった　　あった　もない　なかった　なかった

「人の役に立てる仕事ができる職業だから」……………………5 —— 4 —— 3 —— 2 —— 1
「もっと社会（地元）を良くしたかったから」…………………5 —— 4 —— 3 —— 2 —— 1

「具体的に△△がやりたかったから」……………………5 —— 4 —— 3 —— 2 —— 1
「働くなかで自分の適性を見極めたかったから」…………5 —— 4 —— 3 —— 2 —— 1
「地元に恩返しができると思ったから」………………5 —— 4 —— 3 —— 2 —— 1
「町づくりや産業振興に関心があったから」…………5 —— 4 —— 3 —— 2 —— 1
「安定している（クビにならない）から」……………5 —— 4 —— 3 —— 2 —— 1
「待遇がよいから」………………………………………5 —— 4 —— 3 —— 2 —— 1
「勤務を継続しやすいから」……………………………5 —— 4 —— 3 —— 2 —— 1
「福利厚生面（出産・育児支援）がよいから」………5 —— 4 —— 3 —— 2 —— 1
「転勤がないから」………………………………………5 —— 4 —— 3 —— 2 —— 1
「ノルマ・利益追求がないから」………………………5 —— 4 —— 3 —— 2 —— 1
「仕事が楽そうだったから」……………………………5 —— 4 —— 3 —— 2 —— 1
「公務員となり，いち早く安心したかったから」……5 —— 4 —— 3 —— 2 —— 1
「公務員試験を突破し，いち早く競争社会から抜け出したかっ …5 —— 4 —— 3 —— 2 —— 1
たから」
「民間でやりたい仕事がなかったからとりあえず」……………5 —— 4 —— 3 —— 2 —— 1
「第一志望の企業，資格試験に失敗したから」………………5 —— 4 —— 3 —— 2 —— 1

問5　民間就職ではなく，公務員進路を選択した【家庭面】からの理由として，以下のものについて
　　5段階評価で答えてください.

かなり　少し　どちらで　ほとんど　全く
あった　あった　もない　なかった　なかった

「親・家族等からの強い勧めがあったから」…………………5 —— 4 —— 3 —— 2 —— 1
「親・家族等に公務員がいたから」……………………………5 —— 4 —— 3 —— 2 —— 1
「親・家族等を安心させたかったから」………………………5 —— 4 —— 3 —— 2 —— 1
「親・家族等を養っていく必要があったから」………………5 —— 4 —— 3 —— 2 —— 1
「自分が後を継ぐ必要があったから」…………………………5 —— 4 —— 3 —— 2 —— 1
「親・家族等の世話をしながら働けるから」…………………5 —— 4 —— 3 —— 2 —— 1
「プライベートの自由な時間を持ちたかったから」…………5 —— 4 —— 3 —— 2 —— 1
「仕事と家庭を両立させたかったから」………………………5 —— 4 —— 3 —— 2 —— 1
「早く結婚ができそうだと思ったから」………………………5 —— 4 —— 3 —— 2 —— 1

問6　民間就職ではなく，公務員進路を選択した【学校面／学習面】からの理由として，以下のもの
　　について5段階評価で答えてください

かなり　少し　どちらで　ほとんど　全く
あった　あった　もない　なかった　なかった

「民間就職活動との両立が難しかったため，公務員1本に絞 ……5 —— 4 —— 3 —— 2 —— 1
らざるを得ない状況だったから」
「民間就職活動に比べると自分の努力が確実に報われると思っ …5 —— 4 —— 3 —— 2 —— 1
たから」
「キャリアセンター等を活用できる環境になかったから」 ………5 —— 4 —— 3 —— 2 —— 1

「働きながら公務員受験の勉強で学んだ知識の専門性を高め ……5 —— 4 —— 3 —— 2 —— 1
ていけると思ったから」

「公務員の予備校（学内講座）で学習してきたことを無駄に ……5 —— 4 —— 3 —— 2 —— 1
はしたくなかったから」

「資格試験（司法試験等）の勉強が続けられそうだから」 ………5 —— 4 —— 3 —— 2 —— 1

「公務員試験の勉強さえしていれば就活をしなくても周りか ……5 —— 4 —— 3 —— 2 —— 1
らうるさく言われることはないから」

問7 　民間就職ではなく，公務員進路を選択した【社会環境／その他の面】からの理由として，以下
　　　のものについて5段階評価で答えてください

	かなり あった	少し あった	どちらで もない	ほとんど なかった	全く なかった

「就活時点での新卒採用環境から，公務員受験の方が現実的 ……5 —— 4 —— 3 —— 2 —— 1
な選択肢だと思ったから」

「将来的に社会経済情勢の動向に大きく左右されない職業だ ……5 —— 4 —— 3 —— 2 —— 1
と思ったから」

「就職だけは絶対に成功させたかったから」……………………5 —— 4 —— 3 —— 2 —— 1

「（入職後の仕事は問わないが）どうしても公務員なりたかっ ……5 —— 4 —— 3 —— 2 —— 1
たから」

「公務員になる夢を実現させたかったから」…………………5 —— 4 —— 3 —— 2 —— 1

「公務員になって（公務員になることとは別の）夢の実現に ……5 —— 4 —— 3 —— 2 —— 1
近づきたかったから」

「世間体がよいと思ったから」…………………………………5 —— 4 —— 3 —— 2 —— 1

「なんとなく公務員が良さそうだったから」…………………5 —— 4 —— 3 —— 2 —— 1

「『公務員』というブランドが欲しかったから」……………5 —— 4 —— 3 —— 2 —— 1

「もともと地元が好きだったから」 …………………………5 —— 4 —— 3 —— 2 —— 1

問8 　最終的に1つの公務員進路に決める際の意識として，以下のものについて5段階評価で答えて
　　　ください

	かなり あった	少し あった	どちらで もない	ほとんど なかった	全く なかった

「決定進路先でやりがいのある仕事ができそう」……………………5 —— 4 —— 3 —— 2 —— 1

「決定進路先で自分自身が成長できそう」……………………5 —— 4 —— 3 —— 2 —— 1

「決定進路先での仕事が自分に務まるか不安だ」……………5 —— 4 —— 3 —— 2 —— 1

「決定進路先でやりがいのある仕事ができるか不安だ」 …………5 —— 4 —— 3 —— 2 —— 1

「（働いてみないと実際のところはわからないので）とりあ ………5 —— 4 —— 3 —— 2 —— 1
えず入職しよう」

「必ずしも本意ではないが（安定的であるという理由で）と ……5 —— 4 —— 3 —— 2 —— 1
りあえず入職しよう」

「必ずしも本意ではないが（次のステップになるので）とり ……5 —— 4 —— 3 —— 2 —— 1

あ・え・ず入職しよう」

問9　いま，公務員のお仕事にどの程度のやりがいを感じていますか

とても　　少し
感じている　感じている　ふつう　あまり　全く
　　　　　　　　　　　　　感じていない　感じていない

　　　　5 ── 4 ── 3 ── 2 ── 1

問10　いま，公務員のお仕事にどの程度満足していますか

	満足	やや満足	どちらでもない	やや不満	不満
a．仕事内容面　………………………………………	5 ──	4 ──	3 ──	2 ──	1
b．待遇（給与・福利厚生）面　………………………	5 ──	4 ──	3 ──	2 ──	1
c．職場環境（人間関係）面　…………………………	5 ──	4 ──	3 ──	2 ──	1

問11　公務員就業において，「公務員としての安定」を感じることはありますか
1．とくに感じない　2．雇用面　　3．収入面　4．保障面　5．精神面
6．所属の面　　　　7．将来性の面　8．その他（　　　　　　　　　）

問12　公務員就職で職業人生の何％くらいが決まったと感じますか

0－20%　30－40%　50%　60－70%　80－90%　100%

　　1 ──── 2 ──── 3 ──── 4 ──── 5 ──── 6

問13　今後の職業進路についてどのようなお考えを持っていますか

定年までいま　他の公務　いずれ民間　いずれ
の公務員で　員に転職　企業に転職　開業　　特になし　その他
働きたい　　したい　　したい　　したい

　　1 ──── 2 ──── 3 ──── 4 ──── 5 ──── 6

問14　人生全体のビジョンについて，どの程度具体的なイメージを持っていますか

十分に　　ある程度　どちら　あまり　全く
持っている　持っている　でもない　持っていない　持っていない

　　5 ──── 4 ──── 3 ──── 2 ──── 1

問15　将来のキャリアプランについて何年先までの見通しを持っていますか

0年
（持っていない）1年先　　3年先　　5年先　10－15年先　20－30年先　定年まで　定年以降まで

　　1 ──── 2 ──── 3 ──── 4 ──── 5 ──── 6 ──── 7 ──── 8

【調査②】「地元就職とキャリア形成に関する調査」(2013年5〜7月実施)

問1　現在の地元企業（自治体）に就こうと思った理由は何ですか

1．堅実で安定している　　　　　2．地域のための仕事ができる
3．自分の性格や能力にあっている　4．仕事内容に興味がある
5．自分の専攻が生かせる　　　　6．昇進などに将来性がある
7．プライベートの時間に余裕がある　8．給与などの勤務条件がよい
9．地元で働きたい　　　　　　　10．その他（　　　　　　　　）
11．なし

第1理由	
第2理由	

問2　地元の企業（自治体）が決まる前の，あなた自身の「地元就職」に対する意識（逼迫感）として，もっとも近いものはどれでしたか

1．絶対に地元企業しかない（それ以外の選択の余地はなし）
2．何が何でも地元企業に就職したい
3．いずれ地元に戻れればよい
4．（地元企業の）採用試験に受かれば就職する（地元に戻る）
5．（地元企業の）採用試験に受かれば，地元に戻るかどうかを考える
6．わからない

問3　「とりあえず地元で就職したい」という意識はありましたか

|かなり|少し|どちらで|あまり|全く|
|あった|あった|もない|なかった|なかった|

　　　5 ── 4 ── 3 ── 2 ── 1

問4　地元就職を選択した【就労面】からの理由として，以下のものについて5段階評価で答えてください

	かなり あった	少し あった	どちらで もない	ほとんど なかった	全く なかった
「なりたい職業があったから」	5	4	3	2	1
「もっと社会（地域）を良くしたかったから」	5	4	3	2	1
「街づくりや産業振興に関心があったから」	5	4	3	2	1
「人の役に立てる仕事ができる職業だから」	5	4	3	2	1
「地元に恩返しがしたいと思ったから」	5	4	3	2	1
「地元民と繋がりながら働きたかったから」	5	4	3	2	1
「生まれ育った地から離れたくなかったから」	5	4	3	2	1
「実家から通えるから（通勤の便）」	5	4	3	2	1
「待遇や労働条件がよいから」	5	4	3	2	1
「勤務を継続しやすいから」	5	4	3	2	1
「転勤がないから」	5	4	3	2	1
「福利厚生面（出産・育児支援）がよいから」	5	4	3	2	1
「友人知人の紹介（縁故）だったから」	5	4	3	2	1

「やりたい仕事がなかったからなんとなく」……………………… 5 —— 4 —— 3 —— 2 —— 1
「就職活動をしたくなかったから」………………………………… 5 —— 4 —— 3 —— 2 —— 1
「第一志望の企業，資格試験に失敗したから」…………………… 5 —— 4 —— 3 —— 2 —— 1
「具体的に△△△がやりたかったから」…………………………… 5 —— 4 —— 3 —— 2 —— 1

問5　地元就職を選択した【家庭面】からの理由として，以下のものについて5段階評価で答えてください

かなり　少し　どちらで　ほとんど　全く
あった　あった　もない　なかった　なかった

「親・家族等を養っていく必要があったから」…………………… 5 —— 4 —— 3 —— 2 —— 1
「親・家族等の世話をしながら働けるから」…………………… 5 —— 4 —— 3 —— 2 —— 1
「自分が跡を継ぐ必要があったから」……………………………… 5 —— 4 —— 3 —— 2 —— 1
「稼業を継ぐ必要があったから」…………………………………… 5 —— 4 —— 3 —— 2 —— 1
「親・家族等からの強い勧めがあったから」…………………… 5 —— 4 —— 3 —— 2 —— 1
「親・家族等を安心させたかったから」…………………………… 5 —— 4 —— 3 —— 2 —— 1
「自宅通勤の必要（経済的事情）があったから」……………… 5 —— 4 —— 3 —— 2 —— 1
「友達（恋人も含む）がいる」…………………………………… 5 —— 4 —— 3 —— 2 —— 1
「地元の人とのつきあいが豊かである」…………………………… 5 —— 4 —— 3 —— 2 —— 1
「地域の集まりや行事が盛んである」……………………………… 5 —— 4 —— 3 —— 2 —— 1
「楽しく遊べる場所が多い」………………………………………… 5 —— 4 —— 3 —— 2 —— 1
「仕事と家庭を両立させたかったから」…………………………… 5 —— 4 —— 3 —— 2 —— 1
「プライベートの自由な時間を持ちたかったから」…………… 5 —— 4 —— 3 —— 2 —— 1
「地元で結婚ができそうだと思ったから」……………………… 5 —— 4 —— 3 —— 2 —— 1

問6　地元就職を選択した【社会環境／その他の面】からの理由として，以下のものについて5段階評価で答えてください

かなり　少し　どちらで　ほとんど　全く
あった　あった　もない　なかった　なかった

「県内新卒採用環境がよかったから」……………………………… 5 —— 4 —— 3 —— 2 —— 1
「自分のまわりに地元就職者が多かったから」………………… 5 —— 4 —— 3 —— 2 —— 1
「都会（都心部）で働きたくなかった」………………………… 5 —— 4 —— 3 —— 2 —— 1
「学校（就職課／キャリアセンター）に勧められたから」　 5 —— 4 —— 3 —— 2 —— 1
「就活時点での現実的な選択肢だったから」…………………… 5 —— 4 —— 3 —— 2 —— 1
「将来的に社会経済情勢の動向に大きく左右されない職業だ 5 —— 4 —— 3 —— 2 —— 1
と思ったから」
「地元企業で夢を実現させたかったから」……………………… 5 —— 4 —— 3 —— 2 —— 1
「地元企業に就職して，今の企業とは別の）夢の実現に近づ 5 —— 4 —— 3 —— 2 —— 1
きたかったから」
「必ずしも本意ではないが（地元企業であるという理由で） 5 —— 4 —— 3 —— 2 —— 1
とりあえず入職しよう」

問7　ご自分の地元に対する意識として，以下のものについて5段階評価で答えてください

かなり　　少し　　どちらで　ほとんど　全く
ある　　　ある　　もない　　ない　　　ない

「地元に対する愛着が強い」‥‥‥‥‥‥‥‥‥‥‥‥‥‥5 ── 4 ── 3 ── 2 ── 1

理由 〔　　　　　　　　　〕

「もともと地元が好きである」‥‥‥‥‥‥‥‥‥‥‥‥‥5 ── 4 ── 3 ── 2 ── 1

理由 〔　　　　　　　　　〕

「地元のことを誇りに思っている」‥‥‥‥‥‥‥‥‥‥‥5 ── 4 ── 3 ── 2 ── 1

理由 〔　　　　　　　　　〕

「地元が過ごしやすい」‥‥‥‥‥‥‥‥‥‥‥‥‥‥‥‥5 ── 4 ── 3 ── 2 ── 1
「地元にずっと住みたい」‥‥‥‥‥‥‥‥‥‥‥‥‥‥‥5 ── 4 ── 3 ── 2 ── 1
「通学，通勤，買い物など生活が便利である」‥‥‥‥‥‥5 ── 4 ── 3 ── 2 ── 1
「自然環境に恵まれている」‥‥‥‥‥‥‥‥‥‥‥‥‥‥5 ── 4 ── 3 ── 2 ── 1
「歴史や伝統が豊かである」‥‥‥‥‥‥‥‥‥‥‥‥‥‥5 ── 4 ── 3 ── 2 ── 1
「文化や芸術に触れる機会が多い」‥‥‥‥‥‥‥‥‥‥‥5 ── 4 ── 3 ── 2 ── 1
「治安がよい」‥‥‥‥‥‥‥‥‥‥‥‥‥‥‥‥‥‥‥‥5 ── 4 ── 3 ── 2 ── 1

問8　いまのお仕事にどの程度のやりがいを感じていますか

とても　　少し
感じている　感じている　ふつう　あまり　　全く
　　　　　　　　　　　　　感じていない　感じていない

　　　　5 ── 4 ── 3 ── 2 ── 1

問9　いまの公務員のお仕事にどの程度満足していますか

　　　　　満足　　やや　　どちらで　やや　　不満
　　　　　　　　満足　　もない　　不満

a. 仕事内容面　‥‥‥‥‥‥‥‥‥‥‥‥‥‥‥‥‥‥‥5 ── 4 ── 3 ── 2 ── 1
b. 待遇（給与・福利厚生）面　‥‥‥‥‥‥‥‥‥‥‥‥‥5 ── 4 ── 3 ── 2 ── 1
c. 職場環境（人間関係）面　‥‥‥‥‥‥‥‥‥‥‥‥‥‥5 ── 4 ── 3 ── 2 ── 1

問10　現職で職業人生の何％くらいが決まったと感じますか

0-20%　30-40%　50%　60-70%　80-90%　100%

　1 ── 2 ── 3 ── 4 ── 5 ── 6

問11　あなたは自分の将来に対してどの程度希望を持っていますか

とても　　少し　　どちら　あまり　　全く
持っている　持っている　でもない　持てていない　持っていない

　　　5 ── 4 ── 3 ── 2 ── 1

問12　今後の職業進路についてどのようなお考えを持っていますか

定年までこ　　他の同業　　いずれ他　　いずれ他
の職場で　　他者に転職　業種に転職　　開業
働きたい　　したい　　　したい　　　したい　　特になし　　その他
　　　1 ——— 2 ——— 3 ——— 4 ——— 5 ——— 6

問13．人生全体のビジョンについて，どの程度具体的なイメージを持っていますか

十分に　　ある程度　　どちら　　あまり　　全く
持っている 持っている でもない 持っていない 持っていない
　　　5 ——— 4 ——— 3 ——— 2 ——— 1

問14．将来のキャリアプランについて何年先までの見通しを持っていますか

0年　　　　　　　　　　　　　　　　　　　　　　　定年以
(持っていない) 1年先　　3年先　　5年先　10-15年先 20-30年先 定年まで 降まで
　　　1 ——— 2 ——— 3 ——— 4 ——— 5 ——— 6 ——— 7 ——— 8

問15．最後に，ご自身のキャリア形成に対するお考え，および，地元に対する思い等をご自由にお書
　　　きください（自由記述回答）．

【調査③】「フリーター・ニートのキャリア形成に関する調査」(2016年7〜11月実施)

・性別　| 1 | 男　　・年齢　　・親との　| 1 | あり　　・配偶者　| 1 | あり
　　　　| 2 | 女　　　　歳　　　同居　| 2 | なし　　の有無　| 2 | なし
　　　　　　　　　　　　　　　　　　　　　　(1人暮らし)

・インターンシップ
(学生が一定期間，企業の中で行う就業体験)　| 1 | 経験あり
　　　　　　　　　　　　　　　　　　　　　　| 2 | 経験なし

・最終学校　| 1 | 中学卒　　・就職　| 1 | あり　　・正社員　| 1 | あり
(在学中含む)　　　　　　　　活動　| 2 | なし　　の経験　| 2 | なし
　　　　　　| 2 | 高校卒
　　　　　　| 3 | 短大・高専卒
　　　　　　| 4 | 大学・大学院

・転職　| 1 | あり（　回）　・労働　| 1 | 加入あり
　経験　| 2 | なし　　　　　組合　| 2 | 加入なし

問1　いま，お仕事をしていますか．「はい」の場合，その雇用形態に○をしてください．（掛け持ちの場合は主たるものでお答えください）⇒「いいえ」を回答した人は問3へ進んでください

□いいえ

□はい⇒ 正社員　　任期付き正社員　　アルバイト　　　　パート

派遣社員　　契約社員・嘱託　　経営者／家族従事者　　フリーランス

問2　問1「正社員」以外を回答した人にお聞きします．正社員以外の働き方を選択した理由は何ですか⇒問1で「正社員」を回答した人は問6へ進んでください

□自分の都合のよい日や時間に働きたいから（自由な働き方）

□勤務時間・勤務日数を短くしたいから

□仕事が比較的簡単だから

□非課税限度額の範囲内で働きたいから

□正社員として適当な仕事が見つからなかったから

□就職がうまくいかなかった（正社員として採用されなかったから）

□正社員に比べ，やめたいときにやめやすいから

□残業がないから

□その他（　　　　　　　　　　　　　　　　　　　　　　　　　　　　　）

問3　問1で「いいえ」もしくは「正社員」以外を回答した人にお聞きします．正社員以外の現在の状況を選択した理由は何ですか

□つきたい仕事への準備や勉強をするため

□つきたい仕事への就職機会を待つため

□つきたい仕事がアルバイト，パート，派遣・契約社員等でできるため

□つきたい仕事が見つからなかった

□つきたい仕事がありそうにない

□自分に合う仕事を見つけるため（アルバイト等を通じて適性を把握したい）

□自分の知識や能力に自信がない

□仕事が続けられそうにない

□急いで仕事につく必要がない

□とりあえず収入がほしいから（生活のために一時的に働く必要がある）

□フリーターのほうが正社員よりもいいから（フリーターへのあこがれ）

□好きな仕事ならフリーターでかまわないから

□仕事以外にやりたいことがあるから

□病気・ケガのため（健康上の理由）

□家族の介護・看護のため

□その他（　　　　　　　　　　　　　　　　　　）

問4　正社員以外の今のお仕事等を探すときに重視したものは何ですか

□時給が良い

□通勤に便利
□勤務時間帯が合う
□１日の勤務時間
□職場の雰囲気が良い
□その他（　　　　　　　　　　　　　　　　　　　　　　　　　　）

問５　正社員以外の現在の状況を始めるときの意識について，あてはまるものは何ですか

	かなり あった	少し あった	どちらで もない	ほとんど なかった	まったく なかった
どうしても正社員になりたかった	□	□	□	□	□
やりたいことを優先させたい（自分には夢がある）	□	□	□	□	□
自分らしい生き方を優先させたい	□	□	□	□	□
必ずしも本意ではないが安心できる	□	□	□	□	□
必ずしも本意ではないが次のステップになる	□	□	□	□	□
「とりあえずフリーター」でいい	□	□	□	□	□
急いで社会人になりたくはない	□	□	□	□	□
働くのが嫌だ	□	□	□	□	□
自分でどうしてよいか分からない	□	□	□	□	□
食うに困らない（親が面倒みてくれる）	□	□	□	□	□
社会で働けるかどうか不安である	□	□	□	□	□
自分のことに自信が持てない	□	□	□	□	□
生活を大きく変えたくない	□	□	□	□	□
なんとなく	□	□	□	□	□

問６　あなた自身のいまの自分の現状に対する納得度はどのくらいですか

とても納得	まあまあ納得	どちらでもない	あまり納得していない	まったく納得していない
□	□	□	□	□

問７　今後，定職（正業）に就くこと（or正社員を続けること）を希望しますか．「希望する」場
　　　合，その理由は何ですか
□希望しない⇒問８へ進んでください
□希望する　⇒

（複数解答可）　□自分のやりたい仕事があるから
　　　　　　　　□収入が欲しいから
　　　　　　　　□条件のいい就職先があるから
　　　　　　　　□安定した生活を手に入れたいから
　　　　　　　　□親元を離れて自立したいから
　　　　　　　　□学校の先生にすすめられたから
　　　　　　　　□家族にすすめられたから

問8　1年前の就業状況についてお聞きします
　　□仕事をおもにしていた
　　□進学・家事などのかたわらに仕事をしていた
　　□通学していた
　　□家事をしていた

問9　あなたの現在（これまで経験してきた）の主な仕事についてお聞きします⇒これまで就業経験
　　が一度も「なし」の方は問17へお進みください

職種	□事務・経理　　□技能・生産　　□店頭販売員　　　　□営業　　　□接客サービス □講師　　　　　□調理　　　　　□警備　　　　　　　□介護　　　□清掃 □作業員・単純労働　□医療専門技術　　□その他（　　　　　　）
事業内容	□建設業　　　　　□製造業　　　　　□情報通信業　　　　　　□運輸業，郵便業 □卸売業，小売業　□金融業，保険業　□不動産業，物品賃貸業　□宿泊・飲食サービス業 □教育，学習支援業　□医療，福祉　□その他のサービス業 □その他（　　　　　　　　　　　　）
事業所の従業員数 （パート・派遣労働 者などを含む）	□30人未満　　　　　□30〜99人　　　　□100〜299人　　　　□300人以上
働き方	□専門職・技術職などの専門的業務に従事している □店長・リーダーなどの管理的業務に従事している □補助的業務に従事している □レジや接客など主にパートタイマーが行っている業務に従事している □上記のいずれにも該当しない（⇒　　　　　　　　　　　　　　　　　　）

問10　普段，実際に働いている時間について，該当部分に☑してください
（複数のアルバイト等を掛け持ちしている場合には合計を記載，休憩は除く）
・勤務をする日とその日の労働時間

	月曜日	火曜日	水曜日	木曜日	金曜日	土曜日	日曜日
3時間未満	□	□	□	□	□	□	□
3〜6時間未満	□	□	□	□	□	□	□
6〜8時間未満	□	□	□	□	□	□	□
8〜10時間未満	□	□	□	□	□	□	□
10時間超	□	□	□	□	□	□	□

・その職場（主たる勤務先）で働き始めてからの期間

〜6カ月未満	6カ月〜1年未満	1〜1.5年未満	1.5年〜2年未満	2〜3年未満	3〜5年未満	5年以上
□	□	□	□	□	□	□

問11　いま現在の状況を続ける目的は何ですか（2つまで選択可）
□a 収入を得るため
□b 社会経験のため（自分の適性を把握するため）
□c 将来の仕事につなげるため（キャリア形成）

□d 生活にメリハリをつけるため
□e 職場の人間関係が良好であるため
□f やりたいこと発見のための準備期間
□g とくに辞める理由がない
□h 長く続けるつもりはない
□i 現在，就業していない
□j その他（　　　　　　　　　　　　　　　　　　　）
□k 特になし

問12　前問（問11）で「□h 長く続けるつもりはない」を選択した人にお聞きします．その理由は何
　　　ですか（２つまで選択可）
⇒「□h 長く続けるつもりはない」以外を回答した人は問13に進んでください
□仕事内容がつまらない
□給料が安い（割に合わない）
□仕事が忙しすぎる
□１日の勤務時間が長すぎる
□サービス残業が多い
□自分の努力・能力が評価されない
□仕事上の負担が大きい
□職場の同僚に不満がある
□上司（アルバイトの場合は正社員）に不満がある
□このままの仕事では将来に不安がある
□次の進路（職場）が決まっている
□その他（具体的に：　　　　　　　　　　　　　　　）

問13　最近１年間（あるいは2015年度）の税込み収入はおおよそいくらでしたか

～100万円未満	100～150万円未満	150～200万円未満	200～300万円未満	300～400万円未満	400～500万円未満	500～600万円未満	600～700万円未満	600万円以上
□	□	□	□	□	□	□	□	□

問14　得た収入（アルバイト代等）のおもな利用目的は何ですか（複数回答可）

生活費	通信費(携帯)	交際費	貯金	趣味/娯楽費	年金	ローン・借金	その他（　　　　）
□	□	□	□	□	□	□	□

問15　いまの職場についてどのように感じていますか
　　　（複数の職場をお持ちの方は，もっとも勤務時間の長いものについてお答えください）
　　　　⇒現在，勤務されていない人は問17にお進みください

	かなり強い	強い	どちらでもない	弱い	かなり弱い
いまの仕事にやりがいを感じる（仕事が楽しい）	□	□	□	□	□
仕事内容面で満足している	□	□	□	□	□
待遇面（給与・福利厚生）で満足している	□	□	□	□	□
職場の人間関係面で満足している	□	□	□	□	□
職場の安全衛生面で満足している	□	□	□	□	□
労働時間について満足している	□	□	□	□	□
教育訓練・研修について満足している	□	□	□	□	□
いまの職場を一生の仕事としたい	□	□	□	□	□

問16　いまの職場で雇用不安を感じますか．「感じる」の場合，その理由は何ですか
□感じない
□どちらともいえない
□感じる⇒　□解雇されるのではないかと不安だ
　　　　　　□雇用契約が更新されないのではないかと不安だ
　　　　　　□その他（　　　　　　　　　　　　　　　　　　　　　　　　）

問17　あなたの身のまわりの状況等についてお聞きします

	いない	1人いる	複数人いる（人数）
人生においてお手本となるような存在（ロールモデル）がいる	□	□	□⇒（　　）人
身のまわりにフリーターの人がいる	□	□	□⇒（　　）人
困ったときに頼れる人が近くにいる	□	具体的に誰？ □⇒（　　）	具体的に誰？ □⇒（　　）

問18　以下の若年者等の職業意識に関するさまざまな意見について，あなた自身の考えとして，もっとも当てはまるものはどれですか

	かなりある	少しある	どちらでもない	ほとんどない	まったくない
自分のやりたいことを探すためにフリーターになるのはよい	□	□	□	□	□
働き口が減っているのでフリーターになるのは仕方がない	□	□	□	□	□
フリーターになるのは本人が無気力なせいだ	□	□	□	□	□
夢を実現するためにフリーターをしている人はかっこいい	□	□	□	□	□
誰でもフリーターになるかもしれない	□	□	□	□	□
正社員よりもフリーターのほうがよい	□	□	□	□	□
できることなら仕事はしたくない	□	□	□	□	□
あまり頑張って働かず，のんびりと暮らしたい	□	□	□	□	□
学校での勉強は，仕事をするときに役に立たない	□	□	□	□	□
資格をたくさんもっていることは就職に有利になる	□	□	□	□	□
安定した仕事につきたい	□	□	□	□	□

	かなりそうだ		どちらでもない		まったくそうでない
学校での成績で将来がかなり決まる	☐	☐	☐	☐	☐
いったん正社員として就職した会社は辞めない方がよい	☐	☐	☐	☐	☐
自分に合わない仕事はしたくない	☐	☐	☐	☐	☐
仕事よりプライベートを優先したい	☐	☐	☐	☐	☐
社会に貢献できる仕事につくことにこそ価値がある	☐	☐	☐	☐	☐
夢や理想を追求しない人生は無意味だ	☐	☐	☐	☐	☐

問19　あなた自身の将来に対する考えについてお聞きします

	かなりある	少しある	どちらでもない	ほとんどない	まったくない
とりあえず正社員になりたい（正社員のままでいたい）	☐	☐	☐	☐	☐
これからの自分の人生やキャリアには希望がある	☐	☐	☐	☐	☐
将来，こうしていきたいという具体的イメージがある	☐	☐	☐	☐	☐

問20　いま現在，自分の仕事人生の何％くらいが決まったと感じますか

20％以下	30～40	50％	60～70％	80～90％	90％以上
☐	☐	☐	☐	☐	☐

問21　あなたは何年くらい先まで自分の生き方を思い描けていますか

0年（見通しなし）	1年先	3年先	5年先	10～15年先	20年先以上	定年以降まで
☐	☐	☐	☐	☐	☐	☐

【調査④】「若手社員の就業に関する心理行動調査（日本版）」(2017年9月実施)
【調査⑤】「若手社員の就業に関する心理行動調査（米国版）」(2018年8月実施)
【調査⑥】「若手社員の就業に関する心理行動調査（韓国版）」(2018年8月実施)

問1．現在の雇用形態は何ですか．
1　正社員　　　2　公務員　　　3　自営業　　　4　任期付き正社員　　　5　パート
6　アルバイト　7　派遣社員　　8　請負社員　　9　契約社員・嘱託

問2．これまでの就業年数について，あてはまるものをそれぞれお選びください．
　　　＊正社員での経験に限ります
［現在お勤めの会社での勤続年数］
1　　1年未満　　　　　　　　　2　1年以上～3年未満　　3　　3年以上～5年未満
4　　5年以上～10年未満　　　5　10年以上

［今までの就労経験年数の合計］

1　1年未満　　　　　　　2　1年以上～3年未満　　3　3年以上～5年未満
4　5年以上～10年未満　　5　10年以上

問3．あなた自身についておうかがいします（あてはまるものに〇を1つずつ）．

性　別	1　男性　　　　　　　　　　　　　　　2　女性		
年　齢	［　　　］歳　←数字を直接記入してください		
配偶者の有無	1　配偶者あり　　　　　　　　　　　　2　配偶者なし		
親との同居	1　同居あり　　　　　　　　　　　　　2　同居なし		
子どもの有無 ＊複数選択可	1　小学校入学前の子どもがいる　　　　2　小学生の子どもがいる 3　中学生以上の子どもがいる　　　　　4　子どもはいない		
最終学校	1　中学卒　　　　　　2　高校卒　　　　　　　　3　短大・高専卒 （専門学校卒含む） 4　大学卒　　　　　　5　大学院卒（在職中を含む）		
アルバイト経験	1　経験あり　　　　　　2　経験なし		
ブラックバイト ［在学時］	1　経験あり　　　　　　2　経験なし		
奨学金の有無 ［在学時］＊複数選択可	1　あり（給付型）　　2　あり（無利息の貸与型）　3　あり（利子付きの貸与型） 4　なし		
部活／サークル	1　所属あり（1つ）　　2　所属あり（2つ以上）　　3　所属なし		
インターンシップの 経験［在学時］	1　あり（1社）　2　あり（2社以上）　3　あり（短期のみ）　4　なし		
ロールモデルの存在	1　いる（1人）　　　　2　いる（複数人）　　　　3　いない		
困ったときに頼れる存在	1　いる（家族）　　　　2　いる（家族以外）　　　3　いない		

問4．あなたの現在のお仕事についておうかがいします．＊兼業をされている方は「主たるもの」で
　　　お答えください

事業内容	1　建設業　2　製造業　3　情報通信業　4　運輸業，郵便業5　卸売業，小売業 6　金融業，保険業　7　不動産業・物品賃貸業　8　宿泊業，飲食サービス業 9　教育，学習支援業　10　医療，福祉　11　サービス業（他に分類されないもの） 12　IT関連産業　13　その他
事業所の 従業員数	1　30人未満　2　30～99人　3　100～299人　4　300人以上
年　収 （最近1年間）	1　0～199万円　　2　200～299万円　　3　300～399万円　　4　400～499万円 5　500～599万円　6　600～699万円　7　700～799万円　8　800～899万円 9　900～999万円　10　1000万円以上　＊兼業をされている場合は合計額でお答えください
転職の有無 （新卒採用以降）	1　なし（現職が1社目）　2　1回（現職が2社目）　3　2回（現職が3社目） 4　3回（現職が4社目）　5　4回以上（現職が5社目以上）

問5．現在の会社を選んだ理由は何ですか （複数回答可）

1　仕事の内容に興味がある	2　通勤に便利	3　自分の適性に合っている
4　自分の知識・技術が生かせる	5　会社の安定度	6　会社の将来性
7　他の就職先に興味がなかった	8　転勤がない	9　給料がよい
10　知人がいる　11知名度が高い　12その他　（		）

問6．いまのお仕事をこの先もずっと続けようという気持ちはありますか

非常にある	ややある	あまりない	まったくない	わからない
□	□	□	□	□

問7．現在の会社における就業意識について，もっとも近いものはどれですか

就業意識に関する事項	とても できている	まあ できている	あまり できていない	まったく できていない
仕事を通じて自分自身の成長が実感できている	□	□	□	□
自分で考えて仕事をすることができている	□	□	□	□
自分の努力が評価されている	□	□	□	□
職場の人間関係，上司・先輩との関係はよい	□	□	□	□
会社や自分の組織（部署）が好きである	□	□	□	□
いまの仕事にやりがいを感じている	□	□	□	□
待遇面（給与・福利厚生）で満足できている	□	□	□	□
ワーク・ライフ・バランス（仕事と生活の調和）が図られている	□	□	□	□
今後の自分の人生（キャリア）の見通しは明るく希望を持っている	□	□	□	□
将来，こうしていきたいという具体的なイメージを持っている	□	□	□	□

問8．あなたが一番最初に行った就職活動（新卒時）についてうかがいます

　8－1就職活動を開始された時期はいつ頃からですか

最後に在学した学校	□卒業前年度10月以前	□卒業前年度12月	□卒業前年度3月
	卒業年度4月	□卒業年度5月	□卒業年度7月以降
	□卒業後	□就活していない	

　8－2　業種や職種を選ぶ際に主に参考にしたものは何ですか

1　就職ナビサイトから	2　就職ガイダンス（会社説明会）	3　企業のホームページ
4　書籍からの情報	5　新聞雑誌からの情報	6　先輩や友人からの情報
7　大学等のキャリアセンター	8　ゼミや研究室の指導教官	9家族・親戚　10その他

　8－3　おおよそのエントリー数，獲得した就職内定数（内々定数を含む），最終進路決定の時期
　　　はどうでしたか

エントリー数：　　　社	内定数　　：社	進路決定：卒業する（前年度・年度）の月頃

8－4　就職活動中（新卒時）における就業意識や不安はどの程度ありましたか

就業意識・不安に関する事項	かなり あった	少し あった	どちらでも ない	ほとんど ない	まったく ない
卒業後はとりあえず正社員になりたい（定職に就きたい）	☐	☐	☐	☐	☐
企業人事側の採用動向が読めないため不安	☐	☐	☐	☐	☐
縁故やコネもなく知人の社員もおらず不安	☐	☐	☐	☐	☐
本当にやりたいことがないことからくる不安	☐	☐	☐	☐	☐
なんとなく漠然とした不安	☐	☐	☐	☐	☐
本命の会社（第1志望）で内定を獲得できるのか不安	☐	☐	☐	☐	☐
入社後，自分のやりたいことや夢を実現できるのか不安	☐	☐	☐	☐	☐
自分の能力・スキルが仕事に生かせるか不安	☐	☐	☐	☐	☐
入社後，ライバルとの競争で優位に立てるか不安	☐	☐	☐	☐	☐
まず1社から正社員内定（内々定）がもらえるか不安	☐	☐	☐	☐	☐
（離職・転職がない）安定的なキャリアを築けるか不安	☐	☐	☐	☐	☐
本当に自分に合った会社と巡り合えるのか不安	☐	☐	☐	☐	☐
社会人としてうまく人間関係を築いていけるのか不安	☐	☐	☐	☐	☐
自分だけ周りの就活生から取り残されないか不安	☐	☐	☐	☐	☐
履歴に空白期間（生計をたてる手段を失うこと）がないか 不安	☐	☐	☐	☐	☐
就活終了時点（新卒時）における納得度	☐	☐	☐	☐	☐
進路決定から入社までの間の不安(内定ブルー)	☐	☐	☐	☐	☐

8－5　内定した会社（初職）に対する入社前の気持ちとして最も近かったものはどれですか

この会社で定年 まで働き続けたい	とりあえず安心 できるのでこの 会社で働く	とりあえず次のステップ になるのでこの会社で働く	状況次第で別の 会社に転職する	その他	わからない
☐	☐	☐	☐	☐	☐

【調査⑦】「仕事とくらしの充実感に関する調査（Ⅰ）」（2020年4月実施）
【調査⑧】「仕事と暮らしの充実感に関する調査（Ⅱ）」（2020年10月実施）

問1　就職活動中（新卒時）のあなた自身の意識として最も近いものを☑してください．

	かなり あった	少し あった	どちらでも ない	ほとんど ない	まったく ない
絶対に正社員になりたい	☐	☐	☐	☐	☐
どのような企業でもよいから正社員になりたい	☐	☐	☐	☐	☐
どのような仕事でもよいから正社員になりたい	☐	☐	☐	☐	☐
どのような地域でもよいから正社員になりたい	☐	☐	☐	☐	☐
どのような企業でもよいから安定した職業に就きたい	☐	☐	☐	☐	☐
どのような仕事でもよいから安定した職業に就きたい	☐	☐	☐	☐	☐

どのような地域でもよいから安定した職業に就きたい	☐	☐	☐	☐	☐
どのような企業でもよいから元地で働きたい	☐	☐	☐	☐	☐
どのような仕事でもよいから元地で働きたい	☐	☐	☐	☐	☐
どのような仕事でもよいから大手企業（有名企業）に就職したい	☐	☐	☐	☐	☐
どのような地域でもよいから大手企業（有名企業）に就職したい	☐	☐	☐	☐	☐
どのような企業でもよいから　給料・福利厚生の良いところに就職したい	☐	☐	☐	☐	☐
どのような仕事でもよいから　給料・福利厚生の良いところに就職したい	☐	☐	☐	☐	☐
どのような地域でもよいから　給料・福利厚生の良いところに就職したい	☐	☐	☐	☐	☐
どのような企業でもよいから人の役に立てる仕事につきたい	☐	☐	☐	☐	☐
どのような地域でもよいから人の役に立てる仕事につきたい	☐	☐	☐	☐	☐
どのような企業でもよいがブラックじゃない企業に入りたい	☐	☐	☐	☐	☐
どのような仕事でもよいからブラックじゃない企業に入りたい	☐	☐	☐	☐	☐
どのような地域でもよいからブラックじゃない企業に入りたい	☐	☐	☐	☐	☐
どのような企業でもよいから実家から通える範囲で働きたい	☐	☐	☐	☐	☐
どのような仕事でもよいから実家から通える範囲で働きたい	☐	☐	☐	☐	☐
どのような企業でもよいから親／家族等の世話をしながら働きたい	☐	☐	☐	☐	☐
どのような仕事でもよいから親／家族等の世話をしながら働きたい	☐	☐	☐	☐	☐
どのような企業でもよいから元地（地域住民）に貢献できる仕事をしたい	☐	☐	☐	☐	☐
どのような仕事でもよいが元地（地域住民）に貢献できる仕事をしたい	☐	☐	☐	☐	☐
特定企業（第1志望の企業）に就職したい	☐	☐	☐	☐	☐
特定業界（第1志望の業界・業種）に就職したい	☐	☐	☐	☐	☐
特定職種（第1志望の職種）に就職したい	☐	☐	☐	☐	☐
正社員になっておけば安心である	☐	☐	☐	☐	☐
正社員になっておけば周囲（親・家族等）を安心させられる	☐	☐	☐	☐	☐
正社員になっておけば昇進・昇格が見込める	☐	☐	☐	☐	☐
どのような企業でも正社員になっておけば別のやりたいこと（夢・目標）の実現に近づける	☐	☐	☐	☐	☐
どのような仕事でも正社員になっておけば別のやりたいこと（夢・目標）の実現に近づける	☐	☐	☐	☐	☐
どのような企業でも正社員になっておけば別のやりたいこと（夢・目標）が見つけやすい	☐	☐	☐	☐	☐

どのような仕事でも正社員になっておけば別のやりたいこと（夢・目標）が見つけやすい	☐	☐	☐	☐	☐
どのような企業でも正社員になっておけば別のやりたいこと（夢・目標）の選択肢が広がる	☐	☐	☐	☐	☐
どのような仕事でも正社員になっておけば別のやりたいこと（夢・目標）の選択肢が広がる	☐	☐	☐	☐	☐
正社員になっておけばいずれ結婚がしやすい	☐	☐	☐	☐	☐
正社員になっておけばローン・融資審査が通りやすい	☐	☐	☐	☐	☐
正社員になっておけば世間体がよい	☐	☐	☐	☐	☐
自分の希望通りにならないくらいなら正社員じゃなくてもかまわない	☐	☐	☐	☐	☐
就職活動は比較的順調で，充実感を得ることがあった	☐	☐	☐	☐	☐
就職活動中，まず最初に1社から内定が出て安心した	☐	☐	☐	☐	☐
就職活動中，精神的に参ってしまうことがあった	☐	☐	☐	☐	☐
自分はやればできるタイプだからきっと大丈夫である	☐	☐	☐	☐	☐
就職活動中，何とも言いようのない不安があった	☐	☐	☐	☐	☐
就職活動はできるだけ早く終わらせたいという思いがあった	☐	☐	☐	☐	☐

問2　就職活動中（新卒時）の「正社員になること」に対する意識の程度として，もっとも近かったもの1つに☑してください

☐何が何でも正社員になりたい

☐何が何でも○○になりたい

☐将来的に△△の仕事の実現に近づける

☐いったん正社員になり，やりたいことや適性を探っていきたい

☐正社員になっておかないとまずい

☐正社員になれるに越したことはない

☐なんとなく

☐正社員にはこだわらない

☐わからない

問3　進路決定後から入社までの間の意識として，もっとも近いものに☑してください

	かなりあった	少しあった	どちらでもない	ほとんどない	まったくない
第1志望の希望進路で内定を得ることができた	☐	☐	☐	☐	☐
就職活動期間中，十分に努力できた	☐	☐	☐	☐	☐
自分の就職活動には納得している	☐	☐	☐	☐	☐
就職活動を通じて自分自身は成長できた	☐	☐	☐	☐	☐
就職活動を通じて自分はやればできると思えた	☐	☐	☐	☐	☐
内定先企業に対して誇りを持っている	☐	☐	☐	☐	☐
内定先企業なら安心して働ける	☐	☐	☐	☐	☐
内定先企業なら次のキャリアステップに繋げられそうである	☐	☐	☐	☐	☐

内定先企業で定年まで働き続けたい	☐	☐	☐	☐	☐
内定先企業で自分の専門性を高めつつキャリアの選択肢を増やしたい	☐	☐	☐	☐	☐
内定先企業で働きながら，（仕事上の）夢や目標を実現させたい	☐	☐	☐	☐	☐
I 内定先企業で働きながら，（仕事とは別の）夢や目標を実現させたい	☐	☐	☐	☐	☐
内定先企業で働きながら，ロールモデル（憧れの存在）に近づけそう	☐	☐	☐	☐	☐
内定先企業で本当に良いかどうかの不安があった	☐	☐	☐	☐	☐
内定先企業において自分の能力は通用するかどうかの不安があった	☐	☐	☐	☐	☐
内定先企業でまず3年間くらい働いてから先のことを考えよう	☐	☐	☐	☐	☐
状況次第で別の会社に転職するのもありだ	☐	☐	☐	☐	☐
内定企業に対する何とも言いようのない不安があった	☐	☐	☐	☐	☐

問4　現在の仕事に関する充実感や満足度についてもっともに☑してください

	とてもよく当てはまる	どちらかというと当てはまる	どちらでもない	どちらかというと当てはまらない	まったく当てはまらない
仕事を通じて自分自身の成長を感じている	☐	☐	☐	☐	☐
自分で考えて仕事をすることができている	☐	☐	☐	☐	☐
自分の努力が評価されている	☐	☐	☐	☐	☐
職場の人間関係，上司・先輩との関係はよい	☐	☐	☐	☐	☐
いまの自分の境遇（職場・部署等）は恵まれている	☐	☐	☐	☐	☐
職場の風土はイキイキとしている	☐	☐	☐	☐	☐
いまの仕事にやりがいを感じている	☐	☐	☐	☐	☐
仕事は生きがいにつながる	☐	☐	☐	☐	☐
仕事はお金を得るためのものだ	☐	☐	☐	☐	☐
将来のことはどうなるかわからないからこそ挑戦しがいがある	☐	☐	☐	☐	☐
待遇面（給与・福利厚生）に満足している	☐	☐	☐	☐	☐
雇用の安定性を感じている	☐	☐	☐	☐	☐
教育訓練・能力開発に積極的である	☐	☐	☐	☐	☐
ワーク・ライフ・バランス（仕事と生活の調和）が図られている	☐	☐	☐	☐	☐
今後の自分の職業キャリアの見通しは明るく希望を持っている	☐	☐	☐	☐	☐
将来こうしていきたいという仕事のイメージを持っている	☐	☐	☐	☐	☐
決められた仕事以外にも自主的に課題を設定し取り組んでいる	☐	☐	☐	☐	☐
これからの仕事人生に対する漠然とした不安がある	☐	☐	☐	☐	☐

問5　現職で職業人生の何％くらいが決まったと感じますか

　　　□0－20%　□30－40%　□50%　□60－70%　□80－90%　□100%

問6　現在のくらしにおける充実感や日頃の生活意識についてもっとも近いものを☑してください

	とてもよく当てはまる	どちらかというと当てはまる	どちらでもない	どちらかというと当てはまらない	まったく当てはまらない
日頃の生活の中で充実感を感じている	□	□	□	□	□
日頃の生活の中でストレスを感じる	□	□	□	□	□
最近，よく眠れない	□	□	□	□	□
最近，憂鬱である	□	□	□	□	□
最近，孤独を感じる	□	□	□	□	□
将来，大きな出資や高額の買い物の予定がある	□	□	□	□	□
お金を借りることに抵抗感はない	□	□	□	□	□
人と競争することは楽しい	□	□	□	□	□
計画を立てても，ずるずると先延ばししてしまう	□	□	□	□	□
ほしいものがあると我慢できずに買ってしまう	□	□	□	□	□
いつも計画を立てて行動する	□	□	□	□	□
明日に伸ばしても大丈夫な仕事は明日にする	□	□	□	□	□
大きな決断をするときに時間がかかってしまう	□	□	□	□	□
一般的に言って，人はだいたい信用できる	□	□	□	□	□
普段，自分は人よりも幸福であると感じる	□	□	□	□	□
他の人のためになることをすると自分もうれしい	□	□	□	□	□
周りの人と同じような行動をとっていると安心だ	□	□	□	□	□
世の中の所得格差が縮まるなら，少しぐらい自分の豊かさの順位が下がっても良い	□	□	□	□	□
自分の人生への関心が強く，大切にしていきたいと思っている	□	□	□	□	□
自分で考えてこれからの人生（自己キャリア）を築いていきたい	□	□	□	□	□
ライフイベントを通じた具体的な人生プランをもっている	□	□	□	□	□
キャリア目標をはっきりと持ち，それに近づこうとしている	□	□	□	□	□
人生の成功において最も大切なのは運やコネよりも努力である	□	□	□	□	□
何事も自分はやればできると思う	□	□	□	□	□

問7　将来の人生計画（キャリアプラン）について何年先までの見通しを持っていますか

　　　□0年（持っていない）　□1年先　　　□3年先　　　　□5年先
　　　□10－15年先　　　　　□20－30年先　　□40－50年先（定年）以降

問8　あなたの現在の生活状況や生活習慣について，もっとも近いものを☑してください

生活状況	良い	まあ良い	ふつう	あまり良くない	良くない
身体的な健康状態	☐	☐	☐	☐	☐
家族関係の状態	☐	☐	☐	☐	☐
プライベート関係（恋人・友人・知人）の状態	☐	☐	☐	☐	☐
金銭関係（預貯金）の状態	☐	☐	☐	☐	☐
生活習慣	よくする（自制できている）	ときどきする(少し自制している)	どちらでもない	あまりしない(あまり自制できていない)	まったくしない（自制できてない）
スポーツや運動の習慣	☐	☐	☐	☐	☐
（金銭による）寄付の習慣	☐	☐	☐	☐	☐
禁酒の習慣	☐	☐	☐	☐	☐
禁煙の習慣	☐	☐	☐	☐	☐
ギャンブルをしない習慣	☐	☐	☐	☐	☐

人 名 索 引

事 項 索 引

《著者紹介》

中嶌　剛（なかしま　つよし）

　1974年　兵庫県生まれ
　2004年　同志社大学大学院経済学研究科博士後期課程単位取得退学．博士（経済学）．
　現　在　千葉経済大学経済学部教授

主要業績

『キャリアデザイン入門テキスト』（学事出版，2014年）
『とりあえず志向とキャリア形成』（日本評論社，2015年）
『ブラック企業に負けないリーガル・リテラシー』（萌書房，2016年）
『スポーツ脳でぐんぐん伸ばす SPI＆一般常識力』（編著，Galaxy books，2019年）
『若年者のキャリア選択における多義的曖昧性研究——「とりあえず志向」の実証的探求』
（博士学位論文，乙343号，同志社大学，2020年）

若者の曖昧な進路選択とキャリア形成
——とりあえず志向の実証的探究——

2021年9月30日　初版第1刷発行　　　＊定価はカバーに
　　　　　　　　　　　　　　　　　　　表示してあります

著　者　中　嶌　　　剛Ⓒ
発行者　萩　原　淳　平
印刷者　藤　森　英　夫

発行所　株式会社　晃　洋　書　房

〒615-0026　京都市右京区西院北矢掛町7番地
電話　075(312)0788番(代)
振替口座　01040-6-32280

装丁　野田和浩　　　印刷・製本　亜細亜印刷㈱
ISBN978-4-7710-3514-0